우리가 몰랐던
혁명의 세계사

잉글랜드에서 이집트까지

우리가 몰랐던
혁명의 세계사

피터 퍼타도 엮음 | 김덕일 옮김

렛츠북

일러두기

1. 옮긴이가 보충한 내용은 〔 〕로 표기하였다.

2. 단행본 『 』, 선언·운동·문서·그림·영화 〈 〉, 노래 ' '로 표기하였으며, 고유명사는 붙여 쓰는 것을 원칙으로 하되 일부 단체나 조직은 「 」로 표기하였다.

3. 참고문헌은 각각 제목에 기울임체를 살려 진행하되, 괄호는 사용하지 않았다.

들어가며

1789년 7월 14일 저녁, 프랑스 국왕 루이 16세는 사냥을 마치고 돌아오던 길에 바스티유가 습격당했다는 소식을 들었다. 루이 16세가 "반란인가?"라고 물었을 때 라로슈푸코 공작은 "아니옵니다, 전하. 혁명이 옵니다"라고 아뢰었다.

1주일도 안 되어 라로슈푸코 공작은 제3신분(평민)이 왕권에 맞서기 위해 설립한 국민제헌의회 의장을 맡았다. 이로써 그가 예언했던 혁명은 현실이 되었다.

라로슈푸코가 한 말은 그의 통찰과 루이 16세의 짧은 안목을 보여주는 것으로 유명하지만, 이것이 의미한 바는 정확히 무엇이었을까? 당시 '혁명'에 걸맞은 사례는 딱 두 가지였다. 하나는 1688년 잉글랜드의 제임스 2세가 쫓겨나고, 그의 딸 메리와 네덜란드인 남편 오라녜공 빌럼이 왕위에 올라 영국의 입헌군주제를 탄생시킨 이른바 '명예혁명'이었다. 18세기 계몽주의자들은 이 혁명을 부러워했다. 다른 하나는 1770~1780년대 북아메리카에서 영국의 지배를 타도하고 미국이라는 공화국을 세운 사건이었다. 두 사건 모두 루이 16세에게 경각심을 주었다. 폭넓은 지지를 받은 반대 세력이 무력을 앞세워 군주를 권좌에서 쫓아냈다. 왕권신수설에 맞서 타당한 대안을 제시한 자유주의 이념은 두 사건을 정당화했고, 미국에서는 헌법으로 제도화되어 역사의 방향을 바꾸어놓았다. 그리고 수십 년이 지나서도 전 세계에 반향을 일으켰다.

이것이 바스티유가 함락된 날 혁명이 의미하는 것이었다. 그러나 그 후 수십 년 동안 혁명은 국민주권과 사회정의를 주장하고 억압적 제도와 부패한 특권을 일소하며, 제도와 사고방식을 뜯어고치고, 창의력과 상상력을 발산해 작동을 멈춘 실패한 체제에서 벗어나는 것을 의미했다. 또한 혼란이 일어나고, 폭도들이 지배하며, 새로운 질서를 확립하려고 테러를 전술로 채택하고, 갖은 방법을 써서 사회적·정치적 변혁을 강제하려는 권위주의 정부가 출현하는 것까지 여러 의미를 담고 있었다.

그다음 세기 1848년 카를 마르크스와 프리드리히 엥겔스가 〈공산당 선언〉을 발표한 후 혁명은 한 계급이 다른 계급을 타도해 생산 수단을 노동자가 소유하는 새로운 사회 건설을 뜻했다. 이런 정의는 20세기 내내 전 세계 여러 나라에서 마르크스주의, 마르크스-레닌주의 또는 마오주의 혁명 운동과 함께 영향력을 발휘했고, 이 운동의 성공과 실패를 분석하는 많은 지식인이 공감했다.

돌이켜보면 역사가나 평론가들은 산업혁명, 성(性) 혁명, 디지털 혁명처럼 그 형태가 없는 사회, 문화, 기술 변화를 나타낼 때도 혁명이란 단어를 사용해왔다. 이런 혁명들은 인류 역사상 가장 크고 강력한 원동력이 되어 오래도록 심대한 영향을 미치지만, 정치 분야에서는 획기적 성과를 내지 못하는 경우가 많다.

혁명은 특정 국가 안에서 가차없이 변화를 강요하는 사건과 비슷하지만, 많은 혁명가는 국경을 넘어 자신의 메시지를 퍼뜨리려 한다.

그러나 혁명을 특정 이념이 독점하기에는 그 의미가 너무나 크고 포괄적이다. 19세기 후반부터는 공산주의나 사회주의 혁명뿐만 아니라 민족주의 혁명, 민주주의 혁명, 입헌 혁명도 있었다. 수백만 명에게 폭력을 가한 혁명과 피를 전혀 흘리지 않은 혁명도 있었고, 혁명에 평생을 바친 남성과 여성이 주도한 혁명과 지도자도 없이 어쩌다가 혹은 마지못해 명목상 지도자가 이끈 혁명도 있었다. 오랫동안 진심을 다해 많은 사람의 삶을 나아지게 한 혁명과 아픔과 고난만 가져다준 혁명도 있었다.

20세기 후반 1979년 이란에서는 보수적 신정주의를 지지하는 대규모 민중 혁명이 일어났고, 동유럽에서는 마르크스주의 체제가 세운 노동자 국가에 반대하는 민중 혁명이 일어났다. 1980년대 후반부터 혁명은 기존 가치관이나 자본주의 체제에 대한 전면 공격보다 민주주의의 이름으로 독재를 몰아내고 인권과 개인의 자유를 확립하려는 갑작스러운 민중 봉기에 더 많이 사용되었다. 레닌주의나 마오주의 혁명과 달리, 적어도 기존 경제적 또는 지정학적 이해관계에 위협이 되지 않는 이상 전 세계 권력자들은 이런 혁명을 환영했다. 그러나 현대 혁명이 독재 정권을 축출하는 본래 목표에 성공했다고 해도, 이전 많은 혁명처럼 장기적으로 그 결과는 불확실하며 오히려 더 나쁠 수도 있다.

혁명은 17세기에 정치권의 급진적 정치 변화를 의미하는 것으로 처음 사용되었고, 라로슈푸코가 이해한 것과는 다른 의미였다. 1649년, 찰스 1세가 처형되고 잉글랜드에 공화정이 수립된 사건이 혁명으로 보일 수도 있다. 그러나 당시 사람들은 이를 '대반란'이라고 불렀고, 그 여파로 1660년 찰스 2세가 복위하고 1688년 인기 없는 동생 제임스 2세가 추방된 사건에만 혁명을 붙였다. 이 책은 바로 이 사건부터 시작한다.

　혁명을 추상적으로 정의하는 것은 어려울 수 있지만, 사람들은 대체로 혁명을 알아볼 수 있다고 생각한다. 혁명은 흔히 반란과 비교된다. 혁명은 당면한 목표에 성공하지만, 반란은 대개 실패할 뿐만 아니라 목표를 세울 때도 차이가 있다. 반란군은 보통 독재자에게서 자유를 원하지만, 혁명가는 독재자를 타도하려 한다. 혁명은 댐의 수문이 갑자기 열리는 것 같은 돌발적 변화와 해방감을 가져다준다(혁명은 대부분 오랜 기간 지속된 정치적 실패가 인구 증가나 경제 침체와 같은 구조적 불균형이 부당하다는 인식과 결합하고, 여기에 권력자의 부패에 대한 분노가 격화되면서 일어난다). 그리고 이 황홀한 해방감은 시공간을 초월할 만큼 강렬하다. 블라디미르 타틀린과 카지미르 말레비치의 미술, 세르게이 예이젠시테인의 영화, 드미트리 쇼스타코비치의 음악같이 초기 볼셰비키 혁명이 보여준 놀라운 창의성은 멕시코와 쿠바 등 여러 혁명에도 영감을 주었다.

　혁명이 내세우는 도덕성은 항상 사람을 매료시킨다. 혁명가들은 보통 전례가 없는 상황에서 담대한 결정을 내린다. '각자 능력에 따라, 각자 필요에 따라'는 수 세기에 걸쳐 반향을 일으키고, 사회정치적 분석(예를 들어 자본주의는 내부 모순으로 인해 붕괴한다)은 계속해서 우리의 상상력을 자극한다. 우리가 이들의 목표나 행동에 완전히 공감하지 않더라도 이 점은 사실이다. 모든 것이 가능할 것 같은 그 순간에는 현실과 상반된 '만약의 상황'을 상상하게 된다. 우리는 단두대, 소련의 강제노동수용소, 캄보디아의 킬링필드가 보여주는 고삐 풀린 파괴력과 기존의 도덕적·법적·사회적 제약이 무너졌을 때 나타나는 인간의 행동에 사로잡히거나 두려움을 느낄 수도 있다.

1790년대 초 에드먼드 버크와 토마스 페인이 프랑스 혁명의 도덕성을 논한 후 철학자와 정치인, 역사가와 일반 대중은 루이 16세, 막시밀리앙 로베스피에르, 조르주 당통, 나폴레옹 보나파르트의 선택에 논쟁을 벌이며 한쪽 편을 들거나 은연중에 혹은 대놓고 이들의 행동을 지지하거나 반대해왔다. 그런데 자유주의자와 급진주의자들만 과거 혁명을 배우고 따라 하는 것은 아니다. 보수주의자들도 혁명에서 통탄할 만한 부분을 찾아내고 혁명이 몰고 온 혼란과 정의를 내세운 난폭성을 고발해 그들이 도덕적으로 우월하다고 주장할 수 있다.

혁명은 역사적 인과 관계에도 주요 질문을 던진다. 1770~1780년 미국에서 일어난 사건은 시민들의 양도할 수 없는 '생명, 자유, 행복 추구(에 대한) … 권리'를 지키지 못한 영국 국왕 조지 3세의 폭정을 타도하는 것을 정당화해 훗날 전 세계 혁명가들이 비슷한 방법으로 자국 통치자에게 도전할 수 있게 해주었다는 보편적 주장도 있다. 혁명이 자본주의 내부 노동자 계급과 부르주아 사이에 존재하는 끝없는 모순의 필연적 결과라는 마르크스의 주장에 따르면, 혁명은 인류의 보편적 경험이며, 나라마다 경제 발전 정도가 티핑 포인트(또는 레닌이 보기에 그 티핑 포인트를 앞당기는 혁명 전위의 출현)에 도달했는지 아닌지에 따라 결정된다. 모든 관찰자가 이런 보편주의를 받아들인 것은 아니며 혁명이 각각 고유한 상황에서 기인했다고 보기도 한다. 혁명이 왜 일어나는지 설명할 때 주요 행위자들의 즉각적 선택만큼이나 장기적·구조적 요인을 중시하는 역사가들은 거시적·일반적 시각에서 혁명을 다루기보다 혁명의 고유한 특징에 주목해 혁명을 개별적으로 분석한다.

보수주의자든 진보주의자든, 보편주의자든 개별주의자든, 계급 갈등이라는 역사 법칙의 필연성을 믿든 아니면 우연과 인간의 선택이 혁명의 주요 동력이라고 믿든 간에 혁명은 때때로 혼란스러운 역사와 정치 지형을 가진 곳에서 중요한 이정표가 될 수 있다. 한 사회의 정체성과 그 기원을 이야기할 때 혁명이 중심부를 차지한다면 더욱 그렇다. '자유, 평등, 박애'라는 혁명의 이상은 프랑스의 정체성을 이해하는 데 기본이고, 미국의 헌법은 시시각각 변화하는 지금도 끊임없이 논의되고 재해석되고 있으며, 멕시코에서는 혁명을 당명으로 내건 제도혁명당이 1929년부터 70년 이상을 지배했고, 넬슨 만델라와 아프리카민족회의는 현대 남아프리카공화국을 인식하는 데 필수적이다. 따라서 이들 나라 사람이 혁명을 배우는 것은 이들 정체성을 이해하는 데 핵심이다.

그런데 시간이 흐르면서 상황은 바뀌고, 혁명의 의미도 바뀐다. 그 예시가 러시아의 10월 혁명이다. 10월 혁명은 소련의 근간이었고, 그 공식 서술과 해석은 모든 소련인에게 주입되었다. 그러나 1991년 소련이 붕괴한 후 상황이 바뀌었고, 2017년 블라디미르 푸틴 정부는 러시아 10월 혁명 100주년을 달가워하지 않았다. 푸틴은 여러 차르를 기념하는 행사에 참여했지만, 러시아를 완전히 바꾸어 70년 동안 역사와 사회를 좌우한, 좋든 나쁘든 전 세계에서 러시아의 위상을 확립한 이 사건을 한마디도 언급하지 않았다. 펄럭이는 외투를 입고 의연하게 서서 러시아 국민에게 새로운 사회주의 세계를 건설하자고 열변을 토하는 레닌의 이미지는 동상, 포스터, 인쇄물로 전파되어 모든 대륙에서 혁명 사상을 표현해냈지만, 레닌과 그의 혁명은 크렘린의 후계자가 무시할 정도로 부끄러운 것이 되었다. 권력에서 밀려난 러시아 공산당이 화려한 행진을 벌이고 러시아 텔레비전이 레온 트로츠키의 생애를 다룬 사극을 방영했지만, 푸틴은 모습을 보이지 않았다. 9개월 뒤 볼셰비키가 살해한 차르 니콜라이 2세와 그의 가족을 추모하기 위해 수십만 명이 예카테린부르크에 모였을 때도 푸틴은 똑같이 침묵을 지켰다.

21세기 자본주의와 국가주의가 팽배한 러시아의 권위주의적·냉소적 지도자에게 1917~1918년 사건의 유산은 너무나도 복잡하고 골치 아프며 껄끄러운 것이었다. 공산당이 아직도 확고부동한 권력을 쥐고 있지만, 점점 더 자본주의로 가는 중국에서도 마오쩌둥은 불편하게 여겨진다. 한편 민주주의 체제에서도 혁명의 기억은 지워질 수 있다. 1989년, 민중의 저항으로 소련의 지배에서 벗어난 일부 국가에서 그 저항에 앞장섰던 사람들은 이미 잊혔거나 철저한 탄압을 받았다. 이런 점에서 어쩌면 혁명의 유산은 현재 권력자들에게 너무나도 위험한 것이다.

이 책은 이런 점을 염두에 두고 전 세계 혁명과 역사를 조명해 혁명의 원인, 위기, 결과뿐만 아니라 예전에 일어난 혁명은 그 장기적 유산과 오늘날 변화하는, 때로는 논쟁을 일으키는 의미까지 살펴보려 한다. 이를 위해 대부분 해당 국가 출신이거나 그곳에서 활동한 역사가들에게 다음 질문을 고찰해달라고 요청했다. 혁명의 근본 원인은 무엇이었는가? 혁명의 사건, 주인공, 이념에 관해 어떤 이야기가 가장 널리 받아들여지고 있는가? 혁명이 어떤 영향을 미쳤다고 생각하는가? 현재 어떤 유산이 국민의 자기 인식과 가치관에 남아있는가? 그 유산이 지난 수십 년 동안 크게 바뀌었는가? 이런 접근 방식은 국가 간 비교 (그리고 실제로 혁명 간 상호 작용)와 결합해 기존 이념 논쟁과는 아주 다른 관점에서 혁명과 현재와의 관련성을 조명할 수 있다.

물론 일부 국가에서는 혁명이 여러 번 일어났기 때문에 혁명을 선별해야 했다. 프랑스에서 일어난 혁명의 유산을 종합적으로 연구하려면 1789년 외에도 최소 1830년, 1848년, 1870~1871년, 1968년 사건도 검토해야 한다. 혁명을 연구할 때 프랑스의 시인이자 평론가 보들레르가 '편파적, 열정적, 정치적' 접근 방식을 권장했듯이 혁명의 유산을 고찰할 때 단일 주제 논문보다 짧은 논고는 분석보다 해석에 효과적이다. 그러나 짧은 논고들을 통해 각국 역사와 정치 혁명의 범위와 종류, 시간과 장소에 따른 혁명의 다양성, 혁명의 주인공이 권력을 잡은 후 혁명을 진화시키는 방법, 혁명들 사이의 실용적·이념적 상호작용 등 많은 것을 알 수 있다.

또한 '공공의 역사', 즉 역사가 다양한 곳에서 어떻게 이용되는지, 과거와의 관련성이 어떻게 변하는지, 역사의 기억을 둘러싸고 어떤 분쟁이 있고 누가 역사의 통제하는지 파악할 수 있다. 혁명의 의미를 제대로 고찰하려면 혁명 이후 모습을 살펴보아야 한다. 한 국가가 과거 혁명을 어떻게 바라보느냐에 따라 그 과거뿐만 아니라 현대 사회의 내부 역학 관계와 사고방식도 드러난다. 당연히 책에는 편찬된 시대상이 반영된다. 1972년, 중국의 혁명가이자 총리 저우언라이는 프랑스 혁명을 어떻게 생각하냐는 질문에 "답하기엔 아직 이릅니다"라고 했다. 나중에서야 저우언라이가 1789년 프랑스 혁명이 아니라 1968년 5월 혁명을 물어보는 줄 알았다는 사실이 밝혀졌지만, 그의 대답은 현명했다. 혁명 같은 사건이 지닌 의미를 단정하는 것은 언제나 성급한 일이지만, 혁명의 의미가 어떻게 해석되고, 논쟁이 되며, 왜곡되고, 사용되는지 살펴보는 것은 결코 성급한 일이 아니다. 좋든 나쁘든 혁명의 유산은 계속된다.

CONTENTS

잉글랜드 혁명,
1642~1689

사이먼 젠킨스

1688년, 오라녜 공 빌럼(오렌지 공 윌리엄)과 메리 스튜어트는 잉글랜드의 제임스 2세(스코틀랜드에서는 제임스 7세)를 쫓아냈다. 여기에 가담한 존 햄든(1653~1696)은 이 사건에 '명예혁명'이라는 이름을 붙였다. 돌이켜보면 이 혁명은 영국 역사의 중요한 이정표로서 국왕이 의회제 안에서 법의 지배를 받는 존재임을 인정하고 —유명한 사상가 존 로크에 따르면— 신민과 무언의 '사회계약'을 맺은 순간이었다. 따라서 이 사건은 100년 후 영국의 아메리카 식민지와 프랑스에서 폭정을 타도하려는 급진주의자들의 등불이 되었다.

　　혁명이라고 부를 수 있는 갑작스러운 정권교체는 그전에도 있었다. 명예혁명은 잉글랜드가 공화정을 거쳐 1660년 제임스의 형 찰스 2세가 다시 왕위에 오른 것에서 비롯되었고, 이 책에서 다룬 다른 혁명들과는 별다른 공통점이 없다. 1790년, 에드먼드 버크는 프랑스 혁명을 끔찍한 혁신이라고 한 것과 대조적으로 명예혁명을 "오래전부터 확인된 우리의 자유를 지키기 위한 것"이라고 설명했다. 당시 견해와 달리 역사가들은 1642~1648년 내란으로 의회가 제임스의 아버지 찰스 1세를 타도한 후 재판하고 처형한 충격적 사건을 일종의 마르크스주의 원류로 간주해 민중의 지지를 받은 중산층이 귀족제와 군주제를 쓰러뜨린 잉글랜드 혁명으로 묘사해왔다. 이렇게 보면 1688~1689년 사건은 이미 40년 전에 있었던 권력 이동을 보여주는 것에 불과했다.

　오늘날 학자들은 대부분 전통적 '휘그(whig)' 관점이나 유사 마르크스주의 관점 모두 옳지 않다고 본다. 이 견해에 따르면, 1640~1688년은 느리고 중간중간이 끊긴 혁명기이다. 그러나 윌리엄과 메리가 즉위하는 과정에서 나타난 혁명의 특징은 그 후 수십 년 동안 윌리엄이 루이 14세를 상대로 유럽의 큰 전쟁에 참여하면서 생긴 것이었다.

　1688년 사건은 그 범위가 제한적이었고 전통적 혁명이 아니었다. 그러나 아이러니하게도 올리버 크롬웰이 수립한 공화정보다 훨씬 더 대단한 유산을 물려주었다. 의회의 우위를 확립해 입헌주의를 바탕으로 잉글랜드, 그 후 영국은 200년 동안 진보와 자유를 확신할 수 있었고, 이것은 떠오르는 영국 해군의 패권과 결합해 대영제국의 자부심을 드높였다. 한편 아일랜드 보인에서 제임스 2세에게 승리를 거둔 윌리엄은 얼스터 신교도들의 영웅이자 20세기 후반까지 지속된 아일랜드 분열의 장본인이 되었다.

　법의 지배를 받는 균형 잡힌 입헌군주제를 채택한 1688~1689년 합의는 21세기에도 영향을 주고 있다. 어느 정당이나 정파도 과반수를 유지하지 못한 채 의회가 분열된 상황에서 영국 정부는 2016년 유럽연합을 탈퇴하기로 한 국민투표 결과를 실행하는 데 난항을 겪었다. 2019년 가을 엄중한 시기에 보리스 존슨 총리가 한 달 이상 의회를 닫으려 하자 국왕도 갈등에 휘말렸다. 여왕은 의회를 일시 중단하는 것에 동의하고 서명했지만, 나중에 대법원이 이 결정을 위법으로 판단해 무효로 만들었다. 정부와 군주 모두 법의 지배를 받는 것처럼 보였다.

피터 퍼타도

❖❖❖

1688년, 스튜어트 왕가의 가톨릭교도 제임스 2세(재위 1685~1688)가 왕위에서 쫓겨나 망명길에 오르고, 메리 2세(재위 1689~1694)와 그의 네덜란드인 남편 윌리엄 3세(재위 1689~1702)가 공동으로 즉위한 명예혁명은 잉글랜드 정치사에서 불멸의 신화가 되었다. 17세기 중반 내전의 혼란을 겪은 잉글랜드에서 명예혁명은 헌법이 보장하는 자유를 탄생시켜 역사 속 자랑스러운 자리를 차지하고 있다. 사건 자체는 간단했다. 의회나 봉기가 아닌 외국 군대와 해군이 수도를 점령하고 왕좌를 차지한 후 국왕을 쫓아냈다.

　신교도 귀족이자 입헌주의를 지지하는 휘그당은 스튜어트 왕가에 동조하는 토리당(추방된 제임스 2세를 지지해 자코바이트로 알려졌다)과 싸울 때 이 침공을 정치적으로 활용했다. 휘그당은 마치 모든 사건을 자기가 주도한 것처럼 교묘하게 역사를 다시 썼다. 토마스 배빙턴 매콜리의 『잉글랜드사』(1848~1855)를 정점으로 18~19세기 이른바 휘그 역사가들 연구에서 명예혁명은 잉글랜드 의회가 우위를 차지하는 기나긴 과정에서 승리를 거둔 전환점이었다. 이 '휘그 역사관'은 1930년대부터 허버트 버터필드를 비롯한 역사가들에게 당파적·목적론적이라고 비판을 받았지만, 여전히 의회의 이미지를 대표하고 있다. 문제는 이 이론에 조금이라도 진실이 있느냐는 점이다.

　휘그 역사관에 따르면, 명예혁명은 국왕이 법에 복종한다는 마그나카르타(1215년)에 따라 잉글랜드가 유럽의 전제정과 결별한 시점으로 거슬러 올라간다. 그 후 국왕과 의회 간 갈등은 주로 과세 때문이었다. 14세기 후반 에드워드 1세는 '고충 처리' 대가로 전쟁 비용을 조달했다. 16세기 헨리 8세는 수도원을 해산(1536~1540)해 막대한 부(富)를 왕실 금고로 가져온 덕분에 국왕과 의회 간 균형은 국왕에게 유리해졌다. 로마 교황에게서 벗어나 잉글랜드 국왕이 잉글랜드 교회 수장이 되는 종교개혁으로 국왕의 위상은 더욱 높아졌다. 헨리 8세가 누린 종교적 우위를 후대 국왕들이 당연시하는 바람에 17세기 스튜어트 왕가는 큰 시련을 겪게 되었다.

　　그러나 헨리 8세가 수도원을 해산하자 새로운 상업계급과 지주계급이 부유해졌고, 금전적 이해관계를 지키려는 신교도들이 의회를 장악했다. 제임스 1세(재위 1603~1625)는 신교도였지만, 왕권신수설을 개인이 사치를 누릴 권리처럼 생각해 돈줄을 쥔 의회와 충돌했다. 대법원장 에드워드 코크 경은 "마그나카르타에는 주권자가 없다"고 말하며 의회를 해석자로 삼아 법의 지배는 절대적이라고 생각했다. 국왕과 의회 간 갈등은 사법, 조세, 전쟁, 평화에 이르기까지 모든 문제에서 의회의 우위를 주장한 1628년 권리청원으로 절정에 달했다. 찰스 1세(재위 1625~1649)는 "국왕은 신 외에 자기 행동을 설명할 의무가 없다"는 이유를 들어 권리청원을 반박할 수도 있었지만, 의회가 이를 받아들일 리 없었다. 찰스 1세는 전제군주로 11년 동안 통치하려 했지만, 내전에서 패배해 1649년 처형당했다.

　　이 처형은 잉글랜드 역사에서 혁명적 사건이었다. 그러나 혁명을 과정이 아닌 사건으로 보면 오해가 생길 수 있다. 당시 찰스 1세가 처형되었다고 해서 민주주의나 의회가 혁명적 승리를 거두었다고 여겨지지 않았다. 오히려 그 선동자 올리버 크롬웰(1599~1658)의 말처럼 이것은 신성한 '권리청원'을 지키기 위해 일어난 '잔인하지만, 필연적' 사건이었다. 폭력이 필요하다면, 그렇게 해야 했다.

독재를 원한 크롬웰은 의회를 대할 때 권리청원을 반박할 준비가 되어있었다. 1653년 크롬웰은 의회를 해산할 때 의원들에게 "온 나라가 참기 힘들 정도로 역겨워진 … 더러운 창녀들. 주님은 너희와 끝났으니 떠나라"고 했다. 의회가 1660년 스튜어트 왕정을 부활시키기로 한 것은 이런 크롬웰의 독재를 겪었기 때문이었다. 그러나 왕정 부활은 혁명에 반대하는 것이 아니었다. 의회가 요청한 바에 따라 잉글랜드로 돌아오기 위해 찰스 2세(재위 1660~1685)는 브레다선언(1660년 4월)을 발표해 권리청원의 문구와 정신을 받아들였다. 찰스 2세는 입헌군주로서 의회의 손아귀에 있어야 했다.

물론 그의 치세는 그렇게 끝나지 않았다. 찰스 2세에게 독재는 사치만큼이나 타고난 것이었다. 곧 그를 지지한 의회 후원자들과도 특히 돈 문제 때문에 실랑이를 벌였다. 1670년, 그는 프랑스의 가톨릭교도 루이 14세(재위 1643~1715)와 밀약을 맺어 신교 국가 네덜란드에 맞서 '왕국의 안녕이 허락하는 대로' 잉글랜드를 로마 가톨릭교회에 복귀시키기로 약속했다. 그 대가로 루이 14세는 찰스 2세에게 정기적으로 보조금을 주기로 했다. 밀약의 세부 사항이 유출되자 의회는 조약을 파기했다. 찰스 2세가 덕망이 있고 성격이 온화해서 명예혁명이 10년 일찍 일어나는 것을 막을 수 있었다.

1677년, 찰스 2세의 신교도 조카이자 동생 제임스의 딸로서 왕위 계승 서열 2위였던 메리는 루이 14세에 맞서 싸우는 네덜란드의 영웅 오렌지 공 윌리엄(1650~1702)과 결혼했다. 1652년부터 잉글랜드는 네덜란드와 세 차례 무역 분쟁이 있었지만, 찰스 2세 이후 신교도 배우자를 둔 신교도 여왕이 탄생할 예정이었기 때문에 스튜어트 왕조는 '구원의 은총'을 받았다고 생각되었다. 1679년, 공공연한 가톨릭교도 제임스를 포함해 왕위계승에서 휘그당이 모든 가톨릭교도를 배제하려 했지만, 찰스 2세가 자신에게 반대하려는 의회를 연달아 해산시키면서 실패로 돌아갔다.

　찰스 2세가 아버지의 전제정을 따라 하면서 왕권은 1640년대처럼 취약해졌다. 1685년, 찰스 2세는 죽기 전에 왕권보다 내연녀들을 더 걱정했고, 동생의 통치가 단명할 것이라고 예언했다. 그리고 실제로 그렇게 되었다. 루이 14세가 같은 해 낭트칙령(신교도에게 예배의 자유를 보장한 칙령)을 폐지하면서 잉글랜드에 신교도 난민들이 몰려왔고, 모든 강단에서 가톨릭교회의 만행이 알려졌다. 찰스 2세의 뒤를 이은 제임스 2세의 가톨릭 신앙은 독이 되었다. 그는 신교도 몬머스 공작의 반란을 진압해야 했기에, 가톨릭교도들을 군대, 교회, 옥스퍼드대학 고위직에 임명했다. 또 후원 관계를 이용해 의회를 자신에게 충성하는 토리당으로 채웠다.

　그래도 신교도 메리에게 확실히 왕위가 계승될 것이었으므로 마지막 위기만 없었다면 모두 살아남을 수 있었다. 그러나 1688년 6월, 제임스 2세의 왕비가 아들을 낳으면서 왕위계승에서 메리와 윌리엄이 밀려나고 그 자리를 가톨릭교도 아기가 대신하게 되었다. 왕정복고로 이루어진 타협은 산산조각이 났다.

　그 후 사건이 왜 일어났는지 논란은 여전하다. 제임스 2세를 강력히 반대하는 휘그당은 네덜란드 헤이그에 있는 윌리엄과 몇 달 동안 역모에 관한 서신을 주고받았다. 런던에 있는 윌리엄의 대리인 한스 빌럼 벤팅크는 자신과 접촉하는 휘그당을 부추겼다. 잉글랜드-네덜란드 전쟁이 있었지만, 잉글랜드가 네덜란드와 계속 교류해왔다는 점도 중요하다. 네덜란드 양식은 잉글랜드의 예술, 패션, 건축, 특히 튤립을

비롯한 원예 분야를 휩쓸었다. 윌리엄 자신도 찰스 2세 누이의 아들이
고 제임스 2세의 조카이자 사위였기 때문에 절반은 스튜어트 가문 혈
통이었다. 따라서 왕위를 찬탈한 사람일 수도 있지만 완전한 '이방인'
이라고 볼 수는 없었다.

그러나 당시 윌리엄에게는 제임스 2세보다 더 시급한 고민이 있
었다. 당시 총독으로서 윌리엄은 프랑스가 끊임없이 위협하는 네덜란
드 국가원수였기 때문에 제임스 2세가 프랑스와 가톨릭 동맹을 맺으면
네덜란드에 치명적일 수 있었다. 1688년 4월, 제임스 2세가 루이 14세
와 해군 조약을 맺자 네덜란드는 잉글랜드와의 관계를 전면 조정해야
했다. 실제로 네덜란드-잉글랜드 동맹은 프랑스에 맞선 유용한 방벽이
될 수 있었다.

그해 여름 윌리엄은 재빠르게 움직였다. 제임스 2세의 아들이 태
어난 직후 6월, 벤팅크는 '불멸의 7인'으로 알려진 휘그당 귀족들에게
서 편지 한 통을 입수했다. 이들은 "국민들이 종교, 자유, 재산에 관한
현 정부의 행태에 전반적으로 불만이 많사오니 … 전하께서는 왕국 선
체 국민 20명 중 19명이 변화를 원한다는 점을 확인하실 수 있을 것이
옵니다"라고 썼다. 이들은 제임스 2세에 맞서 반란을 일으키는 데 병
력은 조금만 있어도 된다고 했다. 이 편지는 윌리엄의 이름으로 된 선
언문으로 복제되어 잉글랜드 전역 인쇄업자들에게 비밀리에 배포되었
고, 네덜란드가 잉글랜드를 침공하면 지역 교회들에 전달될 것이었다.

대단한 모험이었다. 예전 노르만족 윌리엄처럼 네덜란드 총독 윌
리엄이 잉글랜드 왕위를 주장하는 근거는 매우 모호했다. 처음에 윌리
엄은 메리와 함께 "그들 자신의 이름을 걸고 … 이 일에 착수하기로 했
다"고 선언했다. 제임스 2세가 프랑스를 지지한 것은 네덜란드에 명백

한 위협이었으므로 윌리엄은 전략에 따라 행동한다고 주장할 수 있었다. 그러나 이것은 전면 공격이 아닌 외교적 주장이었다. 더욱이 잉글랜드 파병은 네덜란드를 무방비 상태로 만들어 루이 14세를 자극하는 것이었다. 윌리엄은 제임스 2세를 폐위하려는 것이 아니라 세력균형을 네덜란드에 유리하게 바꾸려는 것이라고 약속해야 했다. 마지막 순간에야 윌리엄은 의회의 지지를 얻어내었다.

윌리엄은 몇 주 만에 유대인 은행가 프란시스코 수아소에게서 약간의 자금을 모을 수 있었다. 윌리엄의 군세는 적지 않았다. 전함과 수송선 463척, 북유럽 전역의 신교 동맹국에서 지원받은 병사 4만 명으로 구성된 대군이었다. 기본적으로 한 개인의 모험이었지만, 그 규모는 정확히 한 세기 전 스페인 펠리페 2세의 무적함대보다도 세 배나 더 컸다.

네덜란드 침공군은 위험을 무릅쓰지 않았다. 11월에 출항한 윌리엄은 대포를 쏘며 도버를 우회해 동쪽에서 불어오는 '신교도 바람'을 타고 서쪽 데본으로 항해했다. 토베이에 상륙한 윌리엄은 제임스 2세 군대와 초기 전투를 피했고, 상륙한 후 선전으로 약속한 반란이 일어나기를 기대했다. 레딩에서 왕당파 군대와 작은 전투를 벌인 것 외에 별다른 저항은 없었지만, 반란은 일어나지 않았다. 내전을 경험한 세대가 많았기 때문에 잉글랜드는 긴장했다. 제임스 2세는 인기가 없었지만, 많은 잉글랜드인은 그를 끌어내리고 싶어 하지 않았다. 왕위계승 문제는 외세의 침략이 아니라 의회가 결정해야 했다.

네덜란드군이 당도하자 제임스 2세 충성파가 많은 런던은 공황 상태에 빠졌다. 그러나 제임스 2세의 최고 지휘관 처칠 경이 동료 장교 400명과 함께 윌리엄에게 귀순한 것이 분수령이었다. 처칠 경은 제임스 2세에게 '더 고귀한 원칙을 따른 행동'이라고 궁색한 편지를 써서 배신을 변명했다. 윌리엄과 국왕 사절단 사이에 협상이 있었지만, 소득은 없었다. 결국 낙담한 제임스 2세는 도망쳤고, 윌리엄은 제임스 2세가 잉글랜드를 탈출해 프랑스로 망명하는 것을 허락했다. 그러나 런던을 안심할 수 없었던 윌리엄은 잉글랜드 병사들을 모두 내쫓고 런던에 자기 군대를 주둔시켰다. 노르만족이 정복한 후 런던이 적군에 점령당한 것은 처음이었다.

　직업 용병이 대부분인 네덜란드군을 제임스 2세가 물리칠 수 있었을지는 의문이다. 제임스 2세의 군세는 상당했고, 가톨릭교도 지휘관들은 충성심이 강했다. 잉글랜드-네덜란드 전쟁에서 제임스 2세가 요크 공작으로서 총사령관직을 맡았던 해군도 마찬가지였다(1664년, 네덜란드로부터 뺏은 뉴욕은 그의 이름을 따서 명명되었다). 그러나 저항하려 하지 않았다. 처칠 경이 반란을 일으키면서 전의를 상실한 제임스 2세는 결국 항복했다. 제임스 2세가 몰락하자 아일랜드와 스코틀랜드에서는 유혈 폭동이 일어났다.

　이 이야기에서 보듯 의회가 윌리엄에게 왕위를 찬탈해달라고, 잉글랜드를 침공해달라고 요청한 적은 없었다. '불멸의 7인'이 윌리엄을 초청한 것은 명백한 반역이었지만, "반역이 성공하면, 아무도 감히 반역이라고 부르지 못한다"는 속담처럼 제임스 2세는 퇴위하지도 않고, 되찾을 수 없는 국새를 템스강 어귀에 던져버렸을 뿐이었다. 윌리엄의 측근, 철학자 존 로크(1632~1704)도 이 사건을 있는 그대로 설명했다. "이전 통치자들의 잘못을 바로잡고 … 억압받고 실추된 우리 법을 회복하기 위한 것"이라고 이 사건을 정당화했다. 새해가 되자 로크는 런던에 가는 메리를 직접 수행했다.

쿠데타를 마주한 대중은 대체로 내전을 피한 것에 안도의 한숨을 쉬었다. 의회와 협상을 시작할 때 윌리엄은 한 가지 사안에 단호했다. 결혼 서약에서 "단지 아내가 될 뿐"이며 남편에게 순종하겠다고 약속한 메리와 동등한 조건으로 윌리엄은 국왕이 되기로 했다. 메리가 윌리엄보다 먼저 죽어도(실제로 그랬다) 그는 국왕으로 남는다는 것이었다. 이 점을 강조하려고 건축가 크리스토퍼 렌(1632~1723)은 켄싱턴궁전과 햄프턴코트에 의식용 계단 두 개를 따로 만들어야 했다. 칼뱅주의자 윌리엄은 '대관식 코미디'를 비웃었다. 그러나 윌리엄과 메리는 스튜어트 왕가 특유의 지출과 허세를 싫어하지 않았다. 제임스 손힐은 그리니치왕립병원 천장에 윌리엄을 알렉산드로스 대왕으로 그렸고, 윌리엄이 발로 짓밟는 상대는 제임스 2세가 아니라 루이 14세였다. 적어도 윌리엄은 인간이었다. 화이트홀 연회장 천장에는 제임스 1세가 찬미를 받으며 신과 함께 앉으려고 승천하는 모습으로 표현되었다.

1689년 2월, 의회는 국왕에게 공식적으로 권리선언을 낭독하며 군주에 대한 13가지 제약사항을 열거했다. 내용은 새롭지 않았다. 과세, 입법, 군대 동원에서 의회 주권을 다시 명시했다. 의회는 국왕이 소집하지 않아도 열릴 수 있고, 의회 의원의 지위와 언론의 자유는 절대적이었다. 그 후 이 선언은 권리장전으로 명문화되었는데, 대부분 권리청원과 브레다선언을 재확인하는 것이었다. 토리당은 제약이 덜한 군주제를 도입하려고 싸웠지만, 주도권은 휘그당에 있었다. 더 이상 스튜어트 왕가가 부활할 가능성은 없었다.

잉글랜드는 어떤 식으로든 네덜란드에 종속되지 않았고, 군주는 의회의 허가 없이 대륙으로 건너갈 수 없었다. 미래 왕위계승법은 "가톨릭교도 군주의 통치가 신교 왕국의 안전과 복지에 맞지 않는다는 것이 경험으로 입증되었다"고 적시했다. 윌리엄과 메리는 이 조건들을 수락하고 '의회의 법령'을 따르는 데 동의했다.

윌리엄은 무뚝뚝한 태도와 "기침이 심하게 나는 것 같다"는 네덜란드 억양 때문에 국민의 사랑을 받지 못했지만, 그의 치세는 성공적이었다. 의회는 네덜란드의 전쟁에 잉글랜드가 돈을 쓰는 것에 반대했지만, 윌리엄은 루이 14세에 대항하는 신교 동맹의 토대를 마련할 수 있었고, 잉글랜드가 스페인왕위계승전쟁(1701~1714)에 참전하면서 절정에 달했다. 명예혁명으로 자코바이트 반란이 일어났고, 은연중 토리당에서는 제임스 2세를 향한 동정심이 남아있었다. 1701년 제임스 2세가 망명지에서 죽자 그의 아들 제임스 프랜시스 에드워드 스튜어트와 손자 찰스 에드워드 스튜어트는 왕위를 되찾으려고 프랑스의 지원을 받았다. 그러나 1691년 아일랜드, 1715년과 1745년 스코틀랜드를 무력으로 침공했지만, 모두 실패했다.

1688년에 정점을 찍은 혁명은, 1714년 윌리엄의 후계자이자 스튜어트 왕조의 마지막 군주 앤 여왕이 죽기 직전에 끝이 났다. 로버트 할리와 볼링브로크 경이 이끄는 토리당이 파리에 있는 제임스 2세의 아들에게 편지를 보내 신교로 개종하고 왕위에 오를 것을 간청했다. 그러나 그가 이 간청을 거절하면서 왕위계승 문제는 일단락되었다. 제임스 1세의 자손 56명 가운데 첫 번째 신교도 하노버 공 게오르크(1660~1727)가 조지 1세가 되려고 잉글랜드로 소환되었고, 왕위에 오르면서 하노버 왕조가 열렸다. 1707년, 스코틀랜드와 통합해 대영제국이 된 잉글랜드는 이제 의회제 아래 입헌군주제의 축복을 누렸고, 그 안정성은 2세기에 걸쳐 유럽의 부러움을 샀다.

전통적으로 혁명은 무력 충돌과 급격한 변화를 수반한다. 그런 점에서 1688년은 실망스러웠다. 유혈사태는 거의 없었고, 수업에서 학생들이 재밌어하지도 않았다. 당시 휘그당 의원 존 햄든은 이 사건에 '명예'를 붙였고, 자유주의 역사가들은 이 사건과 그 후 일어난 모든 일이 휘그당의 공로임을 내비치려 이를 기꺼이 받아들였다. 하지만 휘그당의 집권을 외세 침략 덕분이었다고 보기엔 무리가 있다.

엄밀한 의미에서 1688년은 혁명이 아니었다고 해도 결과적으로는 혁명으로 마침표를 찍었다. 권리청원 이후 60년 동안 꾸준히 추진하면서 성취한 개혁들은 굳건했다. 이 개혁들은 영원하다는 확인을 받았고, 이 과정에서 외세가 개입해 잉글랜드는 또 다른 내전을 겪지 않을 수 있었다. 내전이 일어났다면 아마도 의회가 이겼을 수도 있지만 확실하지는 않다. 그러나 잉글랜드 역사는 항상 기회를 놓치지 않았고 최선의 결과를 만들어냈다.

'긴' 혁명의 진정한 영웅은 윌리엄도 휘그당도 아닌 바로 의회제였다. 크롬웰 치하를 제외하면 17세기 내내 의회는 한 번도 흔들린 적이 없었다. 웨스트민스터에 자리 잡은 의회는 명실상부한 국가의 공론장이었다. 의회는 위기가 닥칠 때마다 군주제가 스스로 살아날 수 있도록 모든 기회를 주었다. 의회 의원들은 비민주적이었을 수도 있지만, 새로운 얼굴과 새로운 이해관계는 주교와 귀족 일색이었던 의회에 활력을 불어넣었다. 거리의 폭도나 지방의 반란세력은 결코 권력을 잡을 수 없었다.

영국인은 혁명을 겪지 않았다. 1688년 사건은 의원의 선거권도 유권자의 대표성도 확대하지 않았지만, 민주주의를 향한 긴 여정의 한 걸음이었다. 그런 점에서 크롬웰이 말했듯이 1688년 사건은 잔인하지만, 필연적이었다.

오렌지 공 윌리엄

찰스 2세의 손자 오렌지 공 윌리엄(1650~1702)은 1672년 네덜란드 총독이 되었다. 재위하는 동안 프랑스 루이 14세와의 전쟁에 개입하고 프랑스에 대항하는 신교 동맹을 구축하는 데 많은 시간을 보냈다. 1677년, 제임스 2세의 딸이자 사촌인 메리 스튜어트와 결혼했으며, 1688년 11월, 잉글랜드에 도착해 무사히 런던까지 진군한 후 메리와 공동으로 왕위를 제안받았다. 1690년, 보인에서 제임스 2세에게 승리해 왕위를 확보한 후 1697년까지 계속된 루이 14세와의 전쟁을 1700년에 재개했다. 에너지를 대부분 군사 문제에 쏟았고, 과묵했던 윌리엄은 대중의 호감을 얻으려 하지 않았기에 죽었을 때 사람들은 크게 슬퍼하지 않았다.

존 로크

잉글랜드 철학자 존 로크(1632~1704)는 『통치론』(1689)에서 권위의 원천은 신성하거나 의심할 수 없는 것이 아니라고 주장했다. 대신 가상의 '자연상태'에서 사람들이 서로 보호하려고 (무력이나 법으로) 자신들이 선택한 통치자에게 특정 권리를 위임하는 '사회계약'이 이루어졌다고 생각했다. 로크에 따르면, 국가의 권위를 자발적으로 받아들이되 정부가 자연권을 보장하지 못하거나 시민들이 사회 최선의 이익으로 생각하는 것을 이행하지 못하면, 시민들은 복종할 의무를 철회하거나 지도부를 교체할 수 있다. 이 주장은 명예혁명을 정당화할 뿐만 아니라 1770년대 미국 혁명가들에게 큰 영향을 미쳤다.

연표

1628년	의회가 국왕의 특권을 제한하는 권리청원을 발표하다
1642년	찰스 1세와 의회 사이에 내전이 발발하다
1645년	토마스 페어팩스와 올리버 크롬웰의 의회파 군대가 네이즈비에서 결정적 승리를 거두다
1646년	찰스 1세가 스코틀랜드에 항복하다
1648년	찰스 1세가 윈저성에 투옥되다
1649년	찰스 1세가 반역죄로 유죄 판결을 받아 처형되고, 공화정이 왕정을 대체하다
1653년	크롬웰이 잉글랜드, 웨일스, 스코틀랜드, 아일랜드의 호국경이 되다
1658년	크롬웰이 죽고 아들 리처드가 그의 뒤를 잇다
1660년	의회가 찰스 2세를 복위시키다
1670년	찰스 2세가 프랑스의 루이 14세와 밀약을 맺고 가톨릭교로 개종을 약속하다
1673년	심사법이 가톨릭교도 공직 임용을 금지하고, 찰스 2세의 동생 요크 공작 제임스가 해군 총사령관직 사임을 강요받다
1677년	요크 공작 제임스의 딸 메리 스튜어트가 찰스 1세의 손자 오렌지 공 윌리엄과 결혼하다
1685년	찰스 2세가 죽자 동생 제임스가 제임스 2세로 즉위하고, 제임스 2세는 찰스 2세의 서자 신교도 몬머스 공작의 반란을 진압하다
1687년	제임스 2세가 신앙자유령을 발표해 종교적 관용을 약속하다
1688년	
6월	잉글랜드 귀족 7명이 오렌지 공 윌리엄에게 편지를 보내 왕위에 오를 것을 권유하다
11월	윌리엄이 대군을 이끌고 잉글랜드를 침공해 데본의 토베이에 상륙하다
12월	제임스 2세가 잉글랜드를 떠나다
1689년	
4월	윌리엄과 메리가 즉위하다
12월	존 로크가 『통치론』을 발표하고, 권리장전이 통과되어 의회 주권을 주장하고 관용을 약속하다
1690년	아일랜드 보인에서 윌리엄이 제임스 2세를 격퇴하다

미국 독립 혁명,
1776~1788

레이 라파엘

대서양 건너편에서 아메리카 식민지 주민들이 영국의 지배에 반기를 들고, 그들을 강제로 굴복시키려는 정부에 저항한 18세기 최초의 '고전' 혁명은 전 세계 반식민지 혁명의 본보기가 되었다. 그러나 이 혁명은 그 이상의 의미가 있다. 토머스 제퍼슨이 <독립선언문>을 초안할 때 사용한 문구는 사회 정의를 구현하려는 가치들을 명시했을 뿐만 아니라, 계몽주의의 언어로 억압이 존재하는 모든 곳에 혁명을 일으켜 압제를 끝내려는 명징한 요청이기도 했다.

　　인류 역사에서 한 민족이 다른 민족과의 정치적 결합을 해체하고, 세계 여러 나라 사이에서 자연법과 자연 신의 법이 부여한 독립되고 평등한 지위를 얻어야 할 때, 우리는 인류의 신념을 엄정히 고려해 독립을 요구하는 여러 원인을 선언할 수밖에 없게 되었다.

　　우리는 다음의 진리들이 자명하다고 생각한다. 즉, 모든 사람은 평등하게 태어났고, 창조주로부터 양도할 수 없는 몇몇 권리를 부여받았으며, 그 권리에는 생명, 자유, 행복 추구가 있다. 이 권리를 확보하기 위해 인류는 정부를 조직했고, 정부의 정당한 권력은 통치받는 인민의 동의에서 나온다. 어떤 형태의 정부든지 이 목적을 파괴한다면 언제든지 정부를 바꾸거나 없애고, 인민의 안전과 행복을 가장 효과적으로 가져다줄 수 있는, 그런 원칙에 기초해 그런 형태의 기구를 갖춘 새로운 정부를 조직하는 것은 인민의 권리이다.

아메리카 식민지 주민의 생명, 자유, 행복 추구를 침해한 영국 왕실과 정부의 수많은 범죄를 자세히 열거하기에 앞서 제퍼슨의 글은 보편적 용어로 그 사례를 설명해 그 후 수십 년 동안 프랑스와 아이티에서 그리고 2세기 넘게 혁명가들에게 영감을 주었다.

이처럼 명료한 표현과 고상한 목적을 내세우며, 미국 건국의 아버지들은 일찌감치 인간인데도 신처럼 추앙받았지만(혹은 아마도 그 때문에), 실제 혁명은 복잡한 사건이었고, 혁명의 의미를 둘러싼 갈등은 미국 사회와 정치에 영향을 주었다.

부분적으로는 국민의 안전과 행복을 위해 미국 건국의 아버지들이 의도적으로 설계한 사회 안에 노예제를 존치한 까닭에 미국 독립 혁명을 혁명으로 볼 수 있는지 의구심도 있다. 말과 현실 사이의 괴리 때문에 훗날 일부 혁명가들은 미국 독립 혁명이 엘리트 간 권력 이동에 불과하다는 의문을 제기하기도 했다. 미국 국민에게 물려준 유산이 무엇이든 간에 미국 독립 전 세계 여러 곳에 또 다른 유산을 남겼다.

피터 퍼타도

❖ ❖ ❖

모든 나라가 자기 나라의 기원을 기념하고 싶어 하지만, 놀랍게도 미국이 탄생한 이야기는 한 세대가 이룩한 공로를 치하하는 내용이다. 이와 대조적으로 다른 나라들은 그 이야기가 복잡하다. 중국은 무려 4천 년에 걸친 고대 왕조, 1911년 신해혁명, 1949년 공산주의 혁명을 아우른다. 영국은 노르만족 침략(1066), 마그나카르타(1215), 명예혁명(1688), 통합법(1707)을 거쳤다. 멕시코는 1821년 독립과 1910년대 혁명이라는 두 차례 건국의 순간 사이에 90년 시차가 있어서 그 이야기가 단절되어있다. 캐나다는 너무 순조롭게 국가가 되어 이야깃거리가 거의 없다.

　1763년, 7년 전쟁으로도 알려진 프렌치·인디언 전쟁(북아메리카에서 영국이 원주민과 동맹을 맺은 프랑스와 싸운 전쟁)이 끝나면서 미국의 역사는 시작된다. 프랑스는 북아메리카의 광활한 영토를 영국에 넘겼지만, 영국 의회는 새로운 영토를 관리할 추가 비용을 마련하려고 아메리카 식민지에 세금을 잇달아 부과했다. 많은 식민지 주민은 의회에 대표를 보내지 않고 세금을 낼 수 없다고 불평했다. 시위대는 영국 정당 이름을 따서 자신을 '휘그당'이라고 불렀고, 의회 조치를 지지하는 사람들을 '토리당'이라고 불렀다. 식민지의 휘그당은 영국 제품 구매를 거부했고, 이에 영국 의회는 전부는 아니지만, 일부 세금을 폐지했다. 그러던 1773년, 동인도회사에 특권을 주는 의회 법안에 반발한 시위대가 보스턴 항구에 정박 중인 동인도회사 배 3척에 실린 홍차를 바다에 던져버렸다. 영국 의회는 '보스턴 차 사건'의 범인을 처벌하려고 보스턴 항구를 폐쇄하고 더 나아가 식민지의 자치권을 대부분 인정했던 1691년 〈매사추세츠 헌장〉을 폐기했다. 매사추세츠 주민들은 보스턴 외곽 전역에서 제국주의 정부를 거부하고 무력 투쟁을 준비했다. 1775년 4월, 영국군이 반란군 창고를 점거하려 하자 지역 민병대가 저항하면서 유혈사태가 벌어졌다. 다른 12개 식민지도 미국 혁명전쟁으로 불리는 매사추세츠 반란에 가세했다.

세계 최강 영국군보다 군사적으로 열세였던 반란군은 영국의 영원한 라이벌 프랑스에 원조를 요청했다. 그러나 프랑스는 영국의 내전에 개입하지 않았고, 1776년 식민지 주민들은 스스로 독립 국가, 아메리카합중국(미국)을 선언했다. 그 후 몇 년 동안 영국은 식민지 '충성파'의 지원을 받아 대륙군과 현지 '애국파' 민병대를 물리치려 했다. 바다에서 압도적으로 우세했던 영국은 주요 항구 몇 군데를 점령하고 통제할 수 있었지만, 해안선을 넘어 진격할 때 거센 저항에 부딪혔고, 미국인들도 해안 요새에서 영국군을 몰아내진 못했다. 1781년, 프랑스와 미국 연합군은 영국군 8,000명을 버지니아 요크타운 반도에 가두었고, 프랑스 함대가 이곳에 영국 선박의 보급을 차단하자 교착상태가 깨졌다. 개전 이후 전쟁이 확전되면서 영국은 전 세계 전쟁터에서 프랑스, 스페인, 네덜란드, 인도 식민지 주민들을 상대하려고 아메리카대륙에서 철수했다. 그러나 미국인들은 영국이 다른 지역 전쟁에 휘말려 미국에 졌다는 내용보다 다윗과 골리앗의 대결에서 열세였던 식민지가 세계 최강 제국을 이겼다는 단순한 구도를 더 좋아한다.

전쟁 후 미국은 어려움을 겪었다. 이전 13개 식민지는 이제 각자 헌법과 통치기관을 가진 주(州)가 되었다. 이들은 연방으로 통합되었지만, 유일한 공동기구 '연합회의'는 세금을 부과하거나 법률을 통과시킬 권한이 없었다. 1787년, 빚을 진 농민들이 국내에서 반란을 일으키자 명망 있는 지주와 상인들은 강력한 중앙 정부를 두되 일부 권한은 주에 맡기는 새로운 계획을 초안했다. 1788년, 각 주에서 비준된 이 헌법으로 미국 혁명이 완성되었다. 건국한 순간부터 지금까지 반복되는 이 이야기가 미국이라는 나라를 정의하고 있다.

1768년 '대표 없는 과세'에 항의해 10년 후 군대에 입대한 스무 살 청년이 1788년 헌법 비준 투표를 했을 때 그의 나이는 겨우 마흔이 었다. 미국의 탄생은 비교적 짧은 시간에 이루어졌지만, 흔히 알려진 것과 달리 복잡한 과정을 거쳤다. 미국 혁명전쟁은 사실 다양한 주체와 음모가 얽힌 사건이었다. 충성파에는 부유한 상인뿐만 아니라 휘그당 지주에 맞서 싸운 소작농도 있었다. 남부 오지에서는 이웃끼리 잔인한 내전을 벌이기도 했다. 아메리카 원주민 부족들은 땅을 넓혀오는 유럽계 미국인을 어떻게 막을 수 있을지 신중하게 계산해가며 어느 한쪽을 지지했다. 노예로 살던 아프리카계 미국인들도 전쟁을 이용하려 했다. 자유를 바라며 영국으로 도망치거나 전쟁이 끝나면 자유가 보장될 수도 있다는 약속에 현혹되어 반란을 일으킨 식민지 주민들과 함께 싸우기도 했다.

전쟁은 참혹했다. 미국 혁명가 약 7,000명이 전쟁터에서, 8,500명이 감옥에서, 약 10,000명이 병영에 퍼진 전쟁 관련 질병으로 죽었다. 1인당으로 환산하면 오늘날 미국인 300만 명에 해당한다. 또한 이와 비슷한 수의 영국군과 충성파 민병대원이 미국 전장에서 죽었다(질병과 투옥으로 인한 영국인 사망률은 낮았지만, 전쟁이 전 세계로 확전되어 영국인 전사자는 훨씬 더 많았다). 당시 혁명은 총력전이었고, 모든 시민에게 영향을 미쳤다. 남부에서 너새니얼 그린(1742~1786) 장군은 "맹수처럼 가차 없는 분노로 서로를 쫓는 휘그당과 토리당이 전 국토를 초토화"하고 있다고 보고했다. 또 윌리엄 몰트리(1730~1805) 장군은 작전이 한번 끝나고 나니 가축과 야생 조류가 많았던 시골이 "말, 소, 돼지, 사슴 등은 흔적조차 찾을 수 없을 정도로 황폐해졌다. 다람쥐와 사슴은 씨가 말랐다"고 썼다. 전쟁이 끝난 후, 생존자들은 승리에 가려진 숱한 비극을 떠올리고 싶지 않았다. 역사가 존 샤이는 "혁명전쟁이라고 부른 사건은 대부분 매우 고통스럽고 불쾌한 기억이었지만, 결과만큼은 좋았다. 그래서 늘 그렇듯이 기억이 이 사건을 속이기 시작했다"고 했다.

통일이라는 국익에 맞추어 미국 혁명 이야기는 단순화되고, 정화되며, 낭만화되고, 결국 신화화되어야 했다. 저명한 미국인들이 이 작업에 참여했다. 훗날 『미국 영어 사전』을 출간해 영국으로부터 언어 독립을 선언한 노아 웹스터(1758~1843)는 혁명전쟁이 끝난 지 10년도 채 되지 않은 1790년에 "미국 어린이는 모두 자기 나라를 잘 알아야 합니다. 입을 떼자마자 자유와 혁명을 달성한 위대한 영웅과 정치가들을 찬양해야 합니다"라고 썼다. 그리고 그렇게 되었다. 19세기 초 공교육이 실시되면서 미국 청소년들은 건전한 도덕과 국가에 대한 자부심을 가질 수 있도록 각색하고 세심하게 만든, 애국심을 고취하는 이야기들을 꾸준히 접했다. 아이들은 대륙군 총사령관이자 '미국의 아버지' 조지 워싱턴(1732~1799)이 아주 정직했다고 배웠다. 한번은 어린 시절, 아버지가 집안 벚나무를 베었다는 이유로 워싱턴을 혼내자 "거짓말은 못하겠어요. 제가 작은 손도끼로 나무를 베었어요"라고 워싱턴이 답했다는 이야기가 대표적이다.

신생 공화국의 미국인들은 그들의 혁명을 띄우며 다른 혁명과 차별화했다. 단두대를 동원한 프랑스 혁명과 미국 노예 소유주들에게 공포를 준 아이티 흑인 혁명 이후 '혁명'에는 새롭지만 위험한 의미가 들어있었다. 그러나 미국인에게 미국 혁명은 부모의 통제에서 자녀가 해방된 가족 문제일 뿐이었다. 혁명은 격렬한 후폭풍 없이 평화롭게 끝났고, 자유라는 소중한 이상을 바탕으로 국민이 직접 통치하는 국가를 탄생시켰다.

그러나 정치적 반목 때문에 통일을 위한 시도는 순탄치 않았다. 혁명이 고귀한 활동이었다는 사실에는 모두 동의했지만, 통일에 대해서는 첨예하게 대립했다. 1787년 9월 5일, 주 대표들이 '강력하고 활기찬' 정부 아래 분리된 주들을 통합할 새 헌법을 초안하느라 분주한 가운데 〈펜실베이니아 가제트〉 기자는 "1776년이 자유를 위한 혁명으로, 1787년도 정부를 위한 혁명으로 똑같이 기쁜 마음으로 기념되기를 기대한다"고 보도했다. 그러나 새로운 계획에 찬성 의견만 있는 것은 아니었다. 연방주의자를 자칭한 미국인들은 제대로 운영되는 정부가 필요하다고 주장했고, 그 반대파는 제안한 헌법 때문에 〈독립선언문〉이 공표하고 전쟁으로 쟁취한 자유가 희생된다고 믿었다. 헌법 비준 논쟁에서 '자유' 대 '정부'라는 첫 번째 대립 구도가 나타났다.

이 첫 대결에서는 양측 모두 수확이 있었다. 연방주의자는 비준을 보장받았고 헌법 반대파는 현재 권리장전으로 알려진 10개 수정안을 밀어붙여 헌법에 추가했다. 그러나 1790년대 편을 가르는 복잡한 질문이 나오면서 갈등은 다시 커졌다. 연방정부 권한이 헌법에 명시된 권한에 국한되는가 아니면 정부가 다시 한번 혼란에 빠지는 것을 막기 위한 묵시적 권한도 포함되는가? 연방정부가 도를 넘어 권한을 행사할 때 연방을 구성한 주들이 이를 통제할 수 있는가? 정치권은 둘로 나뉘었고, 양측은 상대편이 혁명의 성과를 망치는 데 혈안이 되어있다고 확신했다.

1776년 미국 독립선언을 기념하는 7월 4일 독립기념일 기념행사의 성격이 바뀌면서 이런 분열은 더욱 도드라졌다. 전쟁이 끝날 무렵 독립기념일은 의례적 행사가 되었다. 이른 아침 종소리나 대포 소리로 기념일 축제가 시작되었다. 민병대나 의용군 부대가 행진하고 시민들이 뒤따랐다. 그다음 유명 인사가 현세에 관한 설교를 하면 사람들은 찬송가로 화답했다. 이렇게 모든 것을 적절히 포장해 첫 번째 국경일, '우리 자유의 안식일'을 기리는 시민의 거룩한 날이 탄생했다. 그러나 1790년대 후반 애국심에 불타는 미국인들은 독립기념일을 기념하려고 경쟁적으로 행진과 거리극을 펼쳤고, 정적의 인형을 불태우며 거리에서 싸움을 벌이기까지 했다.

19세기 중반, 미국을 둘로 나눈 두 번째 대립은 바로 노예제 때문이었다. 자유를 얻으려 전쟁을 하면서도 다른 사람을 노예로 삼는 것은 처음부터 명백한 위선이었지만, 혁명이 끝날 무렵 통합을 핑계로 노예제는 계속 유지되었다. 현실적 필요 때문이라고는 하지만, 많은 사람이 지적했다시피 노예제는 미국의 '원죄'였다. 1852년, 도망 노예이자 열렬한 노예제 폐지론자 프레드릭 더글러스(1818~1895)는 독립기념일 연설에서 혁명의 이중성을 비판했다. 그는 틀에 박힌 찬사로 연설을 시작했다.

> 친애하는 시민 여러분, 저는 이 공화국의 아버지들을 존경합니다. <독립선언문>에 서명한 그들은 용감했습니다. … 저는 그들을 좋게 보지 않지만, 그들의 위대한 업적에 찬사를 보냅니다. 그들은 정치가이자 애국자이며 영웅이었고, 그들이 이룩한 공로와 주창한 원칙을 위해 저는 여러분과 하나가 되어 그들을 기릴 것입니다.

그러나 그 연설은 격렬한 비난으로 마무리되었다.

여러분의 7월 4일이 미국 노예에게는 어떤 의미일까요? 제가 답하겠습니다. 1년 중 어느 날보다 자신이 끔찍한 부당함과 잔인함의 희생자라는 사실을 상기시키는 날입니다. 노예에게 여러분의 축하 행사는 가짜입니다. 여러분이 자랑하는 자유는 불경한 방종입니다. 미국의 위대함은 과장된 허영입니다. 여러분이 기뻐하는 소리는 껍데기만 있고 비정합니다. 여러분이 폭군을 비난하는 것은 마치 얼굴에 철판을 깐 것같이 뻔뻔한 짓입니다. 자유와 평등을 외치는 것은 허울뿐인 조롱입니다. 여러분의 기도와 찬송, 설교와 감사, 온갖 종교적 행렬과 엄숙한 의식은 노예에게 허풍, 사기, 기만, 불손, 위선일 뿐입니다. 이 7월 4일은 여러분의 것이지 제 것이 아닙니다. 여러분은 매우 기쁠지 몰라도, 저는 슬퍼해야 합니다.

노예를 소유한 남부 정치가들은 '폭정'에 맞서는 혁명 흉내를 냈다. 북부는 노예제 확대를 제한해 영국 의회처럼 행동하면서 자신의 의지를 남부에 강요했다.

남북전쟁으로 수십만 명이 죽은 가운데, 1863년 게티즈버그에서 에이브러햄 링컨(1809~1865) 대통령은 "87년 전, 우리 선조는 자유 속에서 잉태되고 모든 인간은 평등하게 태어났다는 명제에 헌신하는 새로운 국가를 이 대륙에 세웠습니다"라며 미국의 탄생에 경의를 표했다. 몇 달 전 노예해방선언을 발표했던 링컨에게는 노예도 인간이었다. 남부연맹 대통령 제퍼슨 데이비스(1808~1889)는 1776년 당시 '국민'은 '정치 공동체의 남성'만이라고 주장했다. 그는 〈독립선언문〉에 있는 "어떤 형태의 정부든 인민의 권리를 보호하지 못했을 때", "정부를 바꾸거나 없앨 권리는 인민에게 있다"는 구절을 강조하기로 했다. 남부는 합법적으로 연방에서 탈퇴할 수 있었다. 남부를 침입했을 때 북부

군대는 "영국 정치인들이 저지른 실수를 재연"하고 있었다. 데이비스는 "남부의 용맹함이 1776년처럼 여전히 밝게 빛나고 있다"며 남부의 대응을 혁명에 빗대었다.

그 뒤 두 진영이 혁명의 유산을 놓고 대립해왔다. 한쪽은 혁명기를 황금기로 여겼으나 이후 퇴행하면서 그 가치가 훼손되었다고 생각했고, 다른 한쪽은 혁명이 감동적으로 시작했으나 그것뿐이었다고 평가했다. 제퍼슨 데이비스가 1776년의 '국민'이 자유로운 백인 남성만이라고 한 것은 역사적으로 옳았지만, 수정이 필요했다. 혁명의 약속이 실현되려면 아프리카계 미국인, 여성, 다양한 소수자를 '국민'에 포함해야 했다.

이들을 포용하려는 움직임은 필연적으로 반발을 낳았다. 남북전쟁 이후 노예였던 사람들에게 시민권이 부여되고 남유럽과 동유럽에서 이민자들이 미국으로 몰려들자, 「미국 혁명의 아들」과 「미국 혁명의 딸」같이 계보를 중시하는 단체는 진정한 미국인의 기준을 혁명가의 후손과 백인으로 정의했다. 20세기 중반, 아프리카계 미국인들이 미완의 평등 공약을 실현하려 하자, 격렬한 반대가 일었고 이런 반대 기류는 시간이 지나면서 도널드 트럼프(1946년생)가 선포한 '미국을 다시 위대하게'로 발전했다.

진보주의자와 보수주의자 모두 자기주장을 뒷받침하려고 매번 미국 건국의 순간을 끄집어낸다. 오늘날 문화 전쟁은 부분적으로는 미국 혁명 유산을 둘러싼 논쟁에서 비롯된다. 조지 워싱턴의 고향 마운트버넌과 토머스 제퍼슨의 고향 몬티첼로에서 해설사들이 노예 숙소를 재현해 혁명의 근본적 모순을 강조하는 것에 희망적 메시지를 선호하는 사람들은 분노했다. 필라델피아에 있는 미국혁명박물관 전시물은 혁명에서 활약한 아프리카계 미국인, 아메리카 원주민, 여성을 생생하게 보여주고 있지만, 2017년 〈월스트리트 저널〉은 이런 '포용성'이 '괴상한 균형'을 만들어 "혁명의 신성함과 상징적 힘을 약화시켰고, 전쟁의 의미보다 정체성에 집착하는 현 세대에 얽매여있다"고 지적했다.

역사가들도 이 싸움에 동참하고 있다. 학자들이 잊힌 유권자들을 조사하는 동안 인기 작가들은 대표적 '건국자들(Founders)' ―통상 F를 대문자로 쓴다― 을 주제로 상업적 성공을 거둔 전기들을 끊임없이 쏟아내고 있다. 그러나 여기에는 인간미 넘치는 새로운 반전이 있다. 조셉 엘리스의 퓰리처상 수상작 『건국의 형제들: 혁명의 세대』(2000)는 기존 '건국의 아버지들'을 형제들로 바라본다. 이들은 싸우고, 때로는 실수하면서 "서로 불완전하고, 결점이 있으며, 괴팍하고, 도를 넘는 모습"을 보여주었다. 그러나 엘리스는 "모든 정보를 토대로 공정하게 봤을 때 이들이 미국 역사상 가장 뛰어난 정치적 재능을 가진 세대였고, 미국 공화국을 만들었다"고 결론을 내린다. 아이러니하게 부제목과 달리 이 책에서 혁명전쟁은 아예 생략되어있다.

건국자들을 숭배하는 세태는 대법원까지 영향을 미치고 있다. 지난 사반세기 동안 보수적 판사들은 헌법이 18세기 후반 헌법을 제정한 사람들의 의도나 문장 의미에 따라 해석되어야 한다는 '원전주의(originalism)'라는 사법 교리를 신봉해왔다. 원전주의는 이상하고 일관성 없는 결과를 낳는다. 예를 들어, 헌법은 '잔인하고 비정상적 형벌'을 금지하고 있지만, 교수형이 관행이었던 당시에는 사형이 허용되었다. 그러나 경범죄자 손에 낙인을 찍고 공개 채찍질하는 것은 오늘날 판사, 심지어 원전주의자도 인정하지 않는 형벌이다. 원전주의에 반대하는 사람들은 헌법의 의미가 시대에 따라 달라진다는 '살아있는 헌법'

을 옹호한다. 다시 말해 한쪽은 과거를, 다른 한쪽은 미래를 바라보고 있다. 그러나 보다 유연한 헌법을 선호하는 사람들도 자기주장을 강화하는 데 건국자들이 인용한 내용을 자유롭게 활용한다.

　법정 안팎에서 미국인들은 협법을 가지고 현안을 토론한다. 10개 수정조항으로 구성된 권리장전은 헌법에 신속하게 추가되었고, 존경받는 '혁명 세대'의 유언이자 건국 시대 마지막 법으로 널리 알려졌다. 수정헌법 제2조는 "잘 규율된 민병대는 자유로운 주(州)의 안보에 필수적이므로, 무기를 소장하고 휴대하는 인민의 권리는 침해될 수 없다"고 명시하고 있다. 논란은 이 조항을 둘로 나눈 콤마에 있다. 총기 규제론자들에게 이 콤마는 문장의 종속절과 독립절을 연결하는 것으로 첫 번째 절이 두 번째 절의 이유이기 때문에 전체 문장은 민병대로 연결된다고 주장한다. 총기 규제반대론자들은 이 콤마가 본질적으로 세미콜론이기 때문에 이 조항은 민병대와 (개민) 총기 소유에 관한 두 가지 다른 진술이라고 주장한다. 총기 폭력과 난사로 불거진 오늘날 현실적 문제는 총기 소유 규제지만, 분당 수백 발을 발사하는 자동 소총이 아닌 단발 장총을 쓰던 시절에 작성된 문장 부호에 논쟁이 집중되고 있다.

　그러나 중요한 것은 양측 다 똑같은 헌법을 꼼꼼하게 검토한다는 점이다. 존경받는 건국자들이 보편적으로 존중받는 헌법을 만들었기에 헌법은 모든 쟁점마다 논의의 장을 제공한다. '정부'에 대한 신뢰는 사상 최저지만, 헌법에 대한 신뢰는 변함이 없다. 2008년, 버락 오바마(1961년생)가 대통령에 당선된 후, 미국 혁명전쟁을 촉발한 사건의 이름을 따 스스로 '티파티'라고 칭한 우파 활동가들은 거리 시위를 벌이며 휴대용 헌법책을 흔들었다. 이들은 역사적으로 과세와 정부를 지지하

는 것이 헌법의 목적이었음을 이해하지 못했을 수도 있지만, 대개 연
방정부가 과중한 세금을 부과하고 그들의 '헌법적 권리'를 침해한다고
느꼈다. 8년 후, 도널드 트럼프가 대통령에 당선되자 자유주의자들은
똑같은 헌법을 가져와 다른 해석을 했다. 트럼프의 독선적 행태와 야
망을 두려워한 이들은 권력 분립, 제한된 행정부, 주기적 선거를 규정
한 헌법에서 해결책을 찾아냈고, 헌법 곳곳의 조항들을 확인하면서 안
심할 수 있었다.

조지 워싱턴

버지니아의 부유한 지주이자 마운트버넌 영지 노예 소유주 조지 워싱턴
(1732~1799)은 1754년 프랑스와 싸우며 군 생활을 시작했다. 1760년대
후반 영국에 맞서 식민지 권리를 지키려는 무장 투쟁이 일어날 것을 예상했
지만, 독립에는 반대했다. 1775년, 제2차 대륙회의에 선출되어 식민지 대륙
군 총사령관에 임명되었다. 초반에 패배했지만, 1781년 영국군의 항복을 받
아냈다. 1787년, 필라델피아에서 열린 제헌회의 의장이었고, 1789년 마지
못해 초대 미국 대통령에 선출되어 8년간 재임했다. 1799년, 죽은 후 "전쟁
에서도 으뜸, 평화에서도 으뜸, 국민 마음속에서도 으뜸"으로 그려졌다.

토머스 제퍼슨

변호사이자 지주 토머스 제퍼슨(1743~1826)은 1775년 제2차 대륙회의 버
지니아 대표였고, 1776년 <독립선언문>의 주요 초안 작성자였다. 1779년,
버지니아 주지사, 그 후 프랑스 주재 미국 공사(1785~1789)로 임명되었
고, 프랑스 혁명을 공감하며 관찰했다. 그리고 1790년, 미국 초대 국무장관,
1796년 부통령, 공화당 출신 대통령(1801~1809)에 임명되었다. 이 기간
군사력을 증강하고, 1803년 루이지애나를 매입해 미국 영토를 서쪽으로 넓
혔다. 진보적 계몽주의자로서 새롭고 자유로운 사회 건설에 영감을 주었지
만, 노예를 학대했다는 폭로가 나오면서 제퍼슨의 명성은 금이 갔다.

연표

1607년   북아메리카 버지니아 제임스타운에 잉글랜드가 첫 번째 식민지 건설에 성공하다

1754~1763년 북아메리카에서 프렌치·인디언 전쟁의 결과 프랑스가 미시시피강 동쪽 모든 영토를 영국에 양도하다

1756년   영국 의회가 인지세법을 가결해 북아메리카의 거래에 직접 세금을 매기다

1770년   영국군이 시위대 5명을 살해한 보스턴 학살이 일어나다

1773년   세금에 반대하는 매사추세츠 시위대가 보스턴 항구에서 차를 던져 버린 보스턴 차 사건이 일어나다

1774년   조지아를 제외한 모든 식민지 대표들이 모인 최초의 대륙회의가 최초로 열리다

1775년   렉싱턴(매사추세츠) 전투로 전쟁이 발발하다

1776년

7월   <독립선언문>이 작성되어 채택되다

12월   조지 워싱턴이 밤에 델라웨어강을 건너 트렌턴에서 결정적 승리를 거두다

1777~1778년 워싱턴의 대륙군이 밸리포지에서 겨울을 보내며 훈련된 군대로 거듭나다

1778년   프랑스가 미국과 동맹을 맺다

1781년   영국군 사령관 콘월리스 경이 요크타운에서 항복하면서 전쟁이 끝나다

1783년   파리조약으로 미국 독립이 승인되다

1787년   필라델피아에서 제헌회의가 개최되다

1789년   헌법이 9월에 조인되다
             워싱턴이 미국 초대 대통령으로 선출되다

프랑스 혁명,
1789~1799

소피 바니쉬

1789년 7월 14일 바스티유가 함락된 후 프랑스에서는 공화정이 선포되고 루이 16세가 처형되었으며, 혁명의 적으로 간주한 사람들에게 국가가 공포정치를 펼치고 나폴레옹 보나파르트가 프랑스 제국을 세우는 등 수많은 헌법적 실험이 있었다. 당시 사람들은 연이어 일어난 이 복잡다단한 과정을 사상 초유의 진정한 혁명으로 이해했다. 혁명가들은 미국 혁명에서 발견한 인류 보편적 주제를 받아들여 '자유, 평등, 박애'라는 구호와 함께 인간의 권리와 이성이 승리했다고 선언하며 혁명을 더욱 발전시켰다. 이를 두고 보수주의자들은 반드시 옛 질서를 지켜야 한다고 생각한 반면, 급진주의자들은 시인 윌리엄 워즈워스가 "그 새벽에 많은 구경꾼이 단두대가 드리운 긴 그림자를 보았지만, 살아있다는 것은 더없는 행복이었다"고 쓴 것처럼 자유가 밝아오는 것에 환호를 보냈다.

1789년부터 시작된 이 연쇄 사건을 놓고 프랑스와 전 세계는 끝없이 논쟁을 벌였고, 정치인은 모두 이 사건에서 교훈을 얻었다. 물론 의견은 일치하지 않을 것이며, 일치한다면 오히려 바람직하지 않을 수도 있다. 시인이자 미술 평론가이며 1848년 혁명가로 활동한 샤를 보들레르는 "비판은 편파적, 열정적, 정치적이어야 한다. 즉, 비판은 배타적 관점을 취해야 하지만, 그 관점은 언제나 가장 넓은 시야를 열어주는 것이어야 한다"고 썼다.

1799년, 쿠데타로 나폴레옹이 집권하면서 혁명이 끝났다고 하지만, 어떤 면에서는 나폴레옹이 통치하면서 혁명의 이상이 실현되었다. 1814~1815년, 나폴레옹이 패배하면서 프랑스의 군주제가 부활한 것일 수도 있지만, 혁명이 제기한 문제를 해결하는 데는 거의 도움이 되지 않았다. 그 후 프랑스에서는 1세기 반 동안 1830년, 1848년, 1870년, 1944년, 1968년에 연이어 혁명이 일어났고, 그때마다 프랑스 국민, 특히 파리 시민은 1789년 이후 미완의 변혁을 완수하려고 직접 행동에 나섰다.

피터 퍼타도

프랑스 혁명은 복잡한 사건으로, 그 원인은 150년 전까지 거슬러 올라간다. 루이 14세(재위 1643~1715)는 '왕권신수설'을 주장하며 새롭게 중앙집권적 제도를 마련해 귀족의 정치권력을 제한하려 했다. 흔들리지 않는 절대 권력으로 통치하고자 루이 14세는 삼부회로 알려진 오래된 입법 및 자문 의회를 휴면 상태로 만들었다. 제1신분은 성직자, 제2신분은 부유한 귀족, 제3신분은 평민을 대표했지만, 제3신분에는 부르주아, 지식인, 전문직 종사자들도 있었다. 제3신분이 대의원 수는 가장 많았지만, 실제 표결에서는 다른 신분들에 비해 불리했다.

루이 14세와 그 후계자들은 당면 과제를 해결하거나 논의하려고 삼부회를 단 한 번도 열지 않았다. 그러나 1740년대 이후 전쟁의 과중한 부담, 특히 프랑스가 미국 독립전쟁(1776~1783)을 지원하고 계속 차

관을 도입하면서 나랏빛이 늘어 국가의 재정 문제가 심각해졌다. 귀족은 전통적으로 세금을 면제받았고, 귀족이 지배하는 다른 명사회와 파리 고등법원도 재정 위기를 타개하려 하지 않았다. 새로운 세금이 필요했고, 오직 삼부회만이 세금을 도입할 권한이 있었다. 그러나 귀족은 전통적 면세특권을 위협하는 개혁을 거부했다. 이들은 권력을 나누고 싶어 하는 부르주아가 자기들 대신 세금을 내는 것이 옳다고 생각했다.

　1789년 여름, 프랑스 혁명이 일어나기까지 세 번의 결정적 순간이 있었다. 먼저 5월 5일, 160년 만에 삼부회가 열렸다. 이 삼부회를 계기로 혁명의 충동이 불타올라 널리 퍼져나갈 수 있었다. 이어서 7월 9일, 제3신분(평민)은 루이 16세(재위 1774~1792)에 반대하며 귀족과 성직자 없이 국민제헌의회라는 별도 기구에서 회의를 열었다. 세 신분을 동등하게 모아놓고, 각 개인에게 평등한 발언권을 주는 자유주의 사회로 나아가려 했다. 이것은 국왕, 제1신분, 제2신분의 권위에 도전하고, 프랑스 정치에 새로운 질서를 제시한 사건이었다. 마침내 7월 14일, 파리 시민들은 바스티유 왕실 요새를 습격했고, 그곳에 갇힌 정치범들을 석방해 정부군에 맞서 새로운 질서를 지켜냈다.

　따라서 특권층이 세금 납부를 거부하고 국왕이 세금을 부과하는 권한에 의문을 제기하면서 혁명이 시작되었다. 또한 '대검 귀족'으로 불린 유서 깊은 가문들은 국왕에게 조언할 권리를 요구했고, 관직에 올라 귀족이 된 법복 귀족은 최후의 수단으로 그들에게 입법 권한을 주는 영국 의회 모델을 원했다. 1787~1789년 고등법원은 '국민의 대변인' 칭호를 받았다. 따라서 귀족의 반발과 반란이 추후 사건에 큰 영향을 미쳤다.

혁명의 후반부 역사, 특히 국가의 절대적 권위를 옹호한 1793~1794년 공포정치는 다른 이념을 전면에 내세웠지만, 1789년에는 자유주의가 승리했다. 자유주의가 승리하는 데 계몽주의 가치관, 제3신분의 사회적 결속력, 대의원들의 급진화라는 세 가지 요인이 작용했다.

기존 지식과 종교적 권위에 이성으로 도전한 계몽주의는 문화를 획기적으로 바꾸었다. 문해율은 18세기 내내 꾸준히 상승했고, 독서 습관도 바뀌었다. 18세기 초 프랑스에서 출판된 책의 절반은 종교 관련 서적이었지만, 1789년 그 비율은 1/10에 불과했다. 행상인이 책을 유통하던 시골에서도 새로운 지식 세계가 열리면서 사람들은 내세보다 속세에 관심을 가질 수 있었다. 마을에 도서관과 독서실이 생겼고, 사람들은 적은 돈으로 디드로와 달랑베르의 『백과전서』나 샤를조세프 판쿠크가 출판한 인기 서적을 접할 수 있었다. 수요가 너무 많아 독자들은 때때로 시간당 이용료를 내야 했다. 글을 몰라도 뉴스를 토론하려고 한자리에 모인 사람들이 책 읽는 것을 들을 수 있었다.

그 결과, 인간을 지배한 낡은 종교적 속박이 느슨해지고 행복을 이 땅에서 찾을 수 있다는 새롭고 급진적인 생각이 자리를 잡았다. 결혼에 관한 교회 교리는 부부간에도 사랑을 평가절하하고 혼외 성관계를 억압해왔다. 그러나 앞선 변화로 점차 즐거운 성생활을 주장하면서 금욕을 숭상하는 풍조는 자취를 감추었다. 1750년 무렵 사생아 출산, 혼외 임신, 피임법 사용이 늘면서 일상생활과 부모-자식 관계는 새로워졌다.

왕권신수설을 시대에 뒤떨어진 것으로 여기면, 검열과 억압을 받았다. 기존 질서를 비판하는 글을 작성, 편집, 출판하면 재산을 몰수당하거나 바스티유 감옥에 갇힐 수 있다는 위협이 끊이지 않았다. 권력자들은 급격한 변화를 부추기는 글이 가진 영향력을 경계했다. 소설과 연극은 인간의 권리를 주장하는 담론이 결국 승리한다는 확신을 사람들에게 심어주었고, 사람들은 이런 자의적·반동적 처벌을 용납할 수 없다고 생각했다.

　1789년 자유주의가 승리할 수 있었던 두 번째 요인은 제3신분의 사회적 결속력이었다. 1788년, 국민을 대변한다던 귀족계급은 국왕에 맞서 제3신분의 지지를 얻으려 했다. 그러나 그해 여름 흉작으로 불안이 팽배하자 이 위태로운 동맹은 간접세와 봉건적 권리를 놓고 결렬되었다. 예를 들어, 귀족들은 자유롭게 사냥할 권리가 있다고 주장했지만, 그렇게 하면 농민들의 농작물을 망칠 수도 있었다. 특권을 평계로 인간성과 구성원의 존엄성을 존중하지 않는 사회를 끝장낼 때가 되었다는 공감대가 형성되었다. 귀족 중에 군인은 거의 없었고, 성직자들이 구원에 관심이 없는 상황에서 기존 질서에 근거한 특권은 사라져야 했다. 막대한 사회적·경제적 문제가 발생하고 지대가 하락하면서 반란의 분위기가 무르익었고, 프랑스 전역에서 질서를 지키려는 세력과의 충돌이 일어났다. 그러나 지역 고등법원, 특히 1789년 1월 브르타뉴는 고통받는 민중이 아닌 귀족의 편을 들었다. 렌에서는 큰 무장봉기가 일어났다. 극빈층, 날품팔이, 하인, 짐꾼들이 브르타뉴인의 헌법, 즉 민중에 대한 존중을 요구했다.

　1789년 4월, 한 벽지 제조업체가 임금을 인하하자 여기에 반발한 노동자들이 폭동을 일으켜 최악의 폭력 사태가 파리에서 발생했다. 근위대, 기마경찰, 기병대가 폭도들에게 발포해 300명이 죽고 1,000명이 다쳤다. 이에 4월 27일, 파리 시민 진정서(민중의 고통을 호소하는 청원서)를 작성하려고 60개 지역에서 선출된 대표들은 기존 사회 질서에 맞서 계몽주의의 마지막 요구로서 인간의 권리를 선언하기로 했다.

자유주의의 가치가 떠오른 세 번째 요인은 정치였다. 처음에 폭동은 과세, 그다음 군주, 그다음 귀족에 반대했다. 그러나 이제 애국파가 등장해 평민을 모든 직책에 참여하게 하고, 제3신분의 대표 숫자를 두 배로 늘려 인원수에 따라 투표하게 하며, 권력과 사법권 남용을 금지하는 헌법을 제정해달라고 요구했다. 이런 배경에서 전국에서 올라온 유명한 진정서들이 국왕에게 제출되었다. 귀족 의회에서도 자유주의자(당연히 소수파)와 특권을 지키려는 다수파 사이에 논쟁이 활발하게 벌어졌다. 성직자 의회도 고위 성직자와 나머지 성직자로 나뉘었다. 한편, 제3신분에서는 애국파가 훌륭한 진정서들을 배포했다. 마을 공동체가 반드시 따르지 않더라도 이런 논의를 거쳐 제3신분과 대의원들이 단결할 수 있었다.

1789년 5월, 삼부회 첫 회의가 성과 없이 끝나자 제3신분 부르주아 대표들은 해산을 거부하고 국민제헌의회를 설립했다. 제3신분 부르주아 대의원들은 다른 두 신분에게 함께하지 않을 것이라면 국가를 대표하는 척하지 말라는 최후통첩을 보냈다. 국왕에 대한 도전이었고, 6월 20일, 이른바 테니스코트서약('왕국의 헌법이 제정될 때까지 해산하지 않겠다는')으로 대표되는 위기의 순간이었다. 회의장을 떠날 때마다 ―귀족들을 맞이할 때 죽은 듯이 조용했던 것과 대조적으로― 박수갈채를 보내는 국민에게서 용기를 얻은 제3신분 대표들은 꿋꿋이 일치단결해 국민의회에서 헌법을 초안했다.

오랫동안 기다려왔던 이 의회를 네케르 재무총감이 해산하려 하자 파리 민중은 스스로 조직을 결성해, 결국 왕권을 상징하는 바스티유를 점거했다. 위기는 혁명으로 이어졌다.

　1989년, 프랑스 혁명 200주년 이후 1789년 5~7월에 일어난 이 법적 혁명은 대체로 별다른 노력이나 위험 없이 이루어졌다고 서술되었다. 즉, 상류층 부르주아 엘리트와 자유주의자 귀족이 동맹을 맺어 혁명이 성공했다는 것이었다. 그러나 법적 혁명이 일어난 후 진정한 대중 봉기로 폭력과 과격성이 급증하면서 왕정이 공화정으로 대체되고 국왕이 형장의 이슬로 사라졌으며(1793년 1월 21일), 많은 사람이 허술한 증거로 목숨을 잃는 공포정치가 출현했다(1793~1794). 공포정치는 종종 전체주의 정부의 원형, 심지어 전체주의의 표본으로 제시되기도 한다. 자유주의 엘리트들은 처음에 무분별한 대중의 과잉 행동을 억제하려 했지만, 폭도들은 막시밀리앙 로베스피에르(1758~1794)와 루이 앙투안 드 생쥐스트(1767~1794) 같은 이상주의 자코뱅 이념에 끌렸다. 로베스피에르와 생쥐스트는 국가 테러를 정책으로 삼아 자유의 기본원리를 존중하지 않고 폭력을 사용한 독재자들이었다.

　그러나 이런 해석만 있는 것은 아니다. 전통적 해석은 혁명이 프랑스 공화주의의 기초가 되었다고 보고 로베스피에르를 폭군이 아닌 혁신적 공화주의를 창시한 사람으로 소개한다. 이 견해를 지지하는 사람들은 로베스피에르가 교육과 사회 보장 권리뿐만 아니라 앙리 그레구아르(1750~1831)와 함께 유대인 해방과 노예제 폐지를 옹호했다고 주장한다. 이 주장에 따르면, 공포정치는 혁명이 입은 상처로서 반혁명 세력이 혁명을 위기에 빠뜨렸을 때만 행해졌다. 혁명 당시 프랑스를 탈출해 라인강 코블렌츠에 거점을 둔 반동 귀족들은 혁명에 반대하는 유럽 연합을 결성했다. 국내에서는 사제들과 연방 분리주의자들이 종교적·정치적으로 내전에 버금가는 반란을 일으켰다. 자코뱅의 국가 테러는 생존의 위협에 맞선 대응이었다.

혁명에 관한 전통적 해석은 두 가지가 더 있다. 고전 마르크스주의에 따르면, 혁명은 의회를 정치 모델로 삼았고, 부르주아적 미래를 지향하는 모순된 사회경제적 위기의 결과였다. 반면, 보수 민족주의(특히 20세기 중반 샤를 모라스가 지지했다)에 따르면, 국왕이 처형당하고 옛 체제의 가치관이 사라진 것에서 볼 수 있듯이 혁명은 재앙이었다.

한편 1789년 8월 26일 〈인간과 시민의 권리선언〉을 작성할 때부터 혁명적 급진주의가 있었다고 보는 새로운 해석도 있다. 혁명의 주역들은 이 선언에 모두 각자 의견을 표명했지만, 갈등이 생기면서 좌파와 우파 정치 스펙트럼이 생겼다. 1789년에도 반혁명 세력은 옛 체제뿐만 아니라 식민지 노예제까지 끝낼 것이라고 생각해서 이 선언을 싫어했다. 자유주의자들은 선언이 약속한 정치적 평등을 거부하고 노예제를 유지하며, 여성, 빈민, 외국인을 배제한 채 재산 소유자만이 정치 활동을 하는 참정권 형태를 확립해 사실상 이 선언을 배신했다. 반면 콩도르세, 당통, 로베스피에르, 생쥐스트, 비요바렌, 그레구아르 등 보편적 세계시민주의 활동을 주장하는 사람들은 이 선언을 옹호하고 더욱 발전시켰다. 이들은 억압에 저항하는 것을 모든 시민의 의무로 삼아, 평등과 우애에 기반한 공화국을 후대에 물려주었다. 물론 여성과 외국인에게 진정한 평등이 부여되지 않았기 때문에 이 계획 또한 미완성이었지만, 나름 생각과 의견을 가진 대중의 존엄성을 인정하며 남성에게 보통 선거권을 주는 길을 열었다. 잔혹한 공포정치는 바로 이런 국제적 권리를 지키려고 전개되었다. 공포정치의 주요 이론가 생쥐스트는 "미덕도 공포도 원하지 않는 자가 무엇을 바라겠는가?"라고 말했다. 로베스피에르의 머릿속에는 "힘없는 정의는 무력하고 정의 없는 힘은 폭정이다"라는 블레즈 파스칼(1623~1662)의 말이 끊임없이 울려

퍼졌다. 로베스피에르는 혁명을 수호하는 데 폭력의 필요성을 인정하면서도 폭군처럼 보이지 않으려고 했다. 이 이야기에서 역사적 순간은 불확실하고, 혁명의 목표, 성과, 한계를 이해하지 않은 채 혁명을 판단하지 말아야 한다는 점을 알 수 있다.

이런 여러 해석에는 프랑스 사회의 다양한 사회·정치·문화 집단의 시각이 녹아있다. 그러나 오늘날 프랑스 국민은 혁명을 역설적으로 바라본다. 〈인간과 시민의 권리선언〉이 신성한 대상이자 헌법의 근간이라는 사실을 뿌듯해하면서도 공포정치를 이해하지 못하고 혁명이 전체주의로 이어지는 청사진이었다는 점을 부끄러워한다. 그리고 20세기 나치즘과 스탈린주의가 혁명의 이미지를 훼손한 것에 혐오감을 느낀다. 프랑스인은 인간의 권리에 관한 낙관주의와 공포정치 사이에서 절충점을 못 찾았고, 그 결과 이들에게 혁명은 파묻힌 보물이었다.

1945년, '자유, 평등, 박애'를 '일, 가족, 조국'으로 교체해 혁명의 가치를 완전히 뒤집고 '국민 혁명'을 내세우며 나치에 부역하는 필리프 페탱(1856~1951) 원수의 비시 정부에 대항하고자 혁명은 더욱 강렬하고 자연스럽게 언급되었다. 1943년 공산주의 영향을 받은 레지스탕스는 생쥐스트의 기억을 동원해 젊은이들에게 강제노동제도(STO, 프랑스 노동자들은 동쪽 노동수용소로 보내졌다)를 거부하고 레지스탕스에 합류하라고 설득했다. 1942년, 변호사 르네 카생(1887~1976)은 1789년 〈인간과 시민의 권리선언〉을 수정하기 시작했고, 카생의 초안은 1948년 유엔이 채택한 〈세계 인권 선언문〉 최종 문안의 핵심이 되었다.

많은 지식인이 프랑스 공산당과 함께 활동했던 1950년대와 1960년대 지적 환경에서 혁명기는 마르크스주의자들의 주요 논쟁 대상이었다. 1956년, 소련 탱크가 부다페스트를 침공하면서 마르크스주의 주도권은 첫 번째 타격을 입었다. 그러나 장폴 사르트르의 『변증법적 이성비판』(1960)과 클로드 레비스트로스의 『고귀한 야만인』(1962)은 혁명기에 관해 정치뿐만 아니라 혁명 자체가 무엇인지 생각해보게 한다. 또, 혁명에 관한 기존 설명이 지나치게 서양 중심적이라고 본 미셸 푸코(1926~1984)와 이전 많은 사상가가 세운 이념적 가정을 역사적 접근법으로 반박한 역사가 프랑수아 퓌레(1927~1997)는 프랑스 좌파의 집단 상상력에서 혁명이 차지하는 위상에 도전했다. 그 결과, 처음에는 대중이 참여하면서 '사라진' 정치 반란, 그다음 전체주의 표본으로 여겨진 혁명은 현재와 직접 관련이 없는 순수한 역사적 사건이 되어 혁명의 순간을 부정하는 오랜 과정을 거쳤다. 이제 유토피아를 지향하는 시민이 품었던 웅대한 꿈은 끝난 것처럼 보인다.

그러나 전체주의에 반대하는 운동은 둘로 나뉜다. 자유주의 좌파는 전체주의와 자본주의에 모두 반대하며 20세기의 공포가 반복되는 것을 막을 유토피아적 사고방식을 만들려 한다. 이들에게 혁명은 불가능을 가능으로 만드는 미완의 유토피아다. 반면, 자본주의에 순응하기로 하고, 자유로운 시장에 철저히 얽매였으나 나름 평화로운 민주주의를 수호한다고 주장하는 자유주의 좌파의 중도 세력은 이런 유토피아적 가치관을 전면 부정하며 세상을 있는 그대로 받아들인다. 이 그룹은 혁명적 또는 급진적 변화를 추구하는 모든 생각에는 전체주의가 잠재되어있다고 생각한다.

이 논쟁에서 가장 주목할 대상은 세상이 계속 변화해야 한다고 생각해 혁명가들의 야망을 재조명하면서도 과거 실수를 반복하지 않으려고 혁명가들이 이루지 못한 야망뿐 아니라 실패에서도 교훈을 얻으려는 사람들이다.

미라보 백작

미라보 백작 오노레 가브리엘 리케티(1749~1791)는 혁명 초기 지도자였다. 스캔들로 얼룩진 젊은 시절과 비밀 요원 생활을 거쳐 1789년 삼부회 대의원이 되어 영국식 입헌 군주제와 강력한 행정부가 있는 대의제 정부를 주창했다. 그리고 1789년 여름 국민의 대변인이 되었다. 자신을 온건파의 대변인이자 국왕과 국민 사이 매개자로 생각해 양측의 신뢰를 얻으려 노력했고, <인간과 시민의 권리선언>을 거부했다. 1790년, 루이 16세의 비밀 고문이 되었고, 자코뱅의 일원으로서 노예제 폐지와 국가 부채 상환을 위해 교회 토지 매각을 주장하면서도 공화주의자들의 야망에 반대했다. 그리고 반역죄로 기소되어 1791년 4월 죽었다.

막시밀리앙 로베스피에르

아르투아 출신 변호사 막시밀리앙 로베스피에르(1758~1794)는 1789년 삼부회에 출석해 국민의회에 참가했다. <인간과 시민의 권리선언>과 1791년 헌법을 지지했고, 1790년 12월 '자유, 평등, 박애'라는 문구를 처음 사용했으며, 급진적 공화주의자들이 조직한 자코뱅 클럽에 관여했다. 1793년 여름, 로베스피에르와 자코뱅은 집권해 공안위원회를 세웠다. 국내외 적으로부터 혁명을 수호하려고 국가 테러를 옹호해 1794년 7월까지 17,000명 넘게 죽였다. 자신에게 엄격해서 '청렴결백한 사람'으로 알려졌지만, 반대파들은 로베스피에르를 독재자로 묘사했다. 그리고 7월 체포되어 다음 날 단두대에서 처형되었다.

연표

1774년　　　루이 16세가 즉위하다

1774~1783년　　　프랑스가 영국에 맞서 독립전쟁을 치르는 미국을 지원하다

1787년　　　최초로 명사회가 소집되다
국왕과 파리 고등법원 사이에 갈등이 생기다

1788년　　　그르노블에서 반란이 일어나다
국왕과 재무총감 브리엔이 1789년 5월 삼부회를 소집하다
파리 고등법원이 진정서를 제출하다

1789년

5월 5일　　　베르사유에서 삼부회가 소집되다

6월 20일　　　제3신분 대의원들이 테니스코트서약을 하다

7월 9일　　　제3신분이 국민제헌의회를 선포하다

7월 14일　　　바스티유가 함락되다

8월 5~11일　　　국민의회가 봉건제 폐지, 과세 평등, 관직 매각을 선언하다

8월 26일　　　국민의회가 <인간과 시민의 권리선언> 내용을 승인하다

10월 5~6일　　　여성들이 베르사유로 행진하자 국왕이 파리로 돌아오다

1790년

2월 13일　　　수녀회와 수도서원을 탄압하다

6월 19일　　　제헌의회가 귀족과 작위를 폐지하다

1791년

6월 20일　　　루이 16세가 파리를 떠나 바렌으로 도망치다 붙잡혀 파리로 끌려오다

9월 13~14일　　　루이 16세가 헌법을 공식 수락하다

9월 28일　　　프랑스에서 노예제가 폐지되지만 식민지에서는 유지되다

10월 1일　　　입법의회 첫 회의가 열리다

11월 9일　　　의회가 망명 귀족에게 귀국을 명령하고, 민사상 결혼과 이혼이 제도화되다

1792년

4월 20일　　　'제1차 대(對)프랑스 동맹'이 결성되고 프랑스가 오스트리아에 선전포고하다

8월 10~13일　　　튈르리궁이 습격당하고, 루이 16세와 그의 가족이 감금되다

9월 2~6일　　　파리 군중 1,200명이 살해되는 '9월 학살'이 일어나다

9월 20일　　　프랑스 혁명군이 발미에서 프로이센군을 격파하다

9월 20~21일	국민공회 제1차 회기가 열리다
	군주제 폐지가 만장일치로 가결되다
11월 19일	우애 칙령이 각지에서 "자유를 위해 투쟁하는" 사람들에게 도움을 주다
12월 11일	국왕에 대한 재판이 시작되다

1793년

1월 21일	루이 16세가 처형되다
2월 1일	프랑스가 영국과 네덜란드에 선전포고하다
4월 6일	공안위원회가 설립되다
7월 27일	로베스피에르와 생쥐스트가 공안위원회 위원으로 임명되다
9월 17일	반혁명용의자 법이 통과되어 공포정치가 시작되다
10월 10일	헌법이 정지되고 '전시' 혁명 정부를 승인하는 법령이 공포되다

1794년

| 2월 4일 | 모든 프랑스 식민지에서 노예제가 폐지되다 |
| 7월 28일 | 로베스피에르가 체포되어 재판 없이 단두대에서 처형되다 |

1795년

| 8월 22일 | 국민공회가 '공화국 3년 헌법'을 승인해 총재정부가 수립되다 |

1796년

| 2월 2~23일 | 나폴레옹이 이탈리아에서 프랑스군을 지휘하다 |

1799년

| 3월 12일 | 프랑스가 오스트리아에 전쟁을 선포하다 |
| 11월 9~10일 | 나폴레옹이 브뤼메르 18~19일 쿠데타를 일으켜 제1통령으로 선언되다 |

1804년

| 12월 2일 | 나폴레옹이 황제에 즉위하다 |

아이티 혁명,
1791~1804

바이나 벨로

카리브해 아이티섬(1492년 12월 콜럼버스가 신대륙에 처음 상륙한 곳으로서 나중에 히스파니올라섬으로 명명되었다) 서쪽 1/3을 차지하는 프랑스 노예 식민지 생도맹그에서 일어난 혁명은 노예제에서 벗어난 사람들이 반란에 성공해 직접 통치하는 새로운 국가를 세운 세계 유일의 사례다. 이 섬은 4,000여 년 동안 원주민 아라와크족 말로 아이티(Ayiti)로 불리다가 1804~1806년 독립 후에는 자유제국 아이티(Hayti)가 되었다. 그 후 1820년까지 북부는 아이티왕국, 1807년 서부와 남부는 아이티(Haiti)공화국으로 불렸다. 1820년부터는 섬 전체가 아이티(Hayti/Haiti)가 되었다. 이 책에서는 이야기하는 시점에 따라 세 가지 표기가 모두 사용된다.

보통 생도맹그 사건은 프랑스 혁명과 노예제 폐지에 자극받아 일어났다고 알려졌다. 그러나 이 반란은 자생적이었고, 주민들의 지식과 역량 및 아메리카대륙에서 가장 가혹한 노예제와 인종차별을 겪은 섬의 특수한 상황에서 비롯되었다.

아이티 혁명은 전 세계에 큰 충격을 주었다. 굴레를 벗어던진 노예들이 반란에 성공하자 노예제를 유지한 유럽 국가들(특히 나폴레옹이 혁명을 뒤엎으려 했던 프랑스)은 위협을 느꼈고, 이른바 신대륙의 유럽 식민지에서는 아이티 사례를 본받으려는 사람들에게 영향을 주었다. 그 후 수십 년 동안 흑인과 백인을 막론하고 많은 사람이 독립을 위해 싸웠고, 아메리카대륙 전역에서 노예제는 점차 폐지되었다. 나폴레옹은 아이티 정복에 실패하면서 아메리카대륙에 프랑스 제국을 건설하려는 야망을 접었고, 미국은 서쪽으로 영토를 확장할 수 있었다. 한편 혁명 지도자 투생 루베르튀르는 프랑스군에 납치되어 감옥에서 삶을 마감했지만, 죽은 후 20세기 후반까지 유럽 급진주의자들과 자유주의자들에게 영감을 준 '검은 자코뱅'으로 널리 추앙받았다.

사실 아이티인이 혁명을 성공시켜 그 유산을 소유할 수 있었던 이야기를 제대로 이해하려면 원주민과 아프리카인의 종교와 가치관을 중심으로 그 고유한 맥락을 살펴봐야 한다.

혁명으로 세워진 아이티 역사에서 19세기 전반 아이티인은 노예 상인들을 불신했고, 이 불신은 미국을 비롯한 여러 나라의 간섭과 약탈이 계속되면서 더욱 강해졌다(미 해병대는 1914년 12월 아이티에 상륙해 아이티가 보유한 금을 켄터키 포트녹스로 가져갔고, 그 금은 지금도 그곳에 있다). 그 결과 아이티는 번영과 안정을 이루지 못한 채 20세기 후반까지 극심한 빈곤에 시달렸고, 동시에 국내외적으로 인권을 유린당했다. 2010년 발생한 강진 때문에 문제는 더욱 심각해졌다. 벨로 교수는 1791~1820년 혁명기를 중심으로 역사와 자긍심을 되찾아 정체성과 자아를 회복해야만 아이티가 자신 있게 앞으로 나아갈 수 있다고 생각한다.

피터 퍼타도

❖❖❖

아이티(Ayiti/Hayti/Haiti)를 세운 모든 여성과 남성의 이름으로 여러분께 인사를 드린다. 보이지 않는 자들이여, 아직 잉태되지 않은 강인한 아이들이여. 알라피아, 산누! 오네/레스페!

아이티 전통에서 글쓰기는 말하는 그림이기 때문에 이 둘은 아주 비슷해야 한다. 또, 우리 이야기를 전할 때는 자기 자신을 먼저 소개해야 한다. 나는 비서이자 간호사였던 크리스틴 도메르송과 변호사, 외교관, 교수였던 이브 오귀스트의 딸이다. 가정주부였던 쥘리엔 드로네트와 변호사였던 조제프 도메르송의 외손녀이며, 지주이자 상점 주인이었던 실비 프루니에와 루이 오귀스트의 친손녀다. 나의 가계는 다행히도 28년 이상 노예로 살았던 아프리카 요루바족 메산 콰치까지 올라간다. 콰치는 1782년 노예로 태어나 1793년 해방된 후 군인으로서 아이티 제7대 대통령(1847~1849)과 제2대 황제(1849~1859)에 오른 포스탱 술루크의 아버지였다.

우리 이야기(ourstory, '우리 역사')의 목표는 사람들에게 힘을 주는 것이다. 모든 작가는 자기 세계관에서 글을 쓰며, 어떤 지식도 중립적일 수 없다. 따라서 승자는 대개 자신의 견해를 다른 사람에게 강요한다. 그러나 아이티에서 패배한 스페인, 영국, 프랑스 군대는 여전히 그들 틀에 맞춘 '그의 이야기(his story)'를 쓴 후 교회가 세운 학교에서 '우리 이야기'라고 우리에게 돌려주었다. 한 나라의 국민이 어제의 적이 쓴 역사를 받아들인다면, 이런 역사에 발목이 잡힌 그 국민은 앞으로 나아갈 수 없다.

혁명과 그 유산을 제대로 평가하려면, 기존 '세계사'가 거대하고도 편협한 관점에서 기록되었다는 사실을 깨달아야 한다. 신의 이름으로 행동한(혹은 그렇게 주장한) 유럽 기독교인들은 많은 아프리카인을 죽이고 전 세계에 팔아넘겼으며, 아시아인을 약화하려고 아편을 생산하고, 아메리카대륙에 사는 원주민을 대량 학살했다. 그리고 전 세계 역사의 유일한 권위자로 자리 잡았다. 이런 일이 일어났고 지금도 계속된다는 사실을 이해하지 못한다면, 전 세계 사람들이 전하는 역사적 진실을 제대로 이해할 수 없다.

아이티인은 모두 부두교를 믿었지만, 유럽 노예 상인들의 교회가 우리 학교를 세웠다. 이 교회가 조작한 '역사' 이야기 때문에 학교를 다닌 아이티인과 다니지 않은 아이티인, 부두교를 믿는 사람과 믿지 않는 사람, 프랑스어를 하는 사람과 못하는 사람 사이에 분열이 생겼다. 우리 학교는 1492년 선량한 기독교인들이 아이티에 상륙해 야만적 아라와크족을 문명화하는 과정에서 나약한 아라와크족이 죽었다고 가르쳤다. 그래서 1503년 유럽인들은 필요한 일을 시키려고 아프리카인들을 끌고 와야 했다. 그리고 11년 만에 유럽 기독교인들은 섬 원주민을 거의 전멸시켰다. 프랑스 식물학자 미셸 데쿠르티(1775~1835)에 따르면, 식민화가 진행되면서 섬 식물 90% 이상이 멸종했다. 아프리카인과 아라와크족 전통에서 혁명사의 주인공들은 비슷할 수 있지만, 유럽 기독교의 이야기는 이들을 '선'과 '악'으로 나눈다. 따라서 1791년 반란 지도자 중 한 명으로 1802년 프랑스군에 납치되어 프랑스로 끌려가 감옥에서 죽은 투생 루베르튀르 장군(1743~1803)은 착한 혁명가이자 성자로 묘사되는 반면, 그의 부관 장자크 데살린(1758~1806) 장군은 독립을 쟁취해 유럽 기독교인들의 가장 풍부한 수익원을 빼앗은 악당으로 그려진다.

이렇게 유럽 기독교가 왜곡한 이야기 때문에 학교 교육을 받은 아이티인들은 대부분 투쟁이 얼마나 오래 지속되었는지, 아라와크족과 아프리카인 간에 어떤 협력이 이루어졌는지, 아프리카에서 가져온 지식과 역량이 얼마나 계승되고 축적되었는지 전혀 알 수 없었고, 조상 대대로 내려온 힘을 깨닫지 못했다.

진정한 혁명은 정치뿐만 아니라 인식과 관념까지도 바꾼다. 즉, 생각하고 말하고 행동하는 방식을 획기적으로 바꾼다. 진정한 혁명은 마음에서 시작된다. 자기 자신을 타인의 물건, 소유물, 스스로 생각하거나 행동하지 못하는 '노예'로 여기도록 길든 사람들이 정신구조를 바꾸고 자신의 목표를 세워 뜻을 실현할 능력을 재발견할 때 비로소 보이지 않는 혁명이 일어난다.

이런 혁명은 아메리카대륙과 카리브해 지역에서 노예로 산 아프리카인들 사이에서 많이 일어났다. 1878년, 생크루아(현재 미국령 버진아일랜드 일부)에서 메리 토마스, 레베카 프레데릭, 악셀린 살로몬이라는 여성 3명은 덴마크 노예 상인의 손아귀에서 섬을 해방하기로 결심하고 행동에 나섰다. 유럽으로 향하는 배에 선적을 기다리며 부두에 있던 럼주 통에 불을 지르는 전략을 실행에 옮겼다. 이것은 혁명이었고 이로부터 덴마크 식민지 정부가 섬을 되찾기까지 거의 1년이 걸렸다.

이와 대조적으로 이른바 미국 혁명은 진정한 혁명이 아니었다. 노예가 된 유색인종에게 가한 학대와 굴욕으로 창출된 부(富)를 누가 더 많이 차지할 것인가를 두고 영국과 북아메리카 동부 해안에서 벌어진 유럽 기독교인 사촌 간 싸움은 혁명이 아니라 정의, 인권, 자유와 무관한 가족 간 불화였다. 이 가족 간 불화 이전부터 이후까지도 아메리카대륙과 유럽 기독교인들은 자기가 독점해야 하고, 비인간적 행동이 정당하며, 유색 인종은 인간 이하 존재라는 사고방식을 고수했다.

　아이티섬(원래 이름은 '높은 산의 땅'이라는 뜻) 원주민 아라와크족 혹은 타이노족은 자연 친화적 삶을 살았고, 사유 재산이 거의 없었으며 물건은 그때그때 필요한 사람의 것이었다. 함께 필요한 것을 생산하고, 스스로 보호하려고 집을 짓고, 섬에서 섬으로, 섬에서 본토로 이동하려고 배를 만들었다. 이들에게 중요한 것은 공동 창작자로서 매일 아침 노래와 춤으로 태양이 빛을 내도록 돕는 것이었다. 이들은 스포츠를 즐기고 명상을 많이 했으며 주로 생과일과 채소를 먹었다. 그리고 동물, 식물, 인간, 천체, 영적 존재 등 모든 것을 존중하고 친절하게 대해야 한다고 믿었다. 이들 문화에서 중요한 것은 만족과 행복이었다. 남자와 여자로 구성된 족장 5명이 이 섬을 통치했다.

　1490년대 유럽 기독교인들이 아이티섬을 침공했을 당시 여자 족장 아나카오나는 10년 넘게 투쟁을 벌였다. 그러나 결국 그는 스페인의 탐욕에 패배해 재판받고 1503년 교수형과 화형을 당했다. 이 일로 자유를 지키는 투쟁은 큰 타격을 입었다. 그 후 아프리카인들은 유럽 기독교인들에 의해 강제로 섬에 끌려왔지만, 투쟁을 계속하며 정신, 지리, 역사, 식물을 연구하고 교육했다. 아라와크족과 아프리카인은 아이티에서 312년에 걸쳐 전쟁을 치렀는데 때에 따라 투쟁이 일어나는 빈도가 달랐을 뿐 투쟁이 멈춘 적은 없었다.

　스페인은 재빨리 아이티섬에 히스파니올라 노예 식민지를 만들었다. 프랑스와 영국 등 많은 식민주의자가 이 섬을 놓고 싸웠지만 17세기 중반 프랑스가 섬 서쪽 1/3을 점령하고 생도맹그라는 식민지를 세웠다. 프랑스인들은 아이티 농장에서 재배한 설탕, 면화, 커피로 막대한 이익을 얻었다. 아프리카인 수백만 명이 가혹한 노동을 강요받았다. 노예의 일과는 해뜨기 전에 시작해 특정 계절에는 자정까지 계속되었다. 처벌은 팔다리와 혀를 자르는 것부터 거세, 사람을 산 채로 목까지 땅에 묻어 꿀을 부은 후 개미가 사람을 죽이는 데 얼마나 걸리나 내기하는 것까지 다양했다. 가톨릭교를 강요받았지만, 포로로 잡힌 아프리카인들은 개종한 척하면서 고유 종교와 언어를 만들었다. 5만 명도 채 안 되는 식민지 개척자들이 아프리카인 수백만 명을 상대로 이 살인 쇼를 벌였다고 한다. 결국 아프리카인들이 혁명으로 생도맹그를 무너뜨리고 아이티 자유제국을 세울 때까지 수많은 여성과 남성 전사들이 분연히 일어섰다.

1791년 8월 14일, 노예가 된 아프리카인들이 부아카이망(악어숲)에 모여 몰래 회의를 열고 노예제를 폐지하기로 하면서 혁명은 새로운 국면을 맞이했다. 보름달 아래 부두교 의식으로 참가자들에게 축복과 힘을 주면서 회의는 마무리되었다. 그리고 8월 22일, 반란이 시작되었다. 첫 번째 지도자 부크만 두티는 곧 살해되었지만 다른 지도자들이 투쟁을 계속했다. 투생 루베르튀르는 그의 부하들과 함께 군대를 조직했다. 때로는 스페인군에 합류해 프랑스군과 싸우기도 하고, 때로는 그 반대의 길을 걸으며 항상 동포들의 이익을 먼저 생각했다. 결국 그는 생도맹그에서 프랑스군과 식민지 정부의 수장이 되었다. 그리고 영국과 스페인을 상대로 많은 승리를 거두었으며, 스페인령 산토도밍고를 정복하고 그곳의 노예들을 해방해 섬을 프랑스 식민지로 통합했다. 그러나 그 뒤 프랑스 장교들에게 납치되어 프랑스로 송환되었고, 장작도 없는 산꼭대기 가장 추운 감옥에 갇혀 죽었다. 결국 루베르튀르의 장군이자 야만적 노예제 아래 30년 넘게 살면서 등에 상처를 입은 장자크 데살린이 들고 일어나 프랑스와의 전쟁에서 승리했고, 1804년 1월

1일 고나이브에서 독립을 선언했다. 이때 데살린은 자유제국 아이티 초대 황제가 되어 아내 펠리시테 황후와 함께했다.

1806년, 데살린이 암살당하자 앙리 크리스토프(1767~1820) 장군이 대통령으로 선출되었고, 그 뒤 1811년 마리루이즈 왕비와 함께 국왕 앙리 1세로 즉위했다.

독립이 성공하는 데 반란군이 섬에 있는 프랑스군, 스페인군, 영국군에 침투해 전투 기술을 배운 다음 우리 기술에 접목한 것이 중요했다. 나폴레옹은 아이티를 정복해 아이티인을 다시 노예로 만들려고 대군을 파견했다. 그러나 1802년 3월 크레타피에로에서 치러진 3주간 치열한 전투에서 아이티군 1,000명은 프랑스군 12,000여 명에게 막대한 손실을 입혔다. 이듬해 5월, 아이티군 최고 사령부는 아르카에이에서 의회를 열어 건국의 밑그림을 그리고 검은색과 붉은색이 섞인 국기를 채택했다. 6개월 후 1803년 11월 18일, 베르티에르 결전에서 아이티군은 프랑스군을 격퇴했고, 프랑스 장군 도나티앙 로샹보는 데살린에게 항복했다. 데살린은 패배한 프랑스군에게 배, 무기, 탄약을 주고 프랑스로 돌아가도록 했다. 데살린이 요구한 것은 딱 하나였다. "다시는 이 섬에 발을 들여놓지 말라고 당신 정부에 전하시오!"

이 혁명으로 자유롭고 독립된 아이티(제국과 왕국)가 탄생했고, 라틴아메리카 전역에서 해방 투쟁이 힘을 얻었다. 1806년, 베네수엘라에서 혁명가 프란시스코 데미란다(1750~1816)가 스페인에 맞서 해방 전쟁을 하려고 아이티를 찾아와 데살린의 도움을 받았다. 1816년, 베네수엘라, 콜롬비아, 에콰도르, 페루, 파나마, 볼리비아의 해방자 시몬 볼리바르(1783~1830)도 부상 중에 아이티 공화국에 와서 도움을 받았고, 페티옹 아이티 대통령은 볼리바르와 함께 싸울 아이티 병사들을 베네수엘라에 보냈다.

　아이티가 독립한 후 수십 년 동안 어느 나라도 아이티 독립을 승인하지 않았고, 토머스 제퍼슨 미국 대통령은 아이티 경제를 무너뜨리는 데 혈안이었다. 1860년, 바티칸이 아이티 독립을 인정하는 조건으로 교회가 아이티 교육 제도를 독점하는 정교 협약 12조를 아이티에 강요한 것은 큰 타격이었다. 이렇게 전 세계가 외면하고 끊임없이 공격하는데도 어떻게 아이티는 독립에 성공할 수 있었을까? 아이티인은 아프리카의 영혼을 간직하며 마음과 정신을 단련했고, 이때부터 이미 보이지 않는 혁명이 일어나고 있었다. 식민지 시대의 제복을 입었든, 노예 옷을 입었든, 벌거벗었든 간에 이들은 공동 이익에 부합하는 목표를 세울 수 있었고, 혁명에 필요한 강인함과 단호함을 기를 수 있었다. 매일 더 나아지려 노력했고, 그 과정을 노래, 그림, 기도, 때로는 종이에 써서 기록했다.

　지금도 아이티 아이들은 다음과 같은 노래를 부르며 자란다.

　　　존비 만만난, 위 와. 닭을 잡아라. 네, 임금님. 닭이 도망쳤어. 네, 임금님. 이쪽에서 잡아라. 네, 임금님. 저쪽에서 잡아라. 네 임금님. 왕비가 먹어야 해. 네, 임금님. 포타주를 만들 생각이다. 네, 임금님. 어떤 포타주냐? 닭 두 두 포타주이옵니다, 임금님.

　연구자로서 나는 닭이 속박된 아이티인을 의미하고 마지막 대사는 노예 상인들에게 "왕비께서 이 닭을 드셔야 한다면, 오늘 도망친 닭은 잡지 않으니 우리는 그 똥밖에 없소"라는 대답임을 알게 되었다.

　그리고 프랑스가 노예 조건을 규정하려고 '흑인법'(1685)을 제정했을 때, 프랑스는 식민지 아프리카 아이들의 인간성을 박탈하고 우리를 단지 가구(家具)라고 선언했다. 이에 맞서 아이티인들은 다음과 같은 노래를 부르기 시작했다.

> 누 투 세 잔지 오, 잔지 안바 아 세 무엥. 우리는 모두 천사야, 아래 천사는 나야 (반복), 단발라 웨도, 아이다 웨도, 우리는 모두 천사야, 아래 천사는 우리야

즉, 노예 상인들이 서류상 뭐라고 선언하든, 아이티인은 영혼 속에서 스스로 지상의 천사라고 생각하고 있으며 물질세계에서 우리의 실체를 분명히 드러낼 적당한 때를 기다리고 있다는 뜻이었다.

혁명의 주된 원인은 자유가 인간을 포함한 모든 생명체의 자연스러운 상태이기 때문이다. 기본적으로 생명체가 거부할 정도로 제약을 받으면, 생명체는 혁명을 일으키는 쪽으로 행동한다.

아이티는 몇 가지 독특한 부수적 요인 덕분에 혁명에 성공할 수 있었다. 그중 가장 중요한 것은 노예들이 스스로 세상을 이해하고 지식을 축적하는 방식이었다. 아프리카인들은 아이티 환경을 잘 알고 있었으며, 이것을 그들의 지식에 접목했다. 이들은 아프리카 다호메이 왕국과 아이티에서 배운 전투 작전과 전략, 여전사들이 훈련받은 전술, 아프리카에서 배운 약초 요법, 밤하늘을 읽는 능력 등 전쟁 중에 긴요한 기술을 습득했으며, 원주민 아라와크족에게서 아프리카인에게로, 대륙 아프리카인에게서 아이티에서 태어난 사람에게로, 또는 그 반대로 지식이 전승되었다. 이 세계관은 부두교로 체계화되었고 크리올이라는 고유 언어를 만들었다.

　　결국 노예 상인과 식민지 개척자들이 잔인한 행동을 극한까지 몰고 갔기 때문에 혁명이 일어났다. 그러나 이들은 자신들이 만든 '사물'에게는 지식, 전술, 계획이 없다고 과소평가했다.

　　루베르튀르와 데살린 같은 위인들의 업적을 존경하면서도 나는 아이티의 이야기를 이들에게만 한정할 수 없다. 나는 오히려 기존 식민사관을 바탕으로 쓴 대부분의 책이 무시한 잘 알려지지 않은 여걸들을 전면에 내세우려 한다.

　　아프리카에서 태어나 다호메이 왕국 장교로 싸우다 체포되어 노예로 팔려온 빅토리아 몽투, 일명 '토야 아줌마'(1735~1805)가 그 예다. 토야 아줌마는 고아를 구출해 키우며 아프리카에서 가져온 지식을 전수했다. 이 아기가 훗날 혁명을 성공시킨 장자크 데살린이었다. 그는 데살린과 함께 싸웠고, 남자로만 구성된 부대를 만들어 수많은 전투를 승리로 이끌었다. 그의 일대기에서 유럽 기독교인들의 침략 전부터 이미 아프리카에 잘 조직된 국가가 있었고, 교육받은 아프리카인들은 최악의 상황에서도 지식을 간직하고 전달할 수 있었다는 점을 알 수 있다. 그는 아프리카의 종교와 관습을 지켰고, 역경을 극복하고 새로운 상황을 만들어낼 줄 알았다. 또한 30년 동안 분투한 끝에 온갖 고난을 이겨내며 자기가 세운 계획을 실현했다. 토야 아줌마는 1805년 6월 12일 아이티의 새 수도 데살린에 있는 황실 묘지에 묻혔다.

　　여자 족장 아나키오나에게서 진정한 지도자는 죽음을 맞이할 때도 자신의 용기, 결단력, 목표를 다음 세대에 물려주어야 한다는 점을, 토야 아줌마의 삶에서 다음 세대를 교육할 때 인내심과 장기적 비전, 전략과 계획이 중요하다는 점을, 데살린 군대에 보급품을 제공하고 데살린이 암살당하자 그의 시신을 수습해 매장한 마리 생트 데데 바질

(1816년 사망)에게서 시신에 예의를 갖추고, 자유의 투사에 걸맞은 장례를 치르려면 목숨을 걸어야 한다는 교훈을 얻을 수 있다. 장자크 데살린의 아내로서 많은 자녀와 입양아를 양육하고, 주위에서 격렬한 전투가 벌어지는 동안에도 부상자를 간호하고, 프랑스인 포로를 포함해 모든 인종에게 친절을 베푼 펠리시테(1758~1858) 황후의 전기에는 용기, 인내, 겸손, 개인의 희생, 약자와 젊은이 보호, 부(富)의 공유, 항상 친절한 소통을 강조하는 내용이 담겨 있다. 여성과 남성 조상들 각각 우리의 잠재력을 끌어낼 다양한 원칙을 알려주었다.

오늘날 전 세계는 아이티 국민의 생활 전반을 간섭하고 있다. 이것은 유럽 기독교교회가 강요한 교육 제도 때문이다. 적의 관점에서 쓴 '그의 이야기'를 그대로 받아들이는 바람에 우리의 사고 능력은 줄어들었고, 우리와 내면의 자아 사이에는 거리가 생겼다. 그리고 우리는 스스로 질문을 던지고 성찰하기보다 타인을 기쁘게 하는 데 중점을 두고 있다. 이런 학교 교육의 유산 때문에 두려움을 가르치는 식민주의적·종교적 사고방식이 다시 뿌리내렸다.

1804년 탄생해 완전히 다른 길을 걸어온 아이티의 유산은 여전히 살아 숨 쉬고 있지만, 책이나 기사에 거의 나오지 않는다. 아이티는 황제를 선출하는 헌법을 제정하고, 시민권을 후천적 자질로 명시했으며, 국민을 좋은 자녀, 좋은 부모, 좋은 배우자, 훌륭한 군인으로 정의했다. 또한 농업이 모든 직종 중 가장 고귀하다고 규정했다.

'아이티인(Ayitian)'이라는 용어는 이 섬에 처음 정착한 사람들뿐만 아니라 아이티인 내면에 새겨진 본성을 의미하며, 반대로 '아이티인(Haitian)'은 최근 몇 세기 동안 불의가 만들어낸 태도를 나타낸다. 아이티인(Ayitian)은 본래 자연을 사랑하고 자유의 투사로서 새로운 방법을 찾고 발명하려고 노력한다. '아이티인(Ayitian)'은 '불가능'이 없다고 믿지만, 아이티인(Haitian)은 그렇지 않다. 우리 중에 일부는 이 두 가지 특징을 조금씩 물려받아 살고 있는데 이것이 무의식중에 나타나면, 그 사람이나 그 공동체 내부는 혼란에 빠진다.

1960년대 유엔의 습격으로 아이티는 두뇌가 사라졌다. 교육받은 아이티인은 아이티의 수요를 감당하기에 턱없이 부족했지만, 유엔은 수많은 아이티 지식인들을 아프리카, 캐나다 등지에 데려갔다. 1980년대 체계적 보트피플 프로그램 때문에 농부, 장인, 전기공, 배관공이 상당수 미국 해안으로 이주했다. 인구는 계속 해외로 유출되고 있지만, 위기를 극복하는 능력과 새로운 저항 방법을 끊임없이 찾아내는 아이티의 유산이 아이티인들을 떠받치고 있다.

2010년 대지진 이후 수차례 점령당하고, 사실상 세상 모든 종교의 침략을 받은 아이티 사회는 원치 않게 우리의 가치 체계에 강요된 변화를 경험하고 있다. 미디어가 만든 적의 관점에 무방비로 노출된 우리 아이들은 자존감을 잃고 그들 자신과 우리 사회를 바라보는 외국의 인식을 그대로 받아들이는 경향이 있다.

끝으로, 아이티인(Ayitian/Haytian/Haitian)이 후대에 물려준 세 가지 유산에 감사를 표한다. 이 유산은 풍부하고 다양하다. 이것은 천체, 동물, 채소, 인간이 한 가족을 이루는 우주관에서 나왔다. 많은 사람에게 여전히 미스터리로 남아 있지만, 이 우주관은 다양한 형태로 곳곳에서 나타나는 복잡한 우리 이야기를 만들어냈다. 결국, 의사결정권자들이 우리 자신을 아는 능력을 적극 계발하면서 우리의 약점과 강점을 자각하고 이를 적절히 조화시킨 법률을 만들 때, 아이티인은 권력을 되찾을 것이다.

투생 루베르튀르

아이티 혁명 초기 지도자 투생 루베르튀르(1743~1803)는 교육받은 남자의 아들이었다. 1776년 루베르튀르는 노예제에서 해방되었고, 1791년 프랑스에 대항하는 반란에 참여했다. 자기 군대(장자크 데살린과 앙리 크리스토프가 병사로 있었다)를 훈련시켰고, 1793년 스페인군에 합류해 프랑스군에 맞서 싸웠다. 그러나 이듬해 프랑스 국민공회가 모든 노예를 해방했다는 이유로 프랑스 편으로 돌아서서 스페인군을 최종적으로 물리치는 데 일조했다. 1796년 생도맹그 총독에 임명되어 노예제를 폐지했고, 1801년 산토도밍고를 점령해 그곳의 노예들을 해방했다. 1802년, 나폴레옹 보나파르트는 생도맹그에 프랑스군을 파병했다. 루베르튀르는 속임수에 넘어가 체포되어 프랑스로 압송되었고, 산꼭대기 감옥에서 죽었다.

장자크 데살린

서아프리카에서 태어나 어릴 때 생도맹그에 끌려온 것으로 추정되는 장자크 데살린(1758~1806)은 1791년 프랑스에 대항하는 반란에 참여해 투생 루베르튀르와 함께 싸웠고, 1802년 크레테아피에로와 1803년 베르티에르에서 아이티군을 이끌었다. 나폴레옹 보나파르트가 생도맹그에 노예제를 다시 도입하겠다고 위협하자, 새로운 반란을 주도해 프랑스군을 섬에서 몰아냈다. 1804년, 자신을 총독으로 하는 독립 국가 아이티를 선언하고, 그해 9월 황제 자크 1세로 즉위했다. 백인의 땅을 몰수하고 백인 말살 작전을 개시했으며, 1806년 암살당했다.

연표

1492년	스페인인이 아이티에 도착해 히스파니올라 식민지를 세우다
1697년	프랑스인이 히스파니올라섬의 서부에 생도맹그 식민지를 세우다
1780년대	생도맹그가 설탕 생산량 최고치를 기록하다
1791년	
8월	노예제에 반대하는 흑인 반란이 시작되다
10월	생도맹그의 수도 포르토프랭스가 불타다
1793년	
2월	생도맹그에서 투생 루베르튀르가 스페인군에 가담해 프랑스군과 싸우다
8월	생도맹그 북부에서 노예가 해방되다
9월	영국이 생도맹그를 침공하다
1794년	
2월	프랑스 국민의회가 노예제를 폐지하다
5월	루베르튀르가 진영을 바꿔 프랑스군에 합류해 스페인에 대항하다
1796년	루베르튀르가 총독이 되다
1798년	루베르튀르가 생도맹그에서 영국인을 몰아내다
1801년	루베르튀르가 산토도밍고에서 스페인군을 몰아내고 히스파니올라섬 전역에서 노예제를 폐지하다
1802년	
2월	나폴레옹의 프랑스군이 르클레르의 지휘 하에 생도맹그에 도착하다
3월	크레테아피에로 전투가 벌어지고, 장자크 데살린은 훨씬 더 많은 프랑스군에 맞서 싸우다
4월	프랑스가 노예제를 부활하지 않겠다고 약속한 후 루베르튀르와 데살린이 휴전에 합의하다
5월	나폴레옹이 노예제 부활 법령을 발표하다
6월	체포된 루베르튀르가 프랑스로 압송되어 투옥되다
1803년	
3월	루베르튀르가 감옥에서 죽다
11월	데살린이 베르티에르에서 프랑스군을 최종적으로 격파하다

1804년

1월	아이티가 독립 국가를 선포하다
3~4월	총독 데살린이 식민지의 프랑스인 4,000명을 학살하다
10월	데살린이 자신을 황제 자크 1세로 선언하다

1806년

10월	데살린이 암살당하다
1809년	스페인이 산토도밍고를 탈환하다
1811년	앙리 크리스토프가 국왕 앙리 1세가 되다
1825년	프랑스가 재산권 침해 배상금 지급을 조건으로 아이티를 승인하다

혁명의 해,
1848

악셀 쾨르너

1848년, 혁명가들은 사상 초유의 시위를 벌였다. 권위주의적·억압적 군주제와 제국에 맞서 국민의 권리, 헌법상 권리, 노동자의 권리, 언론 자유, 민주주의를 쟁취하려고 유럽 도시 전역에 바리케이드를 세웠다. 거의 모든 유럽 국가가 영향을 받았다. 프랑스에서는 루이필리프 왕정이 전복되고 공화정이 부활해 모든 남성에게 선거권이 부여되었고, 오스트리아에서는 메테르니히가 강제로 사임하고 황제가 헌법을 선포했다. 헝가리에서는 혁명가들이 오스트리아의 지배에서 벗어나 자치권을 획득했다. 북부 이탈리아에서는 오스트리아의 지배에 반대하는 봉기가 일어났고, 로마, 베네치아, 토스카나에서는 공화국이 수립되었으며, 독일에서는 프랑크푸르트국민의회가 개최되어 프로이센 국왕을 수장으로 독일을 아우르는 입헌 제국을 요구했고, 런던에서는 카를 마르크스와 프리드리히 엥겔스가 전 세계 노동자들이 일어나 사슬을 벗어 던지라고 촉구하는 <공산당 선언>을 발표했다.

　프랑스에서 일어난 사건에 다른 나라들도 자극받은 것은 분명했지만, 단 하나의 혁명적 충동도, 조율도, 통일된 목표도 없었다. 바리케이드에 모인 사람들은 대부분 노동자나 실업자였고, 지도자들은 정치나 군 경험이 거의 없는 중산층 자유주의자, 지식인, 예술가, 언론인, 교사들이었다. 그러나 이들은 서로 분열했고, 혁명은 실패로 끝났다. 여러 중심부에서 기존 권력은 외국의 도움을 요청하기도 했지만, 무력을 사용해 지배권을 다시 확립하고 혁명가들을 해산시켰다. 프랑스에서는 위대한 나폴레옹 보나파르트의 조카 루이 나폴레옹이 대통령에 당선된 후 1851년 유혈 쿠데타로 절대 권력을 손에 넣었다. 이탈리아에서는 오스트리아군이 혁명에 반격을 가하고 러시아가 헝가리 혁명을 진압하는 데 도움을 주었다. 오스트리아는 시민의 권리를 보장하고 봉건제 폐지 정책을 유지했지만, 새 헌법을 철회했다. 독일 땅에서는 프로이센 국왕이 황제의 관을 거부했다. 런던에서는 인민헌장운동이 대대적으로 일어나 보통선거권을 요구했지만, 기득권층은 한 치도 양보하지 않았다.

따라서 단기적으로 1848년 혁명은 실패였다. 그러나 이 혁명을 계기로 잠재된 입헌주의의 위력이 드러났고, 그 후 수십 년 동안 다양한 방식으로 성공하는 새로운 형태의 정치조직들이 탄생했다. 유럽 역사에서 가장 중요한 것은 이 혁명이 왕조의 논리가 아닌 민족의 논리에 따라 새로운 국가 건설을 강력히 요구했다는 점이었다. 이 요구는 수십 년 동안 계속되며 새로운 민족 국가들을 탄생시켰다. 하지만 그 내부의 풀지 못한 갈등은 20세기 이들 국가의 운명을 갈랐다.

피터 퍼타도

'1848년 혁명'은 유럽, 나아가 전 세계적 사건이었다. 그해 4월 헝가리의 한 팸플릿에는 "유럽 전체가 불길에 휩싸였다"고 쓰였다. 1월, 팔레르모 거리에서 시작된 혁명은 2월 파리의 혁명가들이 루이필리프 '7월 왕정'(1830~1848)을 무너뜨리면서 훨씬 더 넓게 극적으로 전개되었다. 한 달 만에 합스부르크의 빈과 프로이센의 베를린에서 혁명이 일어났고, 곧이어 독일어권 대부분, 합스부르크 왕가의 주요 중심지와 국경을 넘어 러시아와 오스만제국까지 퍼졌으며, 스칸디나비아와 이베리아반도 등 유럽대륙 전체와 유럽 열강 식민지까지 영향을 미쳤다. 많은 역사가는 이 혁명을 '민족의 봄'이라고 표현하며 근대 민족 국가를 수립하려는 사상과 연계해 민족 정서를 각성시킨 사건으로 설명한다. 후기 계몽주의와 1789년 프랑스 혁명 이후 교육받은 엘리트들을 필두로 점점 더 많은 사람이 국가 개념에 관심을 가졌다.

그 후 한 세기 반 동안 역사가들은 1848년 기억을 되살려 공개 기념행사를 열고 순교자들의 전기를 편찬하며 혁명의 업적을 기록하는 데 열중했다. 이 역사가 중 일부는 봉기에 직접 참여했거나 봉기를 계승한 정권에서 정치적 역할을 맡기도 했다. 제2공화국 시절 질서당을 지지한 후 1848년 회고록을 출간한 알렉시 드 토크빌(1805~1859)이나 체코 민족 운동 지도자 프란티셰크 라디슬라프 리거(1818~1903)가 대표적이다. 이렇게 혁명과 혁명 이후 정치 과정이 서로 영향을 주고받은 결과, 혁명 당시 유럽 전체를 배경으로 국경을 초월했다고 생각된 일부 사건은 민족적 서사에 녹아들어 민족 국가 탄생을 정당화하는 데 자주 이용되기도 했다. 대부분 이 민족 국가들은 유럽의 기존 영토 및 왕조 질서와 거의 공통점이 없는 근대의 창작물이었다. 1848년을 일련의 '민족 혁명'으로 표현한 민족 운동 지도자들은 정치적 목표를 정당화하고 더 많은 사람에게 이념을 전달해 이들을 민족 공동체의 자랑스러운 구성원으로 만들 수 있었다. 실제로 다양한 이념이 1848년 바리케이드 투사들에게 동기를 부여했다. 그리고 같은 구조를 가진 또 다른 서사가 되어 혁명은 사회에서 필연적으로 국제 노동운동을 탄생시 켰고, 자연스럽게 사회주의를 발전 단계로 이끌었다. 이 두 서사에서 우리는 역사가 과거보다 현재에 치우쳐 특정 목적을 위해 왜곡되고 있음을 알 수 있다.

1848년 혁명에 관한 기록은 대부분 파리에서 시작되었지만, 민족주의와 초국가주의(transnationalism)의 복잡한 관계는 트란실바니아 같은 주변부에서 더 잘 나타난다. 현재 루마니아 영토인 트란실바니아는 당시 합스부르크제국의 헝가리 왕국 영토 안 독립 공국이었다. 중세부터 트란실바니아에는 루마니아인, 독일어와 마자르어를 사용하는 여러 집단, 집시, 오스만제국 출신으로 민족적 배경이 상이한 무역 종사자들이 거주했다. 이들은 모두 종교 교파별로, 일부는 종족별로 나뉘었다. 1848년 3월, 트란실바니아의 독일어 사용자를 대표하는, 이른바 '작센 민족' 회의는 "유럽의 현 상황과 오스트리아제국의 특수한 배경과 조건을 생각했을 때 이 영광스러운 땅의 모든 사람과 민족은 조국의 영토, 헌법, 공공 안전, 개인의 권리와 재산을 보호하는 조처를 해야 한다"고 선언했다. 그러나 작센 민족 대표들은 새로운 독일 민족 국가는 전혀 언급하지 않았고, 빈이나 베를린의 정치적 사건들과 선을 그었으며, 다른 민족으로 구성된 연방을 찬양했다. 이들은 혁명이 아니라 치안을 유지하고 다민족 제국의 큰 맥락에서 트란실바이나의 민족 공동체 간 균형을 유지하는 데 관심을 두었다. 그리고 부다페스트에서 민족 봉기를 주도한 코슈트 러요시(1802~1894) 같은 헝가리 혁명가들이 자기 고향을 마자르족 엘리트가 지배하는 헝가리 민족 국가로 만들려는 시도에 두려움을 느꼈다.

역사가이자 트란실바니아 수도 시비우(헤르만슈타트)의 작센족 시장 요제프 베데우스는 훗날 왈라키아로 망명해 쓴 글에서 당시 많은 사람처럼 유럽에서 일어난 1848년 사건에 경의를 표했다. 헝가리 혁명 때문에 오스만제국으로 피신해야 했던 그는 여러 민족 공동체를 마자르족 중심의 민족 국가로 통합하려는 헝가리의 시도를 거부하면서 오스트리아제국만이 다양한 민족이 평화롭게 공존하며 경제적·정치적 발전의 혜택을 누릴 수 있는 유일한 체제라고 생각했다. 베데우스와 마찬가지로 현재 시비우 시장은 루마니아의 독일계 소수 민족이며, 현재 루마니아 대통령 역시 시비우 시장 출신이다. 이런 배경은 이 지역의 다민족 유산이 빚어낸 흔적이다. 그러나 제1차 세계대전 이후 '새로운 세계 질서'가 들어서면서 과거 다민족 중부 유럽에 민족 국가들이 세워졌고, 그 후 한 세기 동안 수백만 명이 고국에서 추방되거나 강제 동화를 겪으며 살해당하는 등 민족적·종교적 동질성을 추구하는 근대 개념과 민족자결이라는 환상이 정당화한 범죄가 일어났다.

　이런 비극에도 오늘날 시비우의 주요 가톨릭교회가 루마니아어, 헝가리어, 독일어로 미사를 봉독하고 시비우 기차역 근처 유대교 회당 주변에 유대인들의 흔적이 다시 등장했다. 이처럼 과거 여러 민족이 살았던 이 지역의 희귀한 유산들은 사회주의 이후 루마니아의 1848년을 기억하는 데 영향을 주고 있다. 중·동유럽은 대부분 1848년을 민족 해방의 해로 기념하고 있으며, 민족사 교과서에 따라 1848년이 유럽 전체를 아우르는 사건이었다는 점과 소수 민족과 종교적 소수자는 그들을 보호하는 제국 안에 민족 국가가 생기는 것을 두려워했다는 점을 언급하지 않으려 한다. 한편, 시비우 북쪽 50㎞ 떨어진 작은 마을 메디아슈에는 오스트리아제국 황제 페르디난트 1세(재위 1835~1848) 이름을 딴 예쁜 공원이 있다. 페르디난트 1세는 혁명 중에도 백성들에게 헌법을 제정하고 봉건제를 폐지하며 민족을 인정하겠다고 약속했다. 이에 독일과 헝가리 일부 민족주의자들을 제외한 사람들은 대부분 바리케이드를 해체하고 황제를 찬양했다. 또, 메디아슈에는 슈테판 루트비히 로트(1796~1849)의 이름을 딴 아름다운 아르데코 양식의 오래된 옛 독일인 학교 건물도 있다. 지역 목사이자 교사이며 스위스 교육 개혁가 요한 하인리히 페스탈로치의 제자였던 로트는 혁명 당시 헝가리인, 독일인, 루마니아인이 트란실바니아, 헝가리, 오스트리아제국 안에서 각자 언어를 공식 사용할 수 있는 권리를 쟁취하고자 했다. 오스트리아제국의 다민족 국가 개념을 지지한 그는 이전 자치지역을 신생 헝가리 민족 국가에 통합하려는 헝가리 혁명 정부의 압력에 반대했다. 1849년 5월, 헝가리 정부 관리들이 그에게 사형을 선고해 그는 이 지역 가장 유명한 혁명의 순교자가 되었다. 학교 건물 앞에 세워진 로트의 기념비는 새롭게 떠오르는 광신적 민족주의에 맞서 다민족 국가 개념을 지지하고 루마니아어를 위해 싸웠던 독일인을 기리고 있다.

　혁명이 국경을 초월한 사건이었고, 중부 유럽 일부에서 새로운 민족 국가 등장을 두려워했다고 하지만, 봉기 기간 민족적 열망은 중요했다. 오히려 혁명을 기념하는 과정에서 민족주의의 의미가 바뀌어 왜곡되기도 한다. 1848년 민족주의는 19세기, 20세기와 달리 독립된 단일 민족 국가 수립만을 의미하지 않았다. 보헤미아 왕국이 좋은 예다. 보헤미아의 많은 독일어 사용자들은 그들의 왕실령을 새로운 독일 민족 국가와 합치려 했고, 체코인들이 스스로 동화되리라 기대했다. 그러나 보헤미아의 체코 민족 운동 지도자들은 모라비아와 실레지아 지역을 미래의 체코 민족 국가와 통합하는 것에 보헤미아의 독일어 사용자들이 반대할 것이고, 체코 민족 국가가 독일, 오스트리아, 헝가리라는 강대국 틈에 놓이게 되어 독립된 체코 민족 국가를 세울 형편이 안 된다는 것을 알고 있었다. 18세기 이후 체코의 부흥은 보헤미아에서 합스부르크 왕가의 지배를 끝내는 것이 아니라 두 민족으로 구성된 오스트리아제국 안에서 체코의 특별한 지위를 확보하는 것이었다. 따라서 1848년 체코 민족 운동 역사가이자 존경받는 지도자 프란티셰크 팔라츠키(1798~1876)는 보헤미아의 정치적 미래가 오스트리아 다민족 제국의 개혁에 달려있고, "아직 존재하지 않는다면, 유럽과 인류의 이익을 위해" 이런 제국을 만들어야 한다고 생각했다. 팔라츠키와 이 지역의 슬라브계 소수 민족 지도자들에게 다양한 소수 민족과 종교적 소수자에게 정치적·문화적 권리를 부여하는 다민족 제국은 민족 국가로 이루어진 유럽에 강력한 대안이었다.

이탈리아에 있는 오스트리아 영토 롬바르디아와 베네치아는 이탈리아 다른 국가들과의 상상 속 유대감 때문에 다소 상황이 달랐다. 그러나 여기에서도 혁명의 주역 중 일부는 오스트리아의 지배에서 해방되더라도 남부 왕국이 물려받은 부르봉 왕가의 역사 유산은 물론 이탈리아 중세 도시 공화국들의 정치적 전통이나 토스카나에 뿌리내린 합스부르크 가문의 계몽주의 통치와 공통점이 거의 없는 피에몬테-사르데냐와 합병하는 것에 강하게 반발했다. 교황의 주재 아래 이탈리아 기존 국가들이 연합하는 빈첸초 조베르티(1801~1852)의 구상이 혁명 이전 정치 논쟁을 지배했다. 그러나 청년이탈리아 소속 혁명가 주세페 마치니(1805~1872)는 이런 연방제를 강하게 반대했다. 이탈리아반도 전체를 포괄하는 단일 공화국을 목표로 한 그의 민주적 공화주의에 많은 이탈리아인은 나폴레옹의 강제적 중앙집권제를 떠올렸다. 1848년, 로마공화국을 지켜낸 주세페 가리발디(1807~1882)의 군사적 재능은 10

년 후 이탈리아 통일 과정에서 중요한 역할을 했다. 그러나 유럽 혁명은 시칠리아의 수도 팔레르모에서 시작되었다. 여기에서도 혁명가들은 이탈리아 민족 국가를 세우는 것이 아니라 유럽 그리고 다른 섬과 차별화된 오랜 역사적 전통과 나폴레옹 전쟁 동안 영국의 보호 아래 얻은 헌법을 바탕으로 나폴리의 지배에서 독립하는 것이 목표였다.

이런 혁명의 역사를 민족주의 관점에서 다시 쓸 때, 향수를 자극하는 신화가 중요한 역할을 하곤 했다. 이탈리아는 훗날 사건이 역사 기억에 어떤 영향을 미쳤는지 보여주는 흥미로운 사례다. 작곡가 주세페 베르디(1813~1901)는 이탈리아 통일 운동의 음유시인으로 자주 소개되었다. 이 이야기의 핵심은 이탈리아 민족 혁명이 오페라 하우스에서 시작되었고, 이탈리아인이 음악을 정치적으로 해석하는 특별한 능력이 있다는 것이었다. 따라서 베르디 오페라 〈나부코〉(1842)에서 고대 히브리인들이 잃어버린 조국을 노래하는 장면을 오스트리아의 압제를 받던 이탈리아인이 민족 감정을 표출하는 것으로 보기도 했고, 이 오페라를 애국적으로 해석한 사람들은 1848년 밀라노 혁명을 예견한 것으로 생각하기도 했다. 낭만적 매력에도 밀라노 스칼라 극장에서 오페라가 초연되었을 때 관객이나 비평가들이 이 오페라에 내포된 민족주의에 호응했다는 증거는 없다. 오히려 오스트리아인들이 이 오페라를 너무 좋아해서 혁명 직후 오스트리아령 이탈리아와 외국에 이 오페라를 계속 무대에 올렸다. 이 기간 베르디는 이전 로시니와 도니제티처럼 제국 전역에서 찬사를 받으며 새 황제가 총애하는 작곡가가 되었다. 〈나부코〉가 각성한 이탈리아 민족 정서를 촉발한 기폭제로 갑작스레 해석되기 시작한 것은 혁명 후 10년이 지난 이탈리아 통일 무렵이었고, 이것은 민족 운동을 공개 지지한 베르디가 추진한 아이디어였다.

그 후 〈나부코〉는 애초 관객들의 반응과 달리 애국적 열정을 폭발시킨 작품으로 전해졌다.

1866년과 1870년 전쟁의 결과 독일이 통일되었을 때, 언론인이자 은행가였던 루트비히 밤베르거 같은 비스마르크 총리 측근들은 혁명을 적극 지지했지만, 프로이센 지도층은 1848년 혁명이 독일 통일에 이바지했다는 사실에 별 관심이 없었다. 1849년, 프랑크푸르트국민의회에서 프로이센 국왕은 정당성을 문제 삼아 바리케이드에서 나온 대표들이 제안한 황제의 관을 거부했다. 민주주의자, 초기 노동운동가, 진보적 자유주의자들은 혁명의 기억과 순교자들을 기렸지만, 프로이센이 주도한 독일 통일에 관해 초기 역사가들, 특히 하인리히 폰 트라이치케(1834~1896)는 독일 헌법의 발전에 혁명과 프랑크푸르트 의회가 공헌한 부분을 무시했다. 1848년 혁명에 관한 공식 태도는 제1차 세계대전 이후 독일이 민주화를 향해 중요한 발걸음을 내디딘 바이마르 공화국 시절에 와서야 바뀌었다. 따라서 나치가 혁명에 관한 가장 유명한 역사가 파이트 발렌틴(1885~1947)을 강제로 국외로 추방한 것은 놀라운 일이 아니다. 발렌틴은 처음 유니버시티칼리지 런던에서, 그다음 미국에서 독일 역사를 가르쳤다. 1945년 이후 동독은 1848년 2월 〈공산당 선언〉 발표와 연계해 1848년을 국제 노동운동 결성의 계기가 된 중요한 해로 기념했다. 서독은 뒤늦은 민주화를 긍정적으로 서술하려고 1848년을 정치 참여와 입헌 민주주의를 실현한 해로 기념했다. 그러나 지금도 이런 기념행사들은 민족 통일을 위한 민주적 투쟁에 반유대주의와 미래 독일 민족 국가에 포함될 소수 민족, 특히 동화될 것으로 기대한 폴란드인과 체코인을 향한 배타적 국수주의 같은 불편한 요소가 있었음을 자주 간과한다. 유럽의 복잡한 문화적·언어적 구성을 크게 신경 쓰지 않았던 민주적 민족주의자들은 합스부르크제국이 헝가리 혁명가들 생각처럼 여러 독립된 민족 국가들로 나뉠 것으로 예상하고 대부분 코슈트 러요시를 추앙했다.

특정 기억이나 혁명 이후 자신의 이해관계를 대변하는 정치 운동의 이념에 따라 여러 사회 집단과 계층은 1848년 사건을 각기 다르게 바라보았다. 독일어권, 이탈리아, 중·동유럽 많은 지역에서는 민족 문제가 혁명 프로그램과 그 후 유산의 상당 부분을 결정했다. 그러나 1848년 프랑스는 민족 문제가 없었고, 영국, 네덜란드, 덴마크 식민지처럼 혁명에 자극받은 노예들이 압제자에 맞서 봉기한 식민지로부터 간접 영향을 받았다. 미국에서는 이런 노예제와 연관성 때문에 혁명 초기에 지지를 표명하는 데 의문이 제기되었다. 프랑스는 민족 국가로 통일될 필요가 없었기 때문에 1848년 사건은 대부분 노동자의 권리와 1789년 혁명 유산을 둘러싼 싸움이었고, 주로 사회적 측면에서 기억되었다. 이런 특수한 상황에서 프랑스를 가장 잘 대표하는 국가 형태가 공화국인지, 아니면 왕국-제국인지가 논의되었다. 1852년, 제2공화국 대통령 루이 나폴레옹 보나파르트가 쿠데타를 일으켜 제2제정을 수립했을 때, 당시 프랑스 최고 작가 빅토르 위고(1802~1885)는 한때 프랑스의 영광을 대표했던 삼촌을 조롱하는 의미에서 루이를 '꼬마 나폴레옹'이라고 비꼬았다. 이 쿠데타는 카를 마르크스와 프리드리히 엥겔스에게 〈공산당 선언〉의 예측이 왜 시기상조였는지 경험으로 증명했다. 1848~1852년 사건과 그 후 1871년 파리 코뮌은 수백만 추종자들에게 근대의 필연적 과정으로서 노동운동의 정치적 미래를 제시했다.

1848년에는 사회적·민족적 문제가 심각했지만, 이 혁명에는 헌법적 요구와 정치적·시민적 기본권을 촉구하는 목소리도 있었다. 따라서 보편적 참정권을 요구하는 거대한 민중 혁명이 두려워 빅토리아 여왕을 와이트섬으로 대피하게 만든 영국의 인민헌장운동도 유럽대륙의 혁명과 무관하지 않았다. 인민헌장운동은 혁명을 성공적으로 막은 영국 개혁주의 정책의 연장선에서 바라보는 전통이 강하지만, 아일랜드 문제와 1845~1849년 기근을 유럽대륙의 봉기와 연계시켰던 것처럼 당시 사람들은 인민헌장운동과 대륙의 혁명 사이에 이념적·정치적 연관성을 잘 알고 있었다.

　1848~1849년을 돌이켜보면 혁명은 실패했다고 쉽게 주장할 수 있다. 그러나 이 사건에 영향을 준 사상은 유럽과 전 세계 근대정치 의제를 영원히 바꾸어놓았다. 토마스 만(1875~1955)은 1901년 발표한 소설 『부덴브로크 가의 사람들』에서 1848년 뤼벡의 고위층이 시청 밖에서 벌어진 작은 소요를 어떻게 바라보는지 묘사했다. 이 소설은 4대에 걸쳐 한 가문이 쇠락해가는 이야기를 담고 있으며, 사회적 지위, 문화적 가치관, 정치적 관행을 정의한 모든 것이 무너진 세기말 세상을 보여준다. 향수 때문이기도 하지만, 이런 관점에서 1848년은 정치적 근대성의 시작을 상징하기도 한다. 프랑스의 위대한 역사가 모리스 아귈롱이 주장했듯이, 1848년은 근대 공화주의를 배우고 익히는 과정이었고, 군주제가 여전히 호소력을 발휘하는 상황에서 이런 경험을 거쳐 점점 더 많은 사람이 정치적 대표성과 국민주권 개념에 친숙해졌다. 이것이 1848년 혁명의 가장 중요한 유산으로서 지금도 국경과 이념의 차이를 넘어 공유되고 있다.

코슈트 러요시

헝가리의 개혁가이자 민족 지도자 코슈트 러요시(1802~1894)는 가난한 귀족 가문에서 태어났다. 마자르족의 자유와 정의, 특히 마자르족이 지배하는 민족의 자유에 강한 열정을 가진 정치 저널리스트가 되었고, 1847년, 의회 의원으로 선출되어 민족주의 야당의 지도자가 되었다. 1848년 3월, 파리와 빈에서 일어난 사건에 영감을 받아 혁명 프로그램을 만들었고, 합스부르크 제국 황제를 겸한 국왕은 이를 받아들였다. 재무장관을 지냈으며, 헝가리를 지키고 이탈리아 혁명가들을 도우려고 군대를 요청했다. 1849년 8월 사임한 후 오스만제국에 갈 때까지 사실상 헝가리의 독재자였다. 1851년, 영국과 미국을 순방한 후 런던에 정착해 오스트리아제국에 저항하는 활동을 계속했다. 1867년, 오스트리아-헝가리 이중제국 수립에 반대했고, 죽은 후에도 헝가리의 국민 영웅으로 남았다.

주세페 마치니

제노바에서 태어난 이탈리아 혁명가 주세페 마치니(1805~1872)는 변호사로 활동했다. 1830년, 카르보나리 비밀결사에 연루되어 체포된 후 추방당하자 프랑스에 가서 피에몬테 왕국에 입헌주의를 촉구하고 이탈리아에서 오스트리아인 추방 운동을 벌였다. 1831년, 이탈리아반도 여러 국가를 통합하려고 공화주의 혁명 운동 청년이탈리아를 결성했다. 1837년, 런던으로 건너가서 다른 이탈리아 망명자들 및 영국 자유주의자들과 인맥을 쌓고, 1848년 이탈리아로 돌아와 오스트리아에 대항하는 밀라노 시민 혁명을 지지했다. 롬바르디아와 피에몬테 왕국의 통일에 반대해 롬바르디아를 떠나 민족주의자 주세페 가리발디의 비정규군에 합류했다. 1849년, 단명한 로마공화국의 실질적 정부 수반이었지만, 프랑스에 패배한 후 다시 런던으로 갔다. 이탈리아 혁명가들을 계속 지원했으나, 1860년 이탈리아 왕국 건국에는 거의 관여하지 않았다.

연표

1848년

1월 18일 팔레르모에서 시칠리아 독립 정부를 요구하는 봉기가 일어나다

2월 카를 마르크스가 <공산당 선언>을 발표하다

2월 24일 프랑스에서 혁명이 일어나 루이필리프가 퇴위하고 프랑스 제2공화국이 수립되다

3월 프로이센, 팔츠, 바덴, 작센, 라인란트, 바이에른 등 독일 국가들에서 반란이 일어나다

밀라노에서 혁명과 코펜하겐에서 새로운 헌법 요구 시위가 일어나고, 슐레스비히-홀슈타인이 새로운 임시 자치정부를 수립하다

피에몬테-사르데냐 국왕 카를로 알베르토가 오스트리아에 전쟁을 선포해 롬바르디아를 침공하고, 오스트리아군이 밀라노에서 쫓겨나다

3월 13일 빈에서 시위와 시가전이 시작되다

4월 오스트리아 황제가 헝가리 정부를 인정하고 메테르니히를 해임한 뒤 헌법을 발표하고, 보헤미아에서 제헌 의회를 약속하다

합스부르크제국에서 일어난 혁명이 부다페스트와 프라하로 번지다

코슈트의 헝가리의회가 헝가리왕국의 전면적 개혁과 실질적 자치에 합의하다

4월 8일 프로이센에서 입헌주의 개혁이 약속되다

4월 10일 런던에서 남성의 보통선거권을 요구하는 인민헌장운동 시위가 일어나다

5월 빈 시위로 황제가 양보하고, 프라하에서 슬라브 회의가 열리다

5월 18일 헌법을 기초하려는 프랑크푸르트국민의회가 개최된 후 독일 통일을 제안하다

6월 파리에서 노동자 봉기를 당국이 잔인하게 진압하다

7월 오스트리아가 독일과 슬라브 지역 황령지를 위한 제국의회를 소집해 헌법을 작성하려 하다

8월 오스트리아가 롬바르디아와 베네치아를 탈환하자 베네치아가 독립 공화국을 선언하다

9월 29일 헝가리 혁명가들이 오스트리아군을 격파하다

10월 프로이센이 입헌 군주국이 되고 프로이센의회를 만들다

12월 2일 오스트리아 황제 페르디난트 1세가 프란츠 요제프 1세에게 양위하고, 헝가리를 침공하다

12월 프랑스에서 루이 나폴레옹이 대통령 선거에서 승리하다

1849년

2월 로마공화국이 선포되고, 토스카나에 혁명 정부가 수립되다

3월	오스트리아제국의회가 해산되고, 황제는 헌법을 승인하다
4월	프랑크푸르트국민의회 대표들이 오스트리아를 포함하는 통일에 반대하고, 프로이센 국왕은 독일 황제의 관을 거부하다
	프랑스군이 로마공화국을 격파해 교황을 복위시키고, 오스트리아는 토스카나 대공을 복위시키다
6월	독일국민의회가 마침내 해산되다
8월	러시아의 지원을 받은 오스트리아가 헝가리를 다시 지배하면서 코슈트가 사임하고, 베네치아공화국이 항복하다

일본: 메이지 유신,
1868

가와시마 신

이 책에 소개된 혁명 중에서 일본의 메이지 유신(Meiji Restoration)은 민중이 직접 행동에 나서 부패한 정권을 타도하거나 급진파가 선봉에 서서 사회 개혁을 실현하는 혁명의 고정관념과 가장 거리가 멀 것이다. 1853년, 미국 함대가 에도에 내항했고, 서양인이 물리력을 활용해 일본에 상륙한 사건으로 혁명이 일어났다. 일본 민족주의자들은 당시 쇼군의 막부가 나라를 지킬 책무를 다하지 못한다고 확신했다. 반(半)봉건적 사무라이 계급끼리 규모는 컸지만 비교적 희생이 적은 내전을 겪은 후, 오랫동안 허수아비로 교토 황궁에 칩거하던 젊은 메이지 덴노는 260년간의 쇼군 지배 체제를 타도해 잃었던 권위를 공식적으로 회복할 수 있었다.

그러나 '복고(restoration)'에서 유추되는 것과는 달리 이 사건은 결코 보수적이지 않았다. 막부는 완전히 사라졌지만, 덴노는 실권을 되찾지 못했다. 덴노는 어디까지나 명목상 존재로 남았고, 권력은 근대화를 주도한 다이묘(영주)들에게 넘어갔다.

이로써 일본의 전통 가치관을 유지하면서 서양 제국주의의 도전에 대응하고자 일본 사회, 정치, 경제를 근대화하려는 진정한 혁명이 시작되었다. 통

상 메이지 유신 시기는 메이지 덴노가 죽은 1912년까지를 의미했지만, 일본
이 세계적 군사 강국을 거쳐 제2차 세계대전 이후 경제 대국이 되면서 메이지
유신의 영향력은 20세기 이후에도 지속되었다.

피터 퍼타도

1603년부터 에도를 거점으로 사실상 일본을 지배해 왔고, 교토에 있
는 덴노를 정치적으로 하찮은 존재로 만든 무사 가문 도쿠가와 막부
는 1867년 여러 지역 영주들의 도전을 받았다. 11월 19일, 반란 세력
은 주요 권력 중심지로부터 멀리 떨어진 지역에서 수년간 조심스럽
게 동맹을 구축해온 젊은 사무라이들이었고, 이들은 쇼군에게 사임을
강요했다. 두 달 후 1868년 1월 3일, 이들 중 1명인 사이고 다카모리
(1828~1877)가 쿠데타를 일으켜 11개월 전에 공식 즉위한 15세 메이지
덴노를 일본의 새로운 통치자로 복귀시켰고, 막부 충성파의 위협을 분
쇄했다.

　이제 일본을 실질적으로 장악한 '메이지 유신' 지도자들은 서양
세력, 특히 1853년 처음으로 일본에 내항한 미국의 '개방' 압력 앞에
일본이 무력하다는 사실에 고뇌하고 있었다. 이들은 '존황양이(尊皇攘
夷)' 구호를 내세우며 서양에 맞설 일본을 재건하려 했고, 지방 영주의
세습 봉건제를 끝내려고 철저한 행정·경제·사회 개혁을 구상했다. 국
가가 징병제를 도입해 칼을 휴대하는 사무라이의 전통적 특권을 제한
하자 반란을 일으킨 사이고와 제국군 사이에 짧은 충돌이 일어났지만,
그 후 수십 년 동안 메이지 유신 지도자들은 놀라운 성공을 거두었다.

1912년, 메이지 덴노의 치세가 끝날 무렵 유신은 서양의 기술, 의무교육, 양원제 헌법을 도입해 일본 사회를 변화시켰고, 일본을 동아시아 군사 강국으로 만들었다.

2018년은 메이지 유신이 일어난 지 150주년 되는 해였다. 1968년, 100주년 당시 일본 국내에서 메이지 유신에 관한 인식은 대부분 부정적이었고, 한국을 비롯한 동아시아 국가를 침략하고 1945년 패전으로 끝난 일본 제국주의의 발판이 된 사건으로 보는 시각이 많았다. 2018년이 되어서야 처음으로 이 사건을 경축하는 목소리가 나왔다. 이런 변화를 보면 메이지 유신의 산물이자 메이지 유신이 낳은 가치관, 국가적 야망, '일본의 근대성'은 기로에 서 있다.

일본이 강대국 대열에 진입한 1868년은 세계사의 중요한 전환점이었다. 일본이 현대 세계의 중대한 도전에 직면한 지금도 마찬가지다. 일본이 메이지 유신에 필적할 만한 변화를 만들어낼 수 있을까? 이것이 바로 현대 일본이 당면한 핵심 과제다.

18세기 아시아는 번영을 누렸다. 그러나 18세기 말과 19세기 초, 발전이 한계에 다다르면서 이 번영은 막을 내렸고, 여러 아시아 국가는 개혁을 위한 다양한 노력을 기울였다. 한편, 유럽과 북아메리카에서는 산업혁명으로 증기기관이 발명되었고 19세기에는 증기선과 여러 기술이 출현했다. 또한 유럽에서는 시민 혁명으로 국민 국가가 탄생하고 나폴레옹 전쟁의 결과 새로운 군사 기술이 등장하는 등 국가와 사회에서 큰 격변이 일어났다.

교역을 확대하려는 유럽 열강은 18세기 중반부터 아시아에 진출하기 시작했다. 이미 산업혁명과 시민 혁명이 가져온 변혁의 힘을 경험한 유럽 열강과 미국은 스스로 개혁을 추진하던 아시아와 만났다.

특히 영국과 중국 간에 벌어진 제1차 아편전쟁(1839~1842)은 지난 수십 년 동안 서양이 얼마나 많은 기술적 진보를 달성했는지 보여주었다. 18세기, 인구가 많은 중국과 인도에 집중되어있던 전 세계의 부(富)는 점차 서양 세계로 이동하고 있었다. 인구수와 관계없이 첨단 기술을 가진 국가와 경제적·정치적·군사적 우위를 점한 국가에 부가 축적되었다. 이것이 바로 근대의 시작이었다.

　이전까지 서양의 팽창에 영향을 받지 않은 상태에서 중국과 인도의 쇠락을 지켜보기만 했던 일본은 19세기 후반 서양과 어깨를 나란히 하려고 부단히 노력했고, 메이지 유신으로 기술적·사회적 변혁이 본격화되면서 일본은 근대화로 번영을 구가하는 시대를 열 수 있었다.

　그런데 왜 메이지 유신이 일어났을까? 메이지 유신의 본질은 계급 혁명이 아니라 사무라이 계급의 내부 개혁이었다. 에도 시대 사무라이 계급에 관한 논쟁의 핵심은 단연 셉푸쿠(切腹, 배를 가르는 자살 의식)였다. 메이지 유신 전문가 미타니 히로시에 따르면, 유신의 맥락에서 셉푸쿠는 '사무라이의 사회적 자살'이었다. 즉, 메이지 유신은 사회 하층이 상층에 반기를 든 혁명이 아니라 사무라이 계급이 스스로 사회적 특권을 적극 부정하는 과정이었다. 그중에서도 주로 하급 무사들이 주도한 유신으로 봉건 막부 체제가 붕괴하고 사무라이 봉록이 철폐되었으며 보편적 평등에 기반한 사회가 탄생했다.

　메이지 유신을 설명할 때 '혁명'은 그다지 적절한 표현이 아닐 수 있다. 유신의 결과 사망자는 거의 나오지 않았다. 게다가 메이지 유신의 이념적 토대는 지지자들 사이에서도 매우 다양했다. 일부는 외국인 배척을, 다른 일부는 개방을 주장했다. 또 일부는 덴노 통치 체제 복원을, 다른 일부는 막부 타도를 원했다. 이런 생각들은 서로 영향을 주고받았다. 따라서 메이지 유신은 보수파(도쿠가와 막부) 대 개혁파(사쓰마, 조슈, 도사, 히젠) 간 대립으로 단순화할 수 없을 정도로 복잡하고 미묘했다. 미타니에 따르면, 유신은 다양한 이념이 서로 뒤섞인 배경 속에서 각기 다른 시점과 상황에 따라 발생한 연쇄 사건의 결과였다. 따라서 유신을 특정한 역사 주체가 만들어낸 하나의 이야기로, 특정한 사회 계층이 바라던 목표를 실현한 것으로 인식해서는 안 된다. 미타니는 또한 유신이 실현될 때까지 연쇄 사건들은 특정 개인이나 집단의 고상한 결정이 아니라 동시대 공론의 산물이었다고 본다. 따라서 이 연쇄반응이 이어지면서 '사무라이 계급의 사회적 자살'뿐만 아니라 '덴노 체제 복원'으로 귀결되었다. 즉, 역설적이지만 '고대의 부활'을 통해 '쇄신'이 이루어졌다.

그러나 중요한 것은 사무라이들 사이에(그리고 막부 신하들 사이에서도) 일본을 개편해야 한다고 느꼈고, 도쿠가와 막부가 일본이 시급히 필요로 하는 변혁을 실행할 능력이 없다는 공감대가 있었다는 점이다. 이때, 세 가지 주요 요인이 이런 공감대를 만들었다. 첫째, 18세기 일본 인구가 3천만 명에 도달한 후 경제가 더는 성장하지 못했다. 둘째, 1853년 미 해군 제독 매튜 페리가 '흑선(黑船)'을 이끌고 에도에 도착한 후 점점 더 많은 서양 선박이 일본 주변 해역을 누볐다. 셋째, 청나라가 제1차 아편전쟁에서 영국에 패했다. 이 요인들 때문에 적어도 사무라이 계급은 임박한 위기의식을 공유했고, 많은 사람은 일본의 생존을 고민했다.

국제사회에서 메이지 유신은 일본 내부 개혁을 의미할 뿐만 아니라 일본이 '근대화' 경로에 접어들었다는 신호이기도 했다. 메이지 정부는 일본을 주권국가로 재정립하고 일본 전역을 직접 지배했으며, 미국 및 기타 서양 열강과 체결한 불평등 조약을 개정하려 했다. 그리고 부국강병(富國强兵)을 추구하며 식산흥업(殖産興業)을 지원해 전면적 변화를 단행했다. 또한 근대 국가로서 해외 천연자원과 시장을 찾기 시작했다. 이런 이유로 메이지 유신을 일본 제국주의가 아시아를 침략한 시발점으로 보기도 한다. 그러나 일본 안에서 메이지 유신 자체가 일본이 제국주의로 전환하는 계기가 되었다고 보는 시각은 더는 존재하지 않는다. 오히려 중국과 러시아 같은 세력에 도전해 강대국 반열에 오르려 했던 유신 이후 일본의 정치적 외교를 일본 제국주의의 주원인으로 꼽는다.

메이지 유신은 동아시아에서 높은 평가를 받았다. 20세기 중국을 근대화한 민족주의자 장제스(1887~1975)와 주변국 지도자들은 유신이 세계사가 제시한 과제를 해결하고 일본을 재건하는 데 성공했으며, 더 나아가 자생적이었다고 칭찬했다. 이런 평가는 '무사도'와 자주적 개혁 능력을 존중한 것이었다. 그러나 적어도 1880년대까지만 해도 많은 관찰자가 유신을 쉽게 칭송하지 않았다. 불만을 품은 사무라이들이 일으킨 반란들 때문에 1870년대 메이지 정부는 골머리를 앓았고, 이 반란을 진압하는 비용 때문에 국고는 막대한 부담을 안았다. 실제로 마쓰카타 마사요시(1835~1924) 총리가 1880년대 긴축 정책을 도입한 후에야 일본은 마침내 미래에 대한 우려를 덜어낼 수 있었다. 따라서 20세기 초반 일본이 중국과 러시아를 상대로 승리한 다음부터 주변 국가들은 메이지 유신을 처음으로 높이 평가했다.

1970년대까지만 해도 세계 선진국(사회주의 동유럽을 제외하면)은 미국, 서유럽, 일본뿐이었고, 메이지 유신은 일본 '성공'의 기원으로 널리 알려졌다. 메이지 유신은 청나라에서 일어난 동치중흥(1860~1874)과

양무운동(1861~1865)에 종종 비교되기도 했지만, 청나라는 서양의 침략에 저항할 만큼 강력한 근대화를 이루지 못했다. 역사학계에서도 19세기 중반 일본은 근대화에 성공했는데 왜 다른 아시아 국가들은 실패했는지 의문을 가졌다.

1968년, 메이지 유신 100주년을 맞아 일본은 기적처럼 국민총생산 세계 2위로 도약했다. 당시 메이지 유신은 일본 성공 신화의 출발점으로 인식되었지만, 그 유산에 대한 의문, 특히 일본을 군국주의로 향하게 만든 원인으로 보아야 하는지 의구심도 제기되었다. 유신과 일본의 참전 사이에 인과관계는 없었지만, 1968년 일본인들의 머릿속에는 이런 의문이 가득했다. 당시 전쟁의 고난을 겪은 세대가 일본 여론을 주도했기 때문에 자연스럽게 이런 분위기가 조성되었다.

그러나 그 후 메이지 유신에 대한 평가는 크게 바뀌었다. 특히 두 가지 경향이 뚜렷해졌다. 첫째, 메이지 유신을 더는 성공 사례로 보지 않는 경향이다. 중국이 세계 경제 강국이 되어 일본을 앞질렀고, 다른 많은 국가가 새로운 번영의 시대를 누리고 있기 때문이다. 이런 관점에서 19세기 중반 일본의 메이지 유신은 유일무이한 성공 신화가 아니며, 근대성에 상대적으로 무기력하게 대응했다고 평가받던 청나라 또한 실패 사례로만 보지 않는다. 둘째, 일본에서 전쟁을 겪은 세대가 정치 일선에서 물러나고 내각이 대부분 전후 세대로 구성되면서 일부 민족주의자들이 메이지 유신을 성공이라고 거침없이 주장하는 경향이다. 아베 신조(1954~2022) 총리는 메이지 유신을 지지한 주요 지역, 조슈(현재 야마구치) 선거구에서 처음 의원에 당선되었다. 유신 150주년을 앞두고 아베 정부는 유신 기념 정책을 추진하는 데 매우 적극적이었다. 이렇게 메이지 유신이 일본 군국주의를 낳았다는 시각은 점점 설자리를 잃어갔다. 제2차 세계대전 종전 70주년 전날 2015년 8월 14일 아베 총리는 이런 변화를 명확히 반영하는 성명을 발표했다.

전자는 메이지 유신의 고유성을 부정하는 경향으로 일본 사회가 대부분 왜 메이지 유신을 기념하지 않는지를, 후자는 2018년 메이지 유신 150주년을 맞아 왜 기념행사를 열었는지를 설명한다.

21세기 일본은 미래의 명확한 목표를 설정하려고 고군분투하고 있다. 서양을 따라잡겠다는 이념도, 아시아를 선도하는 초강대국으로 복귀하겠다는 이념도 현시대와 맞지 않는다. 메이지 유신은 지금까지 일본의 정체성을 정의해왔다. 유신 150주년을 맞이해 이제 일본은 새로운 정체성을 스스로 정의해야 하는 과제에 직면해 있다. 따라서 지금 일본에 필요한 것은 어쩌면 새로운 '유신'일지도 모른다.

메이지 덴노

일본의 122대 덴노인 메이지 덴노(1852~1912)는 1867년 1월 30일 아버지 고메이 덴노가 죽으면서 즉위했다. 본명은 무쓰히토였으나 즉위한 후 이이름을 사용하지 않았다. 17세기 이후 전임자들과 마찬가지로 교토 황궁에 갇혀 살았으며, 모든 정치권력은 도쿠가와 가문이 세습하는 쇼군에게 있었다. 재위 첫해인 1867년에 유신이 일어났다. 그때 겨우 15세였고, 유신에 직접 관여했는지는 알려지지 않았다. 이듬해 처음으로 에도(도쿄로 개명)를 방문했다. 이후 수십 년 동안 일본에서 있었던 심대한 변화는 메이지 덴노의이름을 땄지만, 여기에 개인적 책임이 있었는지, 실제로 관여했는지 또는 얼마나 열정을 가졌는지는 알려지지 않았다. 그리고 일상적 의사 결정에 얼마나 영향을 미쳤는지도 확실하지 않다. 공적 발언을 제외하고 일기, 편지, 개인 의견을 적은 기록물은 없으며 손수 지은 많은 수의 시만 남아있다.

오쿠보 도시미치

사쓰마의 사무라이 오쿠보 도시미치(1830~1878)는 막부 타도 반란을 주도했다. 1868년 1월, 경찰과 지방 정부를 책임지는 임시 정부 수반으로서 신임 지사들을 모두 임명하고 경제 발전을 촉진했다. 1871년에는 지조개정(地租改正)을 시행했고, 1877년에는 전 동료 사이고 다카모리가 일으킨 사쓰마 반란을 진압했다. 1878년 5월, 사이고에게 충성하는 사무라이들에게 암살당했다.

연표

1853년	미 해군 제독 매튜 페리가 에도에 내항해 일본에 서양과 무역을 위한 개항을 강요하다
1854년	덴노가 반대했으나 일본이 미국과 가나가와조약을 체결하다
1863년	영국이 가고시마에 이어 시모노세키(1864)를 포격하다
1864년	군사 쿠데타로 개혁파 지도자들이 쇼군의 고문으로 권력을 잡다
1866년	사쓰마와 조슈가 막부 권력에 도전하는 동맹을 맺고, 도쿠가와 요시노부가 쇼군이 되다
1867년	
1월 30일	메이지 덴노가 즉위하다
11월 19일	도쿠가와 요시노부가 쇼군에서 물러나다
1868년	
1월 3일	덴노가 공식적으로 최고 권위를 되찾다
4월 7일	덴노가 5개조 서약문에서 봉건제 폐지, 민주적 개혁, 서양 문물 장려를 선언하다
9월 19일	덴노가 교토에서 에도로 천도하고 에도를 도쿄로 개명하다
1869년	도사, 히젠, 사쓰마, 조슈의 개혁파 다이묘들이 자신의 번(藩)을 덴노에게 반환하다
5월	막부 충성파 군대가 하코다테에서 패배하다
1871년	봉건적 토지제도가 폐지되어 다이묘가 덴노에게 영지를 강제 반환하고, 전국은 현(縣)으로 분할되어 덴노가 임명한 지사가 다스리다
1872년	의무교육이 도입되다
1873년	전국에 징병제를 도입하고, 사무라이의 칼 휴대를 금지하면서 사쓰마 반란(1877)이 일어나지만, 금세 진압되다
1885년	내각제가 도입되다
1889년	새로운 헌법이 공포되면서 메이지 유신이 완성되다
1894~1895년	청일전쟁에서 일본이 청나라에 승리하다
1904~1905년	러일전쟁에서 일본이 러시아 해군을 격파하다
1910년	일본이 대한제국을 병합하다

청년튀르크 혁명,
1908

메흐메드 쉬크뤼 하니오을루

400년 역사를 자랑하는 오스만제국에는 다양한 민족이 있었고, 제국을 건국한 튀르크인을 포함해 많은 민족은 제국에 별다른 소속감이 없었다. 19세기 후반 오스만제국은 새로운 산업 시대의 정치적·사회적 도전에 대응하지 못했다. 당시 술탄이 헌법을 중단한 것에 불만을 가진 젊은 지식인과 군 장교들 사이에서 '청년튀르크'로 알려진 비밀 단체가 생겼고, 그중 다수는 파리로 망명했다.

러시아와 영국의 군사력 앞에서 힘을 못 쓰는 제국의 모습에 놀란 청년튀르크 소속 군인들이 마케도니아에서 유사 쿠데타를 일으켜 이스탄불로 진격하겠다고 위협하면서 혁명이 일어났고, 술탄은 헌법을 복원하라는 청년튀르크의 요구에 굴복했다. 그 결과 새로운 의회 정치가 열려 청년튀르크를 포괄하는 통일진보위원회가 집권했다. 그러나 제1차 세계대전의 여파로 제국은 무너졌고 근대적 다민족 제국을 꿈꾸던 청년튀르크의 비전은 물거품이 되었다.

따라서 청년튀르크 혁명은 일본의 메이지 유신처럼 기본적으로 입헌 혁명이었고, 사회 정의보다 정치 개혁이 주요 목표였다. 메이지 유신과 마찬가지로 폭력도 민중의 열정도 미미했으나, 1868년 이후 일본처럼 제국을 탈바꿈시키지는 못했다. 혁명과 그 목표의 실패라기보다 민족주의가 급성장하는 시대에 오스만제국의 구조적 약점 때문이었다.

장기적으로 봤을 때 혁명이 가져온 정치적·사회적 유산은 매우 한정적이었지만, 흥미롭게도 '청년튀르크'라는 말은 문화적으로 광범위한 파급력을 발휘해 지난날 실패한 정통주의에 도전하려는 자신감 넘치는 젊은 세대를 일컫는 일반 용어가 되었다.

피터 퍼타도

1908년 7월 22일 밤, 오스만진보통일위원회(CPU) 모나스티르(현재 북마케도니아 공화국 비톨라) 지부는 산속에 숨어있던 여러 '민족 부대'에게 마을을 습격하라고 명령했다. 진보통일위원회는 오스만제국에서 단명한 입헌 체제 복원을 요구한 지식인, 공무원, 군 장교를 중심으로 구성된 청년튀르크의 포괄 조직이었다.

그 직전에 제국 장교들을 상대로 반란을 일으켰다가 진보통일위원회 레셴민족대대, 진보통일위원회 오흐리드민족연대, 진보통일위원회 모나스티르부대, 알바니아 민족주의 그룹 2개로 재편된 병사 약 2,300명이 마을에 들어와 정부 건물을 모두 점령했다. 이들은 진보통일위원회가 모나스티르를 지배한다고 선언하고 권위에 도전하거나 명령에 불복종하는 사람은 그 자리에서 총살하겠다고 발표했다. 전신선을 장악하자 진보통일위원회 모나스티르 지부는 유럽 다른 지역 현지 행정관과 관리들에게 1908년 7월 23일부터 오스만제국헌법이 발효된다는 것을 알리고 그에 따른 준비를 요청했다.

다음 날 진보통일위원회 모나스티르 지부는 축포 21발을 쏘고 '휘리예트(hürriyet, 자유)'를 외치며 1876년 헌법 부활을 선언했다(술탄 압뒬하미드 2세는 14개월 만에 헌법 시행을 중단한 바 있다). 이날 마케도니아의 모든 도시와 마을에서는 진보통일위원회 장교들 인솔하에 군중이 거리에 나와 축포와 함께 이 휘리예트를 축하했다. 한편, 오스만제국 유럽 영토에 비밀리에 설립된 진보통일위원회 각 지부는 1876년 헌법의 부활과 1878년 중단된 의회 재개를 요구하는 전보를 황궁에 보냈다. 그리고 술탄이 이 요구를 거부하면 '해방군'을 이끌고 이스탄불로 진격하겠다고 경고했다. 술탄은 마지못해 이 요구를 받아들여 의회를 다시 여는 칙령을 내리고 일간지에 즉시 게재하도록 했다.

엄밀히 말해 혁명은 아니었다. 이 혁명은 오스만제국 유럽 영토에서만 진행되었고, 제국 다른 지역은 입헌 체제가 복원되었다는 소식을 들을 때까지 이 사실을 알지 못했다. 진보통일위원회 부대는 황실을 위해 간첩 활동을 하거나, 반란 진압을 위해 술탄에 충성하는 군대를 조직한 혐의가 있는 관료와 장교들을 암살했을 뿐 별다른 폭력이나 전투는 없었다. 무엇보다도 술탄은 충성심을 기준으로 자신에게 권력을 집중시킨 새로운 세습 체제가 끝났는데도 여전히 권좌에 있었다. '군중' 또는 '인민'이라는 혁명의 추상적 표현을 거의 사용하지 않은 채 조심스럽게 체제가 바뀌었다. 혁명을 지지하는 대규모 시위는 문제가 해결된 후에야 일어났다. 1905년 러시아나 1906년 페르시아 같은 민중 혁명도 군사 쿠데타도 아니었다. 오히려 1908년 혁명은 이 두 가지 특징이 혼합된 새로운 것이었다.

이 혁명은 민간인 관료와 군 장교로 구성된 조직이 준비하고 성공시킨 근대 역사상 최초의 혁명이었다. 하지만 오스만제국 맥락에서 이들은 '혁명가'가 아니었다. 특히 당시 활동한 아르메니아혁명연맹이나 내부마케도니아-아드리아노플혁명조직(VMORO)과 비교했을 때 더욱 그랬다. 유토피아를 구현하려고 국가기구를 완전히 파괴하는 데 착수한 러시아 볼셰비키와 달리, 청년튀르크 혁명 지도자들은 기본적으로 보전과 생존의 관점에서 임무를 수행한 보수주의자들이었다. 청년튀르크 혁명의 목표는 제국을 파괴하는 것이 아니라 복원, 보호, 유지하는 것이었다.

1789년 프랑스 혁명가들과는 달리, 진보통일위원회와 이후 통일진보위원회(CUP, 혁명 이후 위원회는 이전 명칭을 사용하기 시작했다) 지도자들은 옛 체제를 없애고 새로운 체제를 세우지 않았으며, 1905~1906년 이란 혁명가들과 달리 절대 군주제를 새로운 입헌 체제로 바꾸지도 않았다. 또한 1905년 혁명 이후 등장한 러시아 국가두마처럼 혁신적 자문기구를 출범시키지도 않았다. 통일진보위원회의 보수적 지도자들은 1876년 제정된 후 사실상 중단된 입헌군주제를 복원했다. 그런데도 통일진보위원회 지도자들은 이 사건을 '인클라브 아짐(İnkılâb-ı Azîm, 대혁명)'이라고 부르며 7월 23~24일 혁명을 미국 독립 혁명과 프랑스 혁명에 버금가는 역사상 세 번째 주요 근대 혁명이라고 생각했다. 역사학계는 1908년 혁명을 러시아와 이란에서 일어난 혁명, 청나라를 타도한 1911년 중국 신해혁명에 이어 20세기 초 일어난 몇 안 되는 입헌 혁명이라고 좀 더 겸손하게 평가하고 있다.

통일진보위원회 지도자들의 거창한 선언 그리고 중동과 발칸반도의 미래를 결정한 중요성에도 청년튀르크 혁명은 세계사에서 예나 지금이나 의미 있는 사건이 아니다. 그러나 오스만제국의회 재개에 초점을 맞추다 보니 혁명의 의의를 간과하는 경우가 많다. 1908년 여름 봉기를 주도한 진보통일위원회 지도자들이 선언한 혁명의 목표와 주된 요구는 입헌 체제 부활이었지만, 그것이 전부는 아니었다.

사실 청년튀르크 혁명의 주된 목표는 네 가지였다. 첫째, 오스만제국 정치에 외국이 개입하는 것을 막으려 했다. 특히 강대국들이 마케도니아에 도입하려는 개혁 프로그램을 방해하려 했다. 둘째, 비(非)튀르크 민족-종교 집단의 민족주의-분리주의 활동을 강력히 저지하려 했다. 셋째, 국가기구를 강화해 중앙집권적 정부를 만들려 했다. 마지막으로 오스만주의를 내세우면서도 튀르크인을 오스만제국 핵심이자 지배 세력으로 설정해 공식 이념 오스만주의를 재해석하려 했다. 다시 말해, 청년튀르크 혁명은 다른 혁명처럼 국가를 겨냥한 것이 아니라 붕괴와 해체가 불가피해 보이는 국가를 구하려는 시도였다. 분명 입헌주의가 혁명의 목표였지만, 마법의 표어처럼 쓰이면서 다른 목표들은 입헌주 뒤로 밀려났다.

청년튀르크 혁명에서 눈에 잘 띄지 않는 몇 가지를 주목해보면, 이 혁명은 전간기 유럽 전역에서 무서울 정도로 친숙해진 급진적이고 새로운 일당 지배 정치 체제가 등장하는 결정적 순간을 보여준다. 통일진보위원회는 술탄을 두었지만, 꼭두각시로 만들었고, 의회를 부활시켰지만, 통일진보위원회 명령에 따라 법률을 제정하는 기관으로 전락시켰다. 황실, 관료제, 군대 내부에서 기존 정부 기구를 통해 막후에서 활동하며 권력을 쥔 쪽은 바로 통일진보위원회였다.

'청년튀르크 혁명'은 '튀르크인'의 혁명을 떠올리게 하지만, 1908년 여름에 일어난 일은 튀르크인만의 사건으로 볼 수 없다. 이 혁명은 다민족·다종교 제국 차원에서 진행되었고, 학교 교과서는 혁명의 영향을 받은 지역이 알바니아 스쿠타리(이쉬코드라/현재 슈코더르)에서 이라크 바스라까지였다고 정확하게 기술한다. 결과적으로 혁명은 현재 튀르키예 국경을 훨씬 뛰어넘어 전 세계에 영향을 미쳤다.

또, 다양한 민족-종교 집단의 개인과 조직이 이 운동에 참여하거나 도움을 주었다. 예를 들어, 마케도니아-루마니아어를 사용하는 쿠초-블라흐족(또는 마케도니아에서 스스로 아로마니아인이라고 부르는 친차르족) 다수가 마케도니아 진보통일위원회 네트워크에 합류했고, 마케도니아의 내부마케도니아-아드리아노플혁명조직 좌파는 마지막에 혁명 활동을 지원했다. 특히 오스만제국 유럽 영토 무슬림 대다수를 차지하는 알바니아인들의 지지가 중요했다. 튀르크계가 파리와 테살로니키에 있는 진보통일위원회 국내외 본부를 장악했지만, 이른바 '민족부대'를 이끈 장교들과 여기에 합류한 병사들은 상당수 알바니아인이었다. 혁명에서 튀르크인은 대부분 감독과 지휘를 맡았고, 알바니아인은 현장에서 활약했다. 마찬가지로 7월 22~23일 사건 며칠 전 피르조빅(현재 코소보공화국 페리자이)에서 열강의 간섭에 반대하는 알바니아인들의 시위 덕분에 혁명이 성공하고 입헌 체제가 부활할 수 있었다. 처음에 알바니아인들은 이 봉기를 그들의 정당한 투쟁이라고 생각했지만, '청년튀르크'와의 일체감은 오래가지 못했다.

혁명 후 통일진보위원회와 알바니아 민족주의자들 사이에는 격렬한 갈등이 있었고, 1912~1913년 알바니아가 제국에서 분리되면서 알바니아 민족주의자들에게 혁명의 중요성은 급속히 퇴색했다. 그 후 알바니아 역사학계와 대중문화에서 청년튀르크 혁명은 알바니아인을 속이고 오스만제국을 향한 애국심을 악용한 통일진보위원회의 계략으로 그려졌다. 그 결과 알바니아 역사학계에서 혁명의 위대한 전쟁 영

웅 알바니아인 아흐메드 니야지 베이 상급대위조차 튀르크 민족주의
자들에게 속아 조종당한 어리석은 하수인으로 재평가되었다. 이런 역
사 수정주의는 비단 알바니아만의 현상이 아니다. 아랍 지역에서는 혁
명으로 선거, 정치 참여, 언론 자유가 도입되었지만, 그 후 일어난 상황
(특히 강압적 중앙집권화 시도, 이후 아랍 민족주의자들을 처벌하는 정책, 제국의 해
체) 때문에 전후 아랍 지식인들은 이 혁명을 튀르크 민족주의 조직이
집권한 쿠데타로 다시 서술했다.

제1차 세계대전 이후 탄생한 중동 국가들과 오스만제국을 밀어내
고 영토를 넓힌 발칸 국가들에서 청년튀르크 혁명에 관한 기억은 빠르
게 사라졌다. 혁명은 신생 국가들과 연관성을 찾으려 했지만, 심리적으
로 먼 과거에 일어난 '튀르크인'의 사건으로 격하되었다. 따라서 1920
년대 알바니아를 포함한 옛 오스만제국 영토에서 이 혁명은 오랫동안
잊혔다. 유일한 예외는 새로 생긴 튀르키예공화국이었다.

그러나 튀르키예에서도 이 혁명은 동시대 러시아와 페르시아 혁
명처럼 오래 지속되는 유산을 물려주지 못했다. 혁명 직후 1909년 통
일진보위원회는 7월 23일을 제국의 유일한 국경일로 선포하는 법을 통
과시켰다. 사회 참여 지식인들과 대중문화는 1908년 혁명을 부패하고
억압적 옛 체제를 근대적·진보적 정부로 교체한 중요한 사건으로 받아
들였기 때문에 오스만제국이 끝날 때까지 이 혁명을 떠받들었다. 튀르
크독립전쟁(1919~1922) 기간 전쟁 지도자들은 이날을 화려하고 성대하
게 기념할 여력이 없었지만, 청년튀르크 선배들을 높이 평가했다. 오스
만제국이 항복하면서 맺은 무드로스정전협정(1918)에 저항하기로 한
최초의 튀르키예 전국 회의는 1923년 7월 23일 동부 도시 에르주룸에
서 개최되었고, 1908년 혁명에 경의를 표하며 향후 투쟁이 혁명의 연

속이라고 결의했다.

그러나 튀르크독립전쟁이 끝나고 1923년 튀르키예공화국이 수립되면서 청년튀르크 혁명에 대한 태도가 달라졌다. 건국자 무스타파 케말 아타튀르크가 주창한 새 공화국의 공식 이념은 〈튀르크 역사론〉이라는 독특한 역사관을 바탕으로 했다. 신석기 시대 원시 튀르크인이 중앙아시아에서 기원해 문명을 창시한 후 전 세계에 전파했다고 가정한 이 학설에 따르면, 튀르크인의 길고 찬란한 과거 속에서 오스만제국의 역사는 보잘것없는 것이었다. 따라서 1930년대 역사학계는 오스만제국의 역사적 흔적을 지우려고 원시 튀르크인의 업적에 초점을 맞추었다. 마찬가지로 튀르키예공화국은 탄지마트 시대(1839~1876) 오스만제국의 개혁과 공화국 사이의 연속성을 강력하게 부정하고, 오스만제국과 공화국을 둘로 나누는 단절의 언어를 채택했다. 청년튀르크 혁명은 곧 공화국이 부정하는, 그저 과거에 일어난 '오스만제국'의 사건이 되어버렸다.

무스타파 케말은 진보통일위원회에 몸담았고 혁명 활동에도 참여했지만, 당시 그의 역할은 미미했다. 그는 남아있는 진보통일위원회 지도자들이 새로운 튀르키예에서 정치조직을 만들도록 허용하지 않았다. 암살 미수 사건 후 무스타파 케말이 설치한 비공식 법정이 전 통일진보위원회 지도자들을 재판하고 1926년 이들 중 다수에게 사형 선고를 내렸을 때 이들을 향한 무스타파 케말의 반감은 극에 달했다. 신생 국가가 통일진보위원회를 철저히 비난하자 통일진보위원회의 청년튀르크 혁명을 인정하는 것은 더욱 문제가 되었고, 정치적으로도 어리석은 짓이었다. 1908년 혁명의 위대한 영웅이자 무스타파 케말의 경쟁자 엔베르 파샤는 제국을 망친 모험주의자로 묘사되어 비판과 비난을 받았다. 이런 정치적 책략 때문에 튀르키예 국민은 청년튀르크의 유산을 부정적으로 바라봤다. 공화국은 1934년까지 1908년의 7월 23일을 국경일로 기념했지만, 이후 공화국을 선포한 1923년의 10월 29일을 주요 국경일로 지정하면서 7월 23일의 중요성은 희미해졌다. 급기야 1935년 제정된 법률은 7월 23일을 국경일에서 제외했다.

오늘날 튀르키예 일반 국민에게 7월 23일은 특별한 날로 기억되지 않으며, 집단 기억 속에도 사라졌다. 고학력자도 이날의 중요성을 제대로 설명하지 못한다. 역사 교과서는 이 사건을 단 몇 문장으로 짧게 언급한다. 튀르키예 언론인들은 여전히 7월 24일을 '검열 폐지' 기념일로 기리지만(의회가 재개된 후 신문 편집자들은 국가 검열관에게 교정본을 보내지 않았다), 〈언론 자유의 날〉에도 이런 상황을 가능하게 한 혁명을 거론하지 않는다. 튀르키예에서 대혁명 100주년 기념일조차 몇몇 학술회의를 제외하고는 국민의 관심을 받지 못했다.

1980년대 이후 튀르크 민족주의자들이 통일진보위원회 지도자들을 복권했지만, 대중은 청년튀르크 혁명에 관심이 없었다. 1922년, 현재 타지키스탄 아브데리야 마을 인근에서 볼셰비키에게 살해된 엔베르 파샤의 유해가 튀르키예로 돌아와 1996년 국가의 예우를 받으며 이스탄불 순교자 묘지에 안장되었을 때, 추모객들은 엔베르 파샤를 청년튀르크 혁명 영웅이 아니라 숭고하게 희생한 범(汎)튀르크주의자임을 강조했다.

1908년 사건은 오랫동안 잊힌 혁명이 되어 오늘날 튀르키예 국민의 자아 인식 및 가치관과 아무 의미나 연관이 없다. 많은 튀르키예 국민에게 역사는 공화국 수립과 함께 시작된다. '튀르크 혁명'은 공화국 초기에 만들어진 문구로, 1908년이 아니라 튀르크독립전쟁이 시작되고 1938년 무스타파 케말 아타튀르크가 죽을 때까지 기간을 지칭하며, 이 20년을 점진적이고 유일무이한 튀르크 혁명으로 표현한다. 이와 달리 오스만제국 역사를 튀르크인의 영광스러운 역사의 일부로 여기는 사람들은 청년튀르크 혁명을 언급하기는 하지만, 오스만제국의 마지막 위대한 술탄 압뒬하미드 2세를 퇴위시킨 재앙으로 기억한다. 지난 20년 동안 압뒬하미드 2세를 정치적으로 복권하려는 움직임이 큰 힘을 얻으면서 청년튀르크 혁명은 제한적이지만 새로운 관심을 받기도 했다. 그러나 이 혁명이 서양 제국 침략으로부터 전 세계 무슬림을 보호하려고 최선을 다한 경건한 범(汎)이슬람주의자 술탄을 축출하려는 프리메이슨과 유럽이 꾸민 음모였다는 수정된 시각이 나오기도 했다.

　더 위대하고 급진적이며 중요한 혁명들이 1905~1911년에 일어난 입헌 혁명들을 퇴색시켰다. 볼셰비키 혁명은 1905년 러시아 혁명을 그 전신으로, 1979년 이란 혁명은 1905~1906년 페르시아 혁명을 역사의 먼지로, 1949년 중국 공산주의 혁명은 신해혁명을 서양 제국주의에 맞선 첫 번째 반발로 축소했다. 그러나 1908년 이후 옛 오스만제국 영토에서 일어난 어떤 정권 교체나 혁명도 그 범위, 영향력, 중요성 면에서 청년튀르크 혁명을 능가하지 못했다. 그런데도 청년튀르크 혁명은 특히 동시대 혁명들과 비교했을 때 혁명의 계승자가 없었다. 혁명이 구하려 했던 오스만제국이 사라졌기 때문이다. 튀르키예를 제외하고 오스만제국에서 독립한 국가들 모두 오스만제국 역사를 '튀르크인의 멍에' 아래 치욕스러운 지배를 받은 시기라고 생각했다. 그러나 1908년 혁명은 튀르크인의 지배를 강화해 조금이라도 오스만제국의 수명을 연장하려 한 사건이었기 때문에 신생 국가들의 생각과 전혀 맞지 않았다.

현대 튀르키예 건국자들은 청년튀르크 혁명의 유산을 받아들일
수 있었고, 이들 모두 진보통일위원회 소속으로 혁명에 참여했다. 그러
나 1905~1906년 입헌 혁명 연장선상에서 개혁을 선전하려 한 이란의
파흘라비 왕조, 1905년 혁명을 10월 혁명으로 가는 길을 놓은 '첫 번
째' 혁명으로 칭송한 볼셰비키, 1911년 혁명을 반제국주의 봉기로 찬
양한 마오쩌둥과 달리 튀르키예공화국 지도자들은 1923년 튀르크독립
전쟁을 출발점으로 새로운 책을 쓰기로 했다. 이 책에 20세기 초 최단
기 혁명이었던 1908년 청년튀르크 혁명이 들어갈 자리는 없었다.

아흐메드 니야지 베이

부유한 알바니아계 지주이자 장교 아흐메드 니야지 베이(1873~1913)는
1908년 혁명을 대표하는 지도자였다. 1907년 레스네(현재 북마케도니아
공화국 레센)에 주둔할 때 진보통일위원회에 합류했다. 마케도니아 분할이
임박했다는 소문에 놀라 진보통일위원회 게릴라 부대를 창설했으며, 레스네
에 있는 오스만제국 군대를 습격해 헌법 부활을 요구하는 선언문을 발표하
고 7월 22~23일 모나스티르를 점령했다. 혁명의 영웅으로 널리 추앙받으며
1909년 4월 반혁명 세력을 물리치는 데 주도적 역할을 했다. 1908년, 회고
록을 출간하고 1913년 암살당할 때까지 통일진보위원회 유명 인사로 활동
했다.

이스마일 엔베르 파샤

이스탄불 태생 군인 이스마일 엔베르 파샤(1881~1922)는 1906년 테살로
니키에서 설립되어 1907년 진보통일위원회 국내 본부가 된 오스만자유협회
에 가입했다. 1908년 7월 마케도니아 산악지대에서 진보통일위원회 게릴라
부대를 창설했다. 혁명 후 오스만제국 군대에서 활동을 재개해 1912년 이탈
리아-오스만 전쟁 중에는 벵가지(현재 리비아)에서 복무했고, 정치적 입지
를 쌓은 뒤 발칸전쟁(1912~1913)에서 불가리아로부터 에디르네를 탈환했
다. 1913년부터 제국을 통치한 삼두정치의 1명으로서 1914년 독일과 동맹
을 맺었고, 1918년 망명길에 올랐다. 망명 중에 볼셰비키와 연대해 1920년
바쿠에서 열린 동방민족회의에 참석했지만, 그 후 볼셰비키와 결별하고 튀
르크계 민족들로 볼셰비키에 대항하는 조직을 결성하려 했다. 그리고 1922
년, 투르키스탄에서 붉은 군대에게 살해당했다.

연표

1839년	귈하네(장미의 방) 칙령으로 오스만제국이 탄지마트로 알려진 행정개혁을 도입하고 법치주의를 확인하다
1853~1856년	크림전쟁에서 프랑스, 영국과 동맹을 맺은 오스만제국이 러시아를 물리치다
1856년	개혁 칙령으로 탄지마트 개혁을 확인하고 비(非)무슬림에게 완전한 평등을 보장하다
1876년	술탄 압뒬아지즈가 폐위되어 무라드 5세로 교체되고 3개월 후 다시 압뒬하미드 2세로 교체되다 오스만제국이 콘스탄티노플회의에서 국제적 압력을 피하려고 헌법을 공포하다
1877~1878년	오스만제국이 러시아에 패배하다
1878년	
2월	술탄이 오스만제국의회를 중단시키다
7월	베를린회의에서 루마니아, 몬테네그로, 세르비아의 독립이 승인되고, 불가리아는 폭넓은 자치권을 얻지만, 오스만제국은 보스니아-헤르체고비나와 키프로스를 잃다
1889년	헌법의 부활을 촉구하려고 오스만통일위원회가 설립되다
1895년	이 위원회가 통일진보위원회로 이름을 바꾸다
1906년	이 위원회가 '청년튀르크'의 포괄 정치조직 오스만진보통일위원회로 다시 이름을 바꾸다
1908년	
6월 12일	영국의 에드워드 7세와 러시아 황제 니콜라이 2세 간 정상회담에서 영국과 러시아가 오스만제국을 해체한다는 소문이 돌다
6~7월	마케도니아에서 진보통일위원회가 봉기하다
7월 24일	술탄이 헌법을 부활시키다
12월	의회가 다시 열리다
1909년	반(反)통일진보위원회 혁명이 실패하고, 통일진보위원회가 주도하는 의회가 압뒬하미드 2세를 폐위하고 메흐메트 5세를 즉위시키다
1912~1913년	발칸전쟁에서 오스만제국이 유럽 영토를 대부분 잃다
1914년	제1차 세계대전에 오스만제국이 동맹국 진영에 참전하다
1919년	1918년 오스만제국이 패전한 후 독립된 튀르크 민족국가를 세우려는 튀르크민족운동이 시작되다
1919~1922년	연합군에 맞서 튀르크독립전쟁이 벌어지다

1920년	세브르조약으로 오스만제국의 남은 영토가 분할되다
1922년	오스만제국의 술탄제가 폐지되다
1923년	튀르키예공화국이 수립되다

멕시코 혁명,
1910~1917

하비에르 가르시아디에고

멕시코 혁명은 20세기 최초의 혁명 중 하나로서 전체 인구 1,500만 명 중 100만 명이 죽고, 20만 명의 난민을 낳은 유혈 혁명이었다. 이후 일어난 대부분의 혁명들과 달리 카를 마르크스 사상의 영향을 거의 받지 않았다. 이 혁명은 독재자 포르피리오 디아스 대통령의 장기 집권에 대한 자유주의자들의 반발, 자유 민주화를 위한 투쟁, 계급 갈등, 토지개혁 운동, 지역 분쟁 등 모든 것이 얽혀 시시각각 동맹세력과 진행 상황이 바뀌었다. 혁명이 끝난 연도를 특정할 때 1917년, 1920년, 1929년, 1940년이 거론된다는 점에서 혁명이 얼마나 복잡했는지 알 수 있다.

멕시코 혁명은 이후 다른 혁명들과 다르게 이념이 획일화된 일당 국가가 아니라(20세기에는 대부분 혁명 정당을 내세운 정당들이 집권했지만) 헌법을 개혁해 점진적으로 사회경제적 근대화를 달성했다. 그러나 혁명의 기억은 논쟁이 있지만, 지금도 멕시코인의 정체성에 매우 중요하며, 멕시코 정치에서 성공하려면 혁명의 유산을 계승했다고 주장하는 것이 매우 중요하다.

피터 퍼타도

❖ ❖ ❖

1910년 혁명은 멕시코 현대사, 더 나아가 쿠바 혁명 이전 현대 라틴아메리카에서 가장 중요한 사건이다. 다른 많은 혁명과 마찬가지로 실현하지 못한 약속도 있었지만, 그보다 더 중요한 것은 혁명이 가져온 변화다. 멕시코 혁명의 변함없는 중요성은 군사적·정치적 특징, 포퓰리즘, 문화적 파장, 국제적 의의, 그 상징적이며 장엄한 기억에 있다.

모든 혁명이 그렇듯 멕시코 혁명도 여러 단계를 거쳤으며, 이전 정권의 총체적 위기가 발단이었다. 포르피리오 디아스(1830~1915) 장군이 집권한 34년(1877~1911)은 포르피리아토(Porfiriato)라고 불렸다. 디아스 집권 전까지 19세기 멕시코는 혼란과 불안을 겪었고, 디아스는 자신이 속한 자유주의와 보수주의 세력 간에 벌어진 전쟁 속에서 공직 생활을 시작했다. 역사가들은 19세기 초를 스페인과 싸운 독립전쟁(1810~1821), 텍사스 상실(1835~1836), 국토 절반을 잃은 미국과의 전쟁(1846~1848), 프랑스의 개입(1862~1867)으로 점철된 '무정부 상태의 시대'라고 불렀다. 당시 이런 주요 사건 외에도 반란과 쿠데타가 끊이지 않았고, 이념적 성향이 다른 정부 수백 개가 시기를 달리하며 권력을 장악했다.

포르피리오 디아스가 19세기에 처음으로 멕시코에 안정과 질서를 확립해 멕시코는 괄목할 만한 경제 성장을 달성할 수 있었고, 그 결과 근대적 중산층과 산업 노동자가 등장했다. 그러나 소수 가문이 대토지를 소유하고, 국가의 주요 정치인들과 유착한 외국인 투자자들이 산업, 철도, 광업, 석유 사업을 운영하는 과두적·신식민주의 경제 모델이 두드러졌다.

안타깝게도 경제 성장에 반해 사회는 성장하지 못했고, 불평등이 심각했다. 무엇보다도 정치 제도는 근대화될 기미가 보이지 않았다. 헌법은 무시되었고, 삼권 분립은 행정부가 입법부와 사법부를 완전히 장악하는 것으로 변질했으며, 중앙에 집중된 권력은 연방주의를 좌절시켰고, 언론의 자유는 사라졌다. 또, 재선을 자유롭게 허용하는 정책 때문에 정권의 연속성이 정치 안정과 동일시되었고, 선거도 마찬가지였다. 결국 노쇠한 정치계급은 정치적 목소리를 내고 싶어 하는 젊은 세대에게 외면당했고, 분노와 반감이 고조되었다.

1910년에 80세가 되는 포르피리오 디아스를 지지하는 두 주요 그룹, 과학 원리에 따라 통치해야 한다고 믿는 이른바 '과학자 그룹'과 베르나르도 레예스(1850~1913) 장군 그룹이 권력을 승계하려고 충돌했다. 1904년, 디아스가 부통령직을 신설해 과학자 그룹 중 1명을 부통령으로 임명하자 레예스 장군 지지 세력은 반대파가 되었다. 한편 중산층은 디아스에게 자유주의 원칙을 지키고 선거에 재출마하지 않겠다는 약속을 요구하면서 민주화를 추진했다. 프롤레타리아도 경제적 혜택과 노동자의 권리를 요구했지만, 디아스가 이 요구를 거부하자 1906년 국경도시 카나네아에서 광부들이, 1907년 전략적 요충지 베라크루스 항구 근처 리오블랑코에서 섬유 노동자들이 폭동을 일으켰다. 두 반란 모두 진압은 되었지만, 디아스는 근대가 요구하는 문제를 해결할 수 없었고, 그의 재선에 반대하는 운동을 인정하지 않았다는 점에서 확실히 시대에 뒤떨어진 인물이었다. 북동부의 가장 부유한 가문 출신으로 이 운동을 이끈 프란시스코 마데로(1873~1913)는 선거 도중 투옥되었다.

1910년 말, 포르피리오 디아스가 7선에 성공한 후 마데로는 감옥을 탈출해 수감되었던 마을 이름을 따 무장 투쟁을 촉구하는 〈산루이스포토시 계획〉을 발표했다. 디아스 연임에 반대하는 사람들은 무장 투쟁 경력이 없었기 때문에 마데로의 호소는 별다른 호응을 얻지 못했다. 이들은 대부분 도시 중산층이었고, 무장 반란보다는 정치적 반대를 원했다. 따라서 무장 행동은 마데로를 지지하는 소수 노동자에게만 호소력을 발휘했다.

역설적으로 이 무렵 다른 진영에서 무장 운동이 구체화하면서 평화로운 정치적 반대 운동은 혁명으로 바뀌었다. 연임 반대 운동과 별개로 북부의 치와와(가장 적극적), 코아우일라, 소노라의 가난한 농민들이 무기를 들었다. 그 후 중남부의 모렐로스와 게레로에서 농민 그룹들이 들고일어났다. 이들은 소규모로 기습 공격하고 흩어졌다가 다시 모이는 게릴라 전술을 구사했다. 이들을 이끈 파스쿠알 오로스코(1882~1915), 판초 비야(1878~1923), 에밀리아노 사파타(1879~1919)는 유명해졌다. 이들은 디아스의 동료들로 구성된 늙은 장교 계급과 30년 넘는 태평성대로 실전 경험이 없는 병사들을 보유한 연방군에 맞섰다. 6개월 만에 디아스는 패배했고, 1911년 중반 대통령직에서 물러나는 것에 동의했다.

그러나 지주였던 마데로는 농민 출신 병사들을 인정하지도 신뢰하지도 않았고 디아스가 물러나자 군대를 해산하기로 했다. 또한 1910년에 실시된 부정선거가 대통령과 부통령의 사임으로 무효가 되었기 때문에 새로운 선거를 조직하려고 디아스의 부역자에게 임시 대통령직을 맡겼다. 디아스 다음에 마데로가 권력을 잡았지만, 그 또한 무기를 든 사람들의 요구를 만족시키지 못했다. 예를 들어, 사파타 추종자들은 그들의 땅을 되찾고 싶었고, 목표를 달성할 때까지 봉기를 계속했다.

슬프게도 마데로는 정부를 무너뜨리는 것보다 새로운 정부를 세우는 것이 더 어렵다는 것을 깨달았다. 1911년 말 마데로는 대통령이 되었지만, 통치에 필요한 경험이 부족했다. 그의 정부는 취약하고 불안했으며 곧 완전히 고립되었다. 의회와 언론은 정부에 합법적으로 반대했지만, 불법적 반대도 심각했다. 1년도 되지 않아 네 차례의 대규모 반란이 일어났다. 엘리트들은 정부가 제안한 정치, 경제, 사회 개혁을 받아들일 수 없었고, 가난한 사람들은 지나치게 온건하고 미진한 개혁안을 배신으로 생각했다. 마데로에 대한 네 번의 반란 중 두 번은 정치 엘리트들이 주도했는데, 하나는 레예스 장군이, 다른 하나는 포르피리오 디아스의 조카 펠릭스 디아스(1868~1945)가 권력을 되찾으려고 일으킨 반란이었다. 이와 대조적으로 나머지 두 번은 사회적 대의에 뿌리를 둔 민중 봉기로서 사파타 추종자들은 토지를, 오로스코 추종자들은 다양한 사회 개혁을 요구했다.

오로스코의 봉기가 가장 크고 중요했다. 디아스에게 맞서 싸웠던 병사들 상당수가 정부에 대항해 봉기하자 마데로는 전투 경험이 있는 병사들로 정부군을 보강했다. 이들은 비정규부대 혹은 농촌부대로 불렸고, 여기에는 판초 비야와 알바로 오브레곤(1880~1928)이 있었다. 그 결과 삼자 대립 구도 속에서 오로스코 파벌이 1912년 중반에 패배했다. 연방군은 장교 계급을 개편해 사기를 높이고 새로운 지도자 빅토리아노 우에르타(1850~1916)를 얻었다. 마지막으로 비정규부대 혹은 농촌부대는 체계적으로 조직되어 마데로와 마데로를 지지하는 북부 주지사들과 연대했다.

마데로는 네 차례 반란을 격퇴할 수 있었지만, 우에르타를 수장으로 한 연방군의 쿠데타로 몰락했다. 마데로는 1913년 2월에 권좌에서 쫓겨나 암살당했다. 연방군을 비롯해 쿠데타 공모자들은 디아스 시대 정치 엘리트들과 마데로의 개혁에 불만을 품은 헨리 레인 윌슨 미국 대사였다. 쿠데타 지도자들은 신속하게 재계와 지주들에게서 지지를 얻었지만, 1913년 민주당 우드로 윌슨(1856~1924) 미국 대통령이 이전과 달리 멕시코에 이성적·객관적 태도를 보이면서 순식간에 미국의 지지를 잃었다.

우에르타가 정권을 찬탈하면서 중단한 1857년 헌법을 시행하려는 멕시코 혁명의 두 번째 단계, 즉 우에르타에 맞선 입헌파(立憲派) 운동 단계가 개시되었다. 1913년 3월 〈과달루페 계획〉에 따라 베누스티아노 카란사(1859~1920)는 입헌파 군대를 창설했다. 카란사는 코아우일라 주지사였고, 디아스 대통령 시대에는 레예스 파벌로 상원의원을 지냈기 때문에 마데로 진영에서 유일하게 정치 경험이 있었다. 그는 주지사를 중심으로 조직을 구축하고 북동부 다른 주들로 확장했다. 그의 측근과 정치적 동맹들이 이인자 역할을 맡았다. 일반 병사들은 지역 비정규부대와 농촌부대 외에 노동자, 광부, 카우보이, 철도 직원, 농민, 주 정부 하급 관리들로 이루어졌다. 당연히 이들은 군사보다 정치와 행정 분야에서 많은 기여를 했다.

입헌파 군대에는 주요 부대가 2개 더 있었다. 북서군단은 소노라 출신 알바로 오브레곤, 벤하민 힐, 살바도르 알바라도, 플루타르코 엘리아스 카예스, 마누엘 디에게스가 이끌었고, 카나네아의 노동자 지도자 디에게스를 제외하면 모두 농촌 또는 도시 중산층 출신이었다. 이들은 마데로가 디아스에게 승리하면서 얻은 정치적 지위를 유지하려고 했다. 일반 병사들은 비정규부대와 농촌부대를 주축으로 카우보이,

철도 노동자, 농장 노동자, 직원들로 구성되었다. 이들은 카란사의 북동부 병사들과 두 가지가 달랐는데, 소노라에서는 정치에 관여한 카나네아 출신 광부들과 전투에 뛰어난 야키족과 마요족 원주민들이 합류했다.

마지막으로 중북부에서는 판초 비야의 북부사단이 결성되었다. 비야의 주요 부관들은 토마스 우르비나(약 1877~1915)처럼 도적 출신의 미천한 신분이었다. 비야의 병사들은 비정규부대와 농촌부대 및 광부, 카우보이, 농장 노동자, 목재 회사 직원들이 주를 이루었다. 특히 치와와에서는 무장한 농장 지역에 많은 전투 베테랑이 있었다. 이들은 정치와 행정 경험이 적었지만, 전투 능력으로 그 부족한 점을 보완했고, 무장 운동에 대한 민중의 지지를 이끌어냈다.

1913년 투쟁은 더 넓은 지역에서 전개되었고, 사회 구성도 더 복잡했다. 게다가 세 지역 모두 1910년보다 더 많은 사회 하층민들이 투쟁에 참여했다. 당시 카란사의 북동부 지도자들은 주지사와 지방 정치 엘리트들이었고, 북서부(소노라) 지도자들은 정치 경험이 거의 없는 중산층이었으며, 비야의 북부사단은 정치 경험이 전무한 하층민들이었다. 한편, 1910년에 일어난 사건과 비교하면, 북동부의 마데로와 카란사 사이에 분명한 차이가 있었다. 마데로는 중앙 정부 경제 엘리트였고 카란사는 지방 정치 엘리트였다. 마찬가지로 소노라의 오브레곤과 다른 중산층들은 1910년 해당 지역에서 투쟁한 지도자 대지주 호세 마리아 마이토레나와 계층이 달랐다. 마지막으로 판초 비야는 1910년 당시 중산층 배경을 가진 치와와의 지도자 아브라암 곤살레스와 파스쿠알 오로스코와 달리 미천한 신분이었다.

그 외 많은 지역, 특히 모렐로스와 게레로에도 여러 반란 단체들이 있었고, 1911년부터 '개혁, 자유, 정의, 법!'을 표방한 〈아얄라 계획〉 아래 무장한 사파타 추종자들은 엘리트들이 장악한 토지의 반환을 요구하는 운동을 주도했다. 과격한 이들은 우에르타에 맞서 싸웠다. 우드로 윌슨 대통령에게서 지원을 거부당하고, 광범위한 지역에서 장비를 잘 갖춘 유능한 군대와 맞닥뜨린 우에르타는 1914년 중반 패배했다.

　우에르타에 대항한 입헌파 군대가 승리하면서 멕시코 혁명은 세 번째 단계로 접어들었다. 승리한 주요 혁명 세력 간 합의가 실패한 후, 1915년 초 다시 폭력이 발생했고, 국가 발전을 위한 프로젝트의 우선순위를 놓고 '파벌 투쟁'이 벌어졌다. 이 투쟁으로 명확한 사회 정체성에 기반한 새로운 동맹이 탄생했다. 중산층 배경과 국가에 대해 보다 성숙하고 포괄적인 구상을 가진 카란사와 오브레곤의 군대가 입헌파 그룹을 결성했다. 반면, 북부의 비야와 남부의 사파타 군대는 〈아구아스칼리엔테스 회의〉의 이름을 따서 하층 계급 특징이 뚜렷한 회의파(會議派) 그룹을 만들었다.

　처음에는 강력한 북부사단과 무서운 사파타 추종자들 때문에 회의파가 우세할 것으로 예상되었지만, 1915년 말 입헌파가 결정적 승리를 거두었다. 제1차 세계대전이 발발하면서 비야 군대에 필요한 무기와 탄약 가격의 가파른 상승과 함께 카란사와 오브레곤 군대가 철조망을 새롭게 사용하면서 비야의 기병대가 치명적 타격을 입는 등 군사적 요인이 일부 작용했다. 경제적 요인도 입헌파에게 유리했는데, 유럽에서 전쟁이 났을 때 입헌파는 전략적 요충지인 석유 생산 지역을 장악하고 있었다. 반면, 회의파는 멕시코시티를 점령했지만, 유지하는 데 막대한 비용이 들었다. 특히 입헌파는 중산층을 위협하지 않고 민중의 지지를 얻을 수 있었지만, 비야와 사파타 추종자들은 계급투쟁에만 주력해서 고립을 자초했다. 게다가 자기 지역 문제에 집중한 사파타 추종자들은 '파벌 투쟁'에서 비야 군대와의 협력을 거부했다.

　　미국은 승리한 쪽을 외교적으로 승인할 준비를 하면서 사태를 '예의주시하며 관망'하는 자세를 취했다. 결국 입헌파가 승리하자 미국은 1915년 10월 사실상 이들을 승인했다. 이듬해 카란사는 전국으로 세력을 넓히고 공고히 한 후 1916년 말 제헌의회를 소집해 1917년 헌법을 공포했다. 이 헌법은 승자들이 초안한 전쟁 헌법이었고, 이후 멕시코가 추구할 발전 전략을 수립한 것이었다. 멕시코 독립 후 만든 1824년 헌법이나 아유틀라 반란에서 자유주의자가 보수주의자에 처음으로 승리한 후 제정한 1857년 헌법도 마찬가지였다.

　　1917년 헌법 초안은 7년간 무장 투쟁이 제시한 사회경제적 약속과 제안을 바탕으로 작성되었다. 또한 1906년 초 멕시코 혁명의 선구자로 불리는 리카르도 플로레스 마곤(1873~1922)의 지지자들이 자유당을 위한 비전 프로그램에서 제안했던 여러 아이디어를 채택했다. 이 헌법에 따라 멕시코는 산업 및 농촌 노동계급과 연대해 혁명을 이끈 중산층의 지배를 받게 되었다. 노동계급의 지위는 낮았지만, 농지개혁과 노동자의 권리 등 상당한 사회경제적 혜택을 얻을 수 있었다.

　　1910년에 시작된 혁명이 끝난 시점은 정확하지 않다. 일부 참전 용사들과 많은 역사가는 새로운 헌법이 공포되어 멕시코의 정치적 변화와 사회적 약속을 확정한 1917년이어야 한다고 주장한다. 다른 일부는 중산층으로 분류된 북서부 출신 혁명 세력이 권력을 잡고 노동계급의 요구대로 지역 정치에 노동계급을 참여시킬 준비가 된 1920년이라고 주장한다. 그러나 또 다른 일부는 대통령직을 노린 혁명 그룹 간의 폭력으로 마무리된 1920년, 1924년, 1928년 선거 이후 주요 파벌과 그룹이 합의해 국가혁명당을 창당한 1929년이 옳다고 주장한다. 그해에는 1926년부터 중서부에서 종교 전쟁을 벌인 가톨릭교도들과의 평화 협정도 체결되었다. 마지막으로 멕시코 혁명에서 가장 급진적 조치, 즉 농지개혁, 노동운동 지원, 석유 산업 국유화를 실행한 라사로 카르데나스 대통령의 임기가 끝난 1940년에 혁명이 끝났다고 주장하기도 한다.

멕시코 혁명이 언제 끝났든 간에 혁명은 많은 성과와 부작용을 낳았다. 포르피리오 디아스의 독재와 지주의 과두정에 기반한 국가 개념은 사라지고 처음에는 혁명군 정부가, 나중에는 무장 투쟁 참전 용사들로 구성된 정당이 멕시코를 통치했다. 20세기 나머지 기간에 멕시코를 통치한 이 정당은 1946년부터 제도혁명당(PRI)으로 알려졌다. 중요한 것은 마데로가 처참하게 실패한 후 혁명 지도부 후계자들이 마데로의 민주적 성향을 따르지 않고 권위주의적이고 부패로 악명 높은 정부를 세웠다는 점이다. 1920~1924년 멕시코 대통령을 지낸 알바로 오브레곤은 "5만 페소짜리 대포를 견딜 수 있는 장군은 어디에도 없소"라고 비아냥거리며 말했다.

이념적으로 멕시코 혁명과 1917년 헌법에는 세 가지 사회 공약과 세 가지 주적(主敵)이 있었다. 공약은 소작농을 위한 농지개혁, 산업 노동자를 위한 노동권과 사회적 혜택, 모든 국민을 위한 국가의 무상 세속교육이었다. 주적은 지주, 가톨릭교회, 미국이었다. 종교와 관련해 가톨릭교도가 대다수인 멕시코 사회는 1926~1929년 종교 전쟁을 겪었고, 따라서 종교적 권위에 반대하는 자코뱅주의가 가미된 세속적 정부를 세웠다. 미국과 관련해 멕시코 혁명은 민족주의와 반미 노선을 계속 표명했지만, 유럽 열강이 완전히 몰락한 제1차 세계대전 후 1920년대부터 미국은 멕시코에 가장 강력한 영향력을 행사했다.

마지막으로, 혁명에서 마데로를 지지하고 그 후 회의파 편에서 싸웠던 위대한 교육자 호세 바스콘셀로스(1882~1959)를 주축으로 새로운 문화가 탄생했다. 특히 디에고 리베라, 다비드 알파로 시케이로스, 호세 클레멘테 오로스코의 벽화 운동과 혁명 이후의 멕시코 문학에서 두드러진 민족주의적이고 장대한 문화는 멕시코에 새로운 정체성을 부여했고, 상징적 지도자 비야와 사파타와 함께 주변부의 대중을 역사의 주인공으로 등장시켰다. 이런 점에서 멕시코 혁명은 50년 후 일어난 쿠바 혁명만큼 이념과 정책 면에서 급진적이지 않았다.

20세기 후반, 혁명을 계승한 정부들은 그 한계를 드러냈고, 주요 혁명가들은 권위주의적이고 부패한 정부를 떠났다. 이에 1968년 학생운동과 그 후 게릴라 운동 등 반정부 운동이 출현했다. 특히 1980년대 말 제도혁명당이 분열되어 민주혁명당이 창당되었다. 이로써 사회주의자, 공산주의자 등 멕시코의 좌파와 혁명을 현재진행형으로 생각하며 제도혁명당에 환멸을 느낀 그룹이 통합되었다. 1997년 이후 민주혁명당은 멕시코시티를 석권해왔으나 지난 몇 년 동안 경제 위기로 일부 중산층은 선거를 통한 변화를 모색했다.

이런 이유로 2018년 대통령 선거에서 카리스마 넘치면서도 편을 가르는 안드레스 마누엘 로페스 오브라도르(1953년생)의 영도 아래 국가재건운동(MORENA)이 승리할 수 있었다. 역사는 항상 현재와 연결되고, 변화하고 진행 중인 과정이다. 한 세기가 지난 지금, 우리는 멕시코 혁명의 부활을 보고 있는 것일까? 그 판단은 오직 미래의 몫이다.

프란시스코 판초 비야

멕시코 북부의 소작농이자 도적 출신 프란시스코 판초 비야(1878~1923)는 교육을 제대로 받지 못했으나, 기동성이 매우 뛰어나고 강력한 혁명 게릴라 단체, 북부사단을 이끌었다. 처음에 포르피리오 디아스에게 맞서 마데로를 위해, 그다음 우에르타에게 맞서 카란사를 위해 싸웠으며, 1914년 치와와 주지사가 되었다. 1914년 8월, 승리한 카란사와 함께 멕시코시티에 입성했지만, 카란사와 긴장이 고조되자 북쪽으로 도주했고, 그곳에서 미국을 자극해 미국이 멕시코에 개입하도록 만들었다. 그러나 미국은 비야를 체포하지 못했다. 카란사 정권에 맞서 계속 싸우다 1920년 정계에서 은퇴했고, 3년 후 알바로 오브레곤 대통령 지지자들에게 암살당했다. 혁명에서 쌓은 공적은 오랫동안 공식 기록에서 삭제되었지만, 비야는 전설로 남았다.

베누스티아노 카란사

북부의 지주 베누스티아노 카란사(1859~1920)는 훗날 새 공화국의 초대 대통령(1914~1920)이 되었다. 코아우일라 주지사로서 빅토리아노 우에르타의 반동 체제에 반대해 동맹인 알바로 오브레곤과 함께 입헌파 군대를 이끌었다. 군인이 아닌 정치인으로서 우에르타를 물리친 후 임시 정부를 세웠고, 옛 동맹이었던 판초 비야도 패배시킨 후 1917년 새 헌법에 따라 대통령이 되었다. 그러나 보수주의자로서 새 헌법이 약속한 사회경제 개혁을 실행하는 데 주저했고, 민족주의자로서 미국의 멕시코 전쟁 개입에 반대했다. 임기가 끝나기 직전 1920년, 카란사의 신중한 접근 방식에 오브레곤이 반기를 들자 멕시코시티를 탈출해 도주하던 중 암살당했다.

연표

1877년	포르피리오 디아스가 멕시코 대통령이 되다
1910년	
10월	디아스가 대통령 7선에 성공하자 프란시스코 마데로가 <산루이스포토시 계획>을 발표해 디아스에 대한 반란을 촉구하다
11월	마데로가 오로스코와 판초 비야를 설득해 디아스에 대항하는 혁명에 참여시키다
1911년	
3월	모렐로스에서 에밀리아노 사파타가 주민 반란을 이끌고, 다른 지역에서도 무장봉기가 시작되다
5월 10일	오로스코와 비야가 시우다드후아레스를 점령하다
5월 25일	포르피리오 디아스가 퇴진하다
1912년	치와와에서 오로스코가 반란을 일으키나 마데로 진영의 빅토리아노 우에르타가 오로스코를 물리치고 판초 비야를 체포하다
1913년	
2월 18일	우에르타가 마데로에 맞서 쿠데타를 일으키고 마데로는 며칠 후 피살되다
2월 19일	우에르타가 자신을 대통령으로 선언하다
3월 26일	코아우일라 주지사 베누스티아노 카란사가 우에르타와의 전쟁에서 비야, 오브레곤과 동맹을 맺고 제1통령으로 선언되다
1914년	
4월 21일	미군이 베라크루스를 점령하다
7월 15일	우에르타가 사임하고 유럽으로 도피하다
1915년	
10월 19일	미국이 카란사를 임시 대통령으로 승인하다
1916년	
3월 9일	미국의 카란사 승인에 대한 보복으로 비야가 뉴멕시코 콜럼버스를 약탈하자 퍼싱 장군이 비야를 찾으려고 군대를 이끌고 멕시코에 침입하다
12월	카란사가 새 헌법 제정을 위한 제헌의회를 소집하다
1917년	멕시코가 헌법을 채택하다
1919년	사파타가 매복 공격으로 죽다
1920년	
4월 20일	오브레곤이 카란사에 대항하는 반란을 이끌면서 카란사에 대한 지지가 무너지다

5월 20일   카란사가 살해되다

10월 26일   오브레곤이 대통령으로 선출되다

아일랜드 혁명,
1913~1923

디어메이드 페리터

잉글랜드 최초의 해외 영토로서 고통받았고, 그 후 영국 제국주의의 멍에를 짊어졌던 아일랜드는 의회 운동으로 시작했지만, 결국 혁명 전술과 수사를 통한 오랜 투쟁 끝에 제국주의 지배에서 벗어난 최초의 국가가 되었다. 그러나 아일랜드섬 분할에 따라 북아일랜드가 영국에 남고, 남아일랜드는 대영제국 자치령이 되자 상반된 견해를 가진 세력 간 참혹한 내전이 벌어졌다. 내전 후 새로 독립한 남부에서는 보수적 교회가 지배하는 국가와 사회가 탄생했다.

　　민족주의자들은 오랫동안 '자치'를 추구했지만, 점차 완전한 독립을 목표로 삼았다. 제1차 세계대전을 틈타 1916년 4월 비운의 전사들은 더블린 중앙우체국을 잠시 점거할 수 있었다. 아일랜드 혁명과 볼셰비키 혁명은 거의 동시대에 일어났지만, 아일랜드 혁명에서 사회주의 사상은 열렬한 민족주의와 가톨릭 분리주의를 외치는 목소리에 밀려 별다른 영향을 끼치지 못했다. 무엇보다도 아일랜드에서는 영국의 지배가 부당하다는 역사적 인식이 강했고, 이는 우체국 봉기가 몰고 온 격렬한 후폭풍 속에서 더욱 분명해졌다.

　　1916년, 아일랜드공화주의형제단(IRB), 아일랜드의용군, 민족주의 정당 신페인(Sinn Féin, '우리 스스로')의 무장 조직 아일랜드공화국군(IRA) 등 민족주의와 공화주의 단체들의 비밀 활동은 1922년 영국-아일랜드 조약에서 영국이 아일랜드의 제한적 독립을 인정하기 전에도, 그 후 내전에서도 민족주의자들이 성공하는 데 중요한 역할을 했다. 남부의 새로운 '자유국'은 폭력으로 아일랜드섬의 분단을 끝낼 수 없다는 사실을 인정하면서도 통일을 향한 열망과 정치적 신념으로 영국의 지배를 끝내려 했다. 아일랜드 역사에서, 특히 1960년대 후반부터 1990년대 후반까지 30년간 북아일랜드 '분쟁'에서 아일랜드공화국군은 큰 비중을 차지했다.

피터 퍼타도

1913~1923년 아일랜드 혁명은 1880년대부터 영국-아일랜드 관계를 지배해온 자치 계획이 무산된 상태에서 제1차 세계대전을 겪은 후 정치가 과격화되고 국경이 바뀌며 영국 제국주의에 대한 시각이 달라지면서 발생했다.

1800년 연합법에 따라 아일랜드는 영국 의회에 의원 100명을 보냈다. 19세기 후반 아일랜드를 대표하는 민족주의 지도자 찰스 스튜어트 파넬(1846~1891)은 아일랜드의회당(IPP)과 영국의 자유주의자들 간 동맹을 구축해 1886년 아일랜드자치법안을 발의했다. 이 법안과 1893년, 두 번째 자치법안도 부결되었지만, 1912년 허버트 애스퀴스(1852~1928) 총리의 영국 정부는 제국 내 아일랜드 전체 자치에 동의했다. 이전 두 법안과 달리 세 번째 법안은 직전에 단행된 정치 개혁 덕분에 귀족원이 거부권을 행사할 수 없었다.

17세기 영국 식민 정책의 유산으로서 신교도가 가장 많이 거주했던 아일랜드 북부에서는 연합주의자들이 자치에 격렬하게 반대했고, 1913년 얼스터의용군(UVF)이 결성되었다. 그러나 가톨릭교도가 대다수인 남부에서는 민족주의 단체 아일랜드의용군(IVF)이 자치를 관철하려 했다. 자치법안은 통과되었지만, 얼스터의 반대가 해결되지 않은 채 제1차 세계대전 동안 그 시행은 보류되었다. 얼스터의 호전성과 반란 위협, 아일랜드의회당 지도자 존 레드먼드(1856~1918)가 영국의 전쟁 활동을 지원하려고 아일랜드의용군의 영국군 입대를 독려하자(아일랜드 남성 20만 명 이상이 참전했다), 소수의 아일랜드 공화주의자들은 영국에서 완전히 분리 독립한 32개 주로 구성된 공화국을 세우려고 자치 운동의 주도권을 빼앗고, 레드먼드와 갈라선 아일랜드의용군에 침투했다.

영국이 국제 분쟁에 정신이 팔려있는 동안 자치가 별다른 진전을 보이지 않자 분리주의자들은 1916년 부활절, 더블린에서 반란을 일으켜 사람들이 열렬히 공화주의에 동조해주기를 바랐다. 비밀 결사 아일랜드공화주의형제단이 주도한 반란에는 레드먼드와 결별한 아일랜드의용군, 아일랜드시민군(ICA)의 전투적 사회주의자, 아일랜드의용군의 여성 보조 부대 아일랜드여성평의회(Cumann na mBan) 회원들이 참여했다. 이 반란군들은 영국이 만든 정체성뿐만 아니라 정치권의 보수주의도 거부했다. 이들의 열정은 기존 질서를 싹 다 바꾸려 했던 유럽 '1914년 세대'의 시각에서 볼 필요가 있다. 이 시기에는 언어적·문화적 민족주의, 군사 훈련 용어, 의회 의원들과 이들의 타협에 대한 경멸이 대세였고, 제1차 세계대전이 발발하자 '물리력'이 이 소수 급진주의자의 본격적 신조가 되었다.

이런 풍조에도 1916년에는 반란의 분위기가 조성되지 않아 속임

수와 기밀 유지가 부활절 봉기를 조직하는 데 매우 중요했다. 그러나 부활절 봉기는 1주일도 안 되어 영국군에 분쇄되었고, 이 과정에서 죽은 450명 중 대부분은 민간인이었다. 역사가 찰스 타운센드가 "억압과 도발 사이에 균형을 잡으려는 심각한 모순"이라고 표현한 것처럼 대중의 태도를 바꾼 것은 영국의 무능한 통치와 민간인 정부를 대신한 군대였다. 봉기의 여파로 지도자 16명이 처형되고 연루된 것으로 의심받은 2,000명 이상이 수감되었다. 여론이 급변하면서 아일랜드 분리주의에 공감대가 형성되었고, 1905년에 설립된 신페인은 전국 정치 운동으로 성장했다.

1918년, 아일랜드에 징병제를 확대하려는 영국의 위협은 또 다른 전환점이 되었고, 성직자, 노동자, 공화주의자들의 반대와 결합해 아일랜드 정치를 더욱 경직시켰다. 징병제는 반발이 워낙 커서 도입되지 않았다. 1916년 봉기에서 유일하게 살아남은 사령관 에이먼 데 벌레라(1882~1975)의 지휘 아래 신페인은 1918년 12월 총선에서 아일랜드의 회당을 격파하고 아일랜드에 주어진 105석 중 73석을 획득했다. 신페인 당선자들은 영국 의회에 불참하고 아일랜드 공화국을 세우는 데 전념했다. 하지만 영국과 연합주의자들은 이들의 권한을 인정하지 않았다.

1918년, 신페인이 정치적으로 승리하면서 아일랜드 입헌 민족주의자들이 19세기 후반부터 추진해온 계획은 무산되었다. 그 후 독립 전쟁이 일어나면서 신페인은 더블린에 개별 의회와 아일랜드 안에서 영국 행정부를 대체할 공화주의 지하 정부를 세웠다. 이와 동시에 군사적으로는 아일랜드의용군에서 발전한 아일랜드공화국군이 게릴라전을 펼쳤다. 이 게릴라전은 아일랜드공화국군 조직·정보국장 마이클 콜린스(1890~1922)가 지휘하기도 했지만, 현지의 역학 관계와 충동 때문에 일어나기도 했다. 약 2,000명이 죽은 독립전쟁에는 치밀한 기본 계획이 없었다. 오히려 역사가 요스트 아우후스테인에 따르면, "독립전쟁은 우연, 의도하지 않은 결과, 현지의 충동적 행동이 뒤섞인 것"이었다. 아일랜드 군사 기록보관소에 있는 자료를 보면, 1920~1921년 명목상 아일랜드공화국군은 전국에 115,550명이 있었지만, 대부분 비정규군이었고, 아일랜드공화국군 의용병들이 사용할 수 있는 소총은 3,000정에 불과했다. 독립전쟁 기간 아일랜드에서 복무한 영국군은 약 4만 명이었다.

이런 와중에 1920년 아일랜드정부법에 따라 얼스터 6개 주를 위한 별도 의회가 설립되어 북아일랜드는 새로운 주가 되었고, 아일랜드는 분할되었다. 이 법에 따라 남아일랜드도 의회를 만들 수 있었지만, 아일랜드 공화주의자들은 이를 거부했다. 이 법으로 아일랜드가 통합되리라고 기대했지만, 두 의회가 합의하지 못하면 분리된 채로 있을 수밖에 없었다. 얼스터가 남부에 합류하라고 강요하지는 않았지만, 그렇다고 얼스터가 영국에 완전히 통합될 가능성도 없었다. 결국 1920년 7월부터 1922년 7월까지 가톨릭교도 303명, 신교도 172명, 경찰과 영국군 82명, 총 557명이 죽는 종파 간 폭력은 새로운 북아일랜드의 탄생을 망쳐놓았다. 1926년, 북아일랜드 인구의 33.5%인 가톨릭교도는 대다수 민족주의자였다.

1921년 7월, 아일랜드공화국군과 영국군이 휴전하면서 협상이 시작되었고, 12월 6일 영국 정부와 아일랜드 정부 대표단이 영국-아일랜드 조약에 서명했다. 이로 인해 공화국이 아닌 대영제국의 자치령으로서 아일랜드 남부의 26개 주로 구성된 자유국(Free State)이 탄생했다. 아일랜드 협상가들은 분할을 무효로 만들 수는 없었지만, 대신 국경을 별도로 재검토하겠다는 애매한 약속을 받아냈다. 신페인 당수였던 에이먼 데 벌레라는 아일랜드 협상대표단에 들어가기를 거부하고 조약을 비난했지만, 마이클 콜린스는 신페인을 창시한 아서 그리피스(1871~1922)가 이끄는 아일랜드 협상대표단의 일원으로서 마지못해 조약에 찬성했다. 조약이 체결된 후 조약이 더 큰 자유를 향한 발판인지, 아니면 신페인이 추구한 공화국에 대한 심각한 배신인지 치열한 논쟁이 벌어졌다. 아일랜드 의회(Dáil)는 64표 대 57표로 조약을 비준했지만, 그 후 1922년 6월 치열한 내전이 시작되어 약 2,000명이 죽었다. 내전은 1923년 5월 휴전에 들어갔고, 조약에 반대하는 공화주의자들은 새로운 아일랜드자유국 군대에 결정적 패배를 당했다. 공화주의자들은 내전에서 이길 자원도, 군인도, 대중의 지지도 없었지만, 정부군 총사령관이었던 마이클 콜린스를 살해했다.

아일랜드 혁명에 가담한 사람들은 대부분 구체적 정치 프로그램보다 영국으로부터 분리 독립에 더 관심이 많았다. 조약을 지지한 자유국 정부 내무장관 케빈 오히긴스가 1923년 "(우리는) 혁명을 성공시킨 가장 보수적 혁명가"라고 선언할 정도로 혁명은 사회보다 정치·군사 분야의 혁명이었다. 아일랜드 독립전쟁은 대단한 사회적 대의를 위해 시작된 것이 아니었다. 19세기 말과 20세기 초 제정된 토지법에 따라 토지의 약 44,515km^2가 매입되어 아일랜드 농민들은 대부분 자기 땅이 있었다. 따라서 아일랜드에서는 사회 혁명이 정치 혁명 전에 있었다.

혁명이 완전히 끝나기도 전에 혁명을 둘러싼 상반된 이야기가 존재했고, 1920년대 '역사 전쟁'은 혁명을 둘러싼 갈등의 연장선에 있었다. 연합주의자 월터 앨리슨 필립스는 일찌감치 '내전의 불씨가 아직도 남아일랜드에서 타오르고 있을 때'『아일랜드 혁명: 1906~23』(1923)을 집필하는 데 착수했다. 필립스는 '신페인의 테러'가 '천박한 이상주의'에 기반한 '도덕적 붕괴'라고 주장했다. 이와 대조적으로 민족주의자들은 '고대 민족의 운명'과 영국에 배신당한 대의의 정당성을 강조했다. '일반 시민들의 변함없는 지지'나 '완전무결한 방법으로' 시련을 이겨낸 아일랜드공화국군 의용병들에 대한 언급도 민족주의자들의 혁명 초기 이야기에 나타나는 공통점이었다.

　그 후 수십 년 동안 이 갈등을 다룬 방대한 문헌이 쏟아졌지만, 이중 상당수는 논란과 논쟁을 일으켰고, 각 시대상을 반영하는 선입견에 따라 해석되어왔다. 1971년, 저명한 역사가 F. S. L. 라이언스는 1916~1923년 사건이 "아일랜드의 마음과 정신에 깊은 상처를 남겼기 때문에 역사가들은 아직 여기에 걸맞은 상세한 지식이나 객관성을 가지고 접근하지 못하고 있다"고 지적했다. 최근 수많은 기록물이 공개되어 혁명의 역사가 더 많이 알려졌으며, 새로운 관점들이 생겨나고 오래된 가설들이 재검토되고 있다.

　지금도 이 시기를 놓고 많은 논란이 있지만, 최근 많은 연구를 통해 이전 혁명 이야기에서 소외되었던 여성, 노동운동, 아일랜드 공화주의 운동에 활력을 불어넣은 민초들의 목소리 등이 주목받았다. 정부는 신문, 개인 문서, 참전용사들의 증언, 군인 연금 신청서를 1920~1950년대에 정리해 2003~2009년에 공개했다. 이 자료들을 통해 지배 엘리트들의 정치적·군사적·행정적 우려뿐만 아니라 사회경제적 문제에 대한 개개인의 관심사, 서부 전선 참호에서 아일랜드인의 죽음과 생존에 관한 다양한 시각이 생겨났다(제1차 세계대전 당시 영국군 소속으로 4만 명에 달하는 아일랜드인 병사가 전사했으며, 이 수치는 아일랜드 혁명의 사망자수보다 훨씬 더 많다).

　혁명이 끝나고 많은 사람이 진실을 말했지만, 당시에는 그 진실이 제대로 알려지지 않았다는 점이 인제 와서 널리 알려졌다. 혁명 후 많은 사람이 자부심, 고통, 상반된 충성심으로 점철된 이 시기를 간단하고 낭만적으로 그리고 싶어 했다. 이 혁명은 미숙한 젊은이들의 혁명이었다. 공화주의자들은 무기가 턱없이 부족했고, 아일랜드공화국군 사령부와 지역 아일랜드공화국군 여단 사이에 통신 문제가 있었으며, 종파 간 긴장과 살육이 벌어지는 등 전쟁은 다각적으로 진행되었다. 또한 19세기 초부터 아일랜드 치안을 단속해온 왕립아일랜드보안대(RIC)를 흔들려는 첩보전과 종교 전쟁도 있었다. 끔찍한 처형이 자행되었고, 간첩과 정보원 혐의자들에게 분노했으며, 아일랜드공화국군이 공동체 이익을 위해 행동하지 않는다고 생각되면 저항하기도 했다.

　영국군이 아일랜드공화국군(31%)보다 민간인(42%)을 더 많이 죽였지만, 영국군보다 아일랜드공화국군의 폭력성이 논란이었다. 영국은 공화주의 운동의 정당성을 부정하고, 제국주의적 거만함과 우월감을 내세우며, 1918년 선거에서 압승한 신페인의 권위를 멸시하는 것으로 아일랜드 딜레마에 대응했다. 왕립아일랜드보안대를 보강한 보조 부대와 영국 정규군이 펼친 무차별적이고 잔인한 공격에 영국 정부는 매우 곤혹스러웠다.

　아일랜드의 가장 유명한 희생자 마이클 콜린스에 대한 관심은 여전히 뜨겁다. 역사가 마이클 홉킨슨은 "온갖 추측, 영웅 숭배, 수정주의를 거쳐 콜린스는 여전히 아일랜드 독립의 가장 중요한 인물로 볼 수 있다"고 결론지었다. 그러나 콜린스를 그의 주변환경과 함께 이해해야 한다는 시각도 있다. 다른 혁명 지도자들처럼 그는 신화가 되었고, 상상으로 온갖 초상화를 그릴 수 있는 흰 캔버스가 되었다. 혁명은 또한 정치인에게 행운이 되기도 했다. 영국-아일랜드 조약과 관련해 콜린스와 대립했던 에이먼 데 벌레라는 수십 년 동안 아일랜드 정치의 거물로 활동하다가 1973년 91세의 나이로 은퇴했다.

아일랜드자유국은 북아일랜드와 마찬가지로 피비린내 나는 탄생을 경험했다. 내전이 끝날 때까지 조약에 반대한 공화주의자 11,480명이 감옥에 갇혔고, 77명이 처형되었다. 북아일랜드의 연합주의자는 영국으로부터 막대한 보조금을 받으며 소수 가톨릭교도를 조직적으로 차별하는 부패한 정부를 세웠고, 이후 수십 년 동안 분할된 섬 양쪽에서는 정당성을 놓고 싸움이 계속되었다. 아일랜드 국경은 1925년 재검토를 거쳐 현재까지 유지되고 있다. 아일랜드자유국은 1949년 영연방에서 나와 공화국이 되었고, 인구의 93% 이상이 가톨릭교도로 매우 동질적이고 종교적 색채가 강했다. 내전 이후 피어너팔(Fianna Fáil)과 피너게일(Fine Gael)이라는 양대 정당이 출현해 아일랜드 정치를 지배해왔다. 이 두 정당은 새로운 국가에 대해 대체로 보수적 가치관과 비전을 공유했다. 내전으로 분열되고, 계급 중심 정치를 경멸하며, 유럽에서 가장 중앙집권적인 아일랜드에서 노동운동과 그 정당은 주류에서 밀려났다.

혁명으로 야기된 일부 급진적 정서에 대한 두려움과 마찬가지로 혁명과 그 유산을 둘러싼 소유권 문제는 처음부터 불거져 나왔다. 따라서 무법상태를 억제하고 불만 세력에게 분수와 입장을 알게 해야 한다는 주장이 자주 거론되었다. 말과 현실을 조화시키려는 노력은 당시 논란이었던 유산과도 관련이 있었다. 혁명에 관한 최고의 문학작품을

남긴 아일랜드공화국군의 주요 인물 어니 오말리(1897~1957)가 "우리
는 우리 자신의 세상을 만들었지만, 그것은 철학도 경제적 틀도 없는
감정적 삶이었다"고 회상했듯이 많은 사람에게 혁명 후 삶에 적응하는
것은 쉽지 않았다.

아일랜드 의원이 영국 왕실에 충성 서약을 하는 등 영국-아일랜
드 조약의 적대적 요소들은 1930년대 폐기되었고, 아일랜드는 주권
을 극대화해 제2차 세계대전 중 중립국을 선언했다. 국제적 기준에
서 정치는 눈에 띄게 안정되었지만, 농업이 주였던 남아일랜드 경제
는 침체에 빠져 1950년대 무려 50만 명이 이민을 떠나 1950년대 초
남아일랜드의 인구는 고작 300만 명이었다. 고립주의가 심리적 타격
을 주었을 수도 있지만, 민주주의는 지속되었고 국민들에게 아일랜드
독립은 큰 자랑거리였다. 그러나 북아일랜드의 분리주의와 종파주의
는 1969~1999년 지역 고유의 문제, 민병대의 폭력, 영국의 실정으로
3,500명이 목숨을 잃는 유혈 사태로 이어졌다.

역사가 로이신 히긴스의 말처럼 역사의 기억은 "지극히 편파적이
고 개인적이며 복합적"이라서 독립 투쟁을 기념하는 일은 아일랜드 건
국 초기 수십 년 동안 논쟁의 대상이었다. 혁명을 기념하는 일은 이념
적 풍토, 세대의 교체, 이후 북아일랜드 분쟁의 영향을 받았지만, 최근
에는 더욱더 복합적·포괄적 이야기를 원하고 있다. 1990년대 이후 아
일랜드의 평화 프로세스 그리고 제1차 세계대전을 대표하는 솜 전투
에서 싸웠던 아일랜드 민족주의자와 연합주의자의 사연을 아우르는
'공유된 역사' 개념이 이런 이야기를 뒷받침했다.

1997년, 남아일랜드 국가 건국 75주년을 맞아 정치학자 톰 가빈
은 유럽 다른 국가들이 국가와 민주적 제도의 정당성을 확립하지 못했

을 때, 아일랜드 정치인들의 업적을 강력히 옹호하는 글을 썼다. 가빈은 "실수와 죄가 있었지만, 아일랜드 혁명가 출신 정치인들은 공(功)이 과(過)보다 크다"고 했다. 1920년대 초반 분열을 극복하고 어려운 시기에 안정을 이룩한 내전 세대의 공적을 강조하는 이 주장은 꽤 설득력이 있어 보였다.

그러나 독립 초기 수십 년 동안 안정과 합의를 끌어낸 바로 그 충동 때문에 시민의 도덕성은 무시되었다. 국가의 토대를 마련한 후, 정치는 시민권의 본질을 생각하기보다 제도권 안에서 이익을 얻으려 했다. 또한 가톨릭교도가 절대다수인 사회에서 교육, 보건, 복지 등 여러 중요한 분야를 가톨릭교회에 떠넘긴 결과, 과도한 교회 권력은 독점의 폐해를 낳았다. 1973년, 아일랜드가 유럽경제공동체에 가입하면서 아일랜드는 외교정책의 범위를 넓히고, 회원국으로서 상당한 사회적·경제적 혜택을 누릴 수 있었다. 1916년 봉기 100주년이 될 무렵 아일랜드는 경제적·정치적·문화적·사회적으로 변모하면서 자유화되었다. 영국-아일랜드 관계가 크게 개선되고 아일랜드 국경에 대해 도발적 발언이 줄면서 혁명에 대한 자부심이 되살아났다.

1920년 이후 수십 년 동안 국경은 공격적 정치 이념, 경제 정책, 끔찍한 폭력 때문에 경직되었다가 평화 프로세스와 경제적·정치적 실용주의가 진전되면서 완화되었다. 2016년 6월, 영국 유권자들이 유럽연합을 탈퇴하기로 한 후, 영국이 육지에서 국경을 맞댄 유일한 유럽 국가인 아일랜드의 미래는 수십 년 만에 초미의 관심사가 되었다. 두 아일랜드 국가 모두 건국 100주년을 맞이하는 가운데, 혁명 시대의 유산은 아직도 최신 현안과 깊이 연관되어 있다.

마이클 콜린스

신페인 정치인이자 아일랜드공화국군 지도자 마이클 콜린스(1890~1922)는 1916년 부활절 봉기에 참여한 후 잠시 투옥되었다. 1918년, 신페인의 아일랜드 의회 의원에 선출되어 내무장관과 재무장관을 지냈고, 아일랜드공화국군의 정보활동 책임자로서 경찰과 영국 요원들에 대한 많은 공격을 조직해 뛰어난 지략과 교활함으로 명성을 얻었다. 1921년, 영국–아일랜드 조약을 협상하려고 아서 그리피스와 함께 런던으로 갔다. 이 조약이 성공인지 분할 통치를 끝내지 못한 실패인지 갑론을박이 있었지만, 콜린스는 조약이 민족주의자들이 원하는 전부를 주지는 못했지만, 자유를 얻을 자유를 주었다고 주장해 아일랜드 의회에서 조약을 통과시켰다. 이후 내전에서 조약 찬성파 군대의 지도자였고, 1922년 8월 코크에서 암살당했다.

에이먼 데 벌레라

에이먼 데 벌레라(1882~1975)는 미국 뉴욕에서 태어나 아일랜드 리머릭에서 자랐다. 1913년, 아일랜드의용군에 가입해 1916년 부활절 봉기에 가담했지만, 당시 주동자로 지목되지 않아 처형을 면했다. 그리고 신페인의 대표로서 미국에서 자금을 모으고 아일랜드 독립전쟁을 지지하는 아일랜드 공화국 정부를 이끌었다. 영국–아일랜드 조약에 반대하는 지도자로서 내전에서 조약 반대파 군대를 지원했다. 1926년, 민주 정치로 돌아온 후 신페인을 떠나 피어너팔을 설립하고 아일랜드 의회에 들어갔다. 1932~1948년, 1951~1954년, 1957~1959년에 총리(Taoiseach, 아일랜드식 칭호 타오이시치는 1937년부터 사용되었다)를, 1973년까지 대통령을 지냈다. 아일랜드에 대한 데 벌레라의 비전은 문화적·정치적으로는 민족주의, 경제적으로는 자급자족주의, 종교적으로는 보수주의였다.

연표

1800년	영국과 아일랜드 사이에 연합법이 제정되다
1886년	제1차 아일랜드자치법안이 영국 의회에 상정되었으나 얼스터에서 반대하다
1893년	제2차 아일랜드자치법안이 서민원을 통과했으나 귀족원에서 부결되다
1903년	토지구입법이 통과되어 소작농이 토지를 저렴한 가격에 구입할 수 있게 되고, 1909년 제2차 토지구입법이 통과되다
1905년	아서 그리피스가 신페인을 창당하다
1912년	제3차 아일랜드자치법안이 서민원을 통과하다
1913년	
1월	얼스터의용군이 결성되다
11월	아일랜드의용군이 결성되다
1916년	
4월 24~30일	더블린에서 부활절 봉기가 일어나다
5월	봉기 지도자들이 처형되다
1917년	
7월	로이드 조지 영국 총리가 아일랜드 의회를 소집하다
10월	에이먼 데 벌레라가 신페인과 아일랜드의용군 대표로 선출되다
1918년	신페인이 총선에서 압승하다
1919년	독립전쟁이 시작되어 아일랜드 의회가 최초로 설립되고, 아일랜드의용군은 점차 아일랜드공화국군으로 불리다
1920년	
11월	영국군이 크로크파크에서 축구 관중에게 발포하다
12월	아일랜드정부법에 따라 북아일랜드와 남아일랜드에 각각 의회가 설립되나 신페인은 남아일랜드 의회를 거부하다
1921년	
7월	아일랜드공화국군과 영국군이 정전에 합의하다
10월	런던에서 영국 정부와 아일랜드 의회 대표 간 회담이 시작되다
12월	영국-아일랜드 조약이 조인되다
1922년	
1월	데 벌레라가 퇴장한 후 아일랜드 의회가 영국-아일랜드 조약을 비준하고, 마이클 콜린스의 임시 정부가 설립되어 영국군이 더블린성을 떠나다

6월	조약에 찬성하는 신페인이 총선에서 승리하나 신페인의 조약 찬성파와 반대파 간 내전이 발발하다
8월	마이클 콜린스가 코크 교외에서 매복 공격으로 살해되다
12월	아일랜드자유국이 공식 수립되다
1923년	
5월	정전으로 내전이 종식되다
1926년	데 벌레라가 피어너팔을 설립하다

러시아 혁명,
1917

디나 하파에바

볼셰비키 혁명은 20세기 마르크스주의 혁명을 대표하는 사건이다. 볼셰비키 혁명의 지도자 레닌은 자본주의를 타도하려는 미래의 모든 혁명가에게 영감을 주면서도 따끔한 경고를 날렸다. 레닌은 자본주의가 자체 모순으로 인해 붕괴할 것이라는 마르크스의 역사적 필연성에 이의를 제기했고, 소수 정예 전위(前衛) 볼셰비키의 시기적절한 쿠데타로 권력을 쟁취해 자본주의와 산업노동자 계급이 발전하지 않은 나라에서도 혁명을 성공시켰다. 레닌은 독단적이고 권위주의적이며 목적이 수단을 정당화한다는 신념을 가지고, 혁명을 위협하거나 '계급의 적'으로 생각하는 사람들뿐만 아니라 목적은 같지만, 전술이 다른 사람들까지도 무자비하게 제거해 내전에서 승리했고, 정권을 장악했다. 이렇게 폭력에 기초한 혁명 국가가 탄생했고, 1930년대 그의 후계자 이오시프 스탈린은 비인간적 폭력을 일삼을 수 있었다.

　　마르크스주의 이념을 바탕으로 공산주의 국가를 건설하려 했던 볼셰비키 혁명은 20세기 러시아 최초의 혁명은 아니었다. 1905년, 상트페테르부르크에서 일어난 민중 봉기가 차르의 절대주의 국가를 타도할 뻔한 적도 있었다. 1917년 초, 제1차 세계대전에서 러시아가 실패하면서 부르주아 자유주의 혁명이 일어나 니콜라이 2세가 퇴위하고 차르의 통치는 막을 내렸다. 몇 달 후 발생한 볼셰비키 혁명은 이 무능한 신생 입헌 국가를 무너뜨리고 소비에트(Soviet, 노동자평의회)로 대표되는 노동자들이 지배하는 국가를 만들었다.

소련이 공산주의 이상을 완전히 실현할 수 있었는지 의문이며, 왜 실패했는지 많은 논쟁이 있다. 그중 하나는 체제를 유지하려는 투쟁이 격화되면서 1920~1930년대 러시아가 세계 혁명 대신 '일국 사회주의(socialism in one country)'로 후퇴했고, 1941년 히틀러의 침공에 맞서 체제 생존에 불가결한 강력한 국가주의를 불러일으켰다는 점이다. 그런데도 1940년대 후반 소련이 미국과 세계 패권을 놓고 경쟁하면서 레닌주의는 소련의 위성 국가뿐만 아니라 전 세계로 광범위하게 수출되었다.

피터 퍼타도

100년이 지난 지금도 1917년 볼셰비키 혁명 혹은 10월 혁명은 러시아 역사에 초석을 놓은 사건으로, 러시아 역사 전체를 재평가하고 재검토하는 후대 사람들은 이 혁명을 중요한 단절로 보고, 혁명의 원인 그리고 국가와 국민에게 미친 영향이 무엇이었는지 고민해왔다. 이 작업은 지난 세기 러시아 지식인의 일상이었다. 그러나 혁명을 둘러싼 이런 고민은 결코 자유롭게 생각할 문제가 아니었다. 미리 결정된 사상과 선별된 사실을 중심으로 혁명에 관한 역사의 기억이 만들어졌으며, 이런 분위기는 러시아의 정치 논쟁과 학술 토론에 예나 지금이나 영향을 미치고 있다.

혁명에 관한 역사의 기억은 특수한 상황에서 만들어졌다. 혁명 이

전 사회가 내전, 적색테러, 대숙청으로 파괴된 후, 소련 사회에서는 사라진 집단 기억을 메우고 구성원들에게 공통 정체성을 부여하려고 소련식 공식 역사관이 강요되었다. 1953년, 스탈린이 죽을 때까지 가까운 친구나 친척이라도 공산당 노선에서 벗어나 과거의 기억을 간직하고 공유하는 것은 극도로 위험했다. 개인의 기억이라도 공식 역사관을 바꾸려는 시도는 반소(反蘇) 선전으로 규정되어 체포되거나 처형될 수 있었다. 그러나 소련 비밀경찰(시대에 따라 체카, NKVD, KGB, FSB로 알려진)이 잔인하게 탄압했지만, 1917년 10월 혁명이 소중한 모든 것을 파괴한 필연이었는지, 아니면 러시아가 언젠가는 깨어났을 악몽 같은 우연이었는지 의문을 가진 사람들이 있었다.

소련 체제가 러시아와 소련의 역사를 엄격하게 통제했지만, 10월 혁명만큼 철저하게 감시한 역사적 사건은 없었다. 볼셰비키는 이 중대한 사건으로 그들의 통치와 그 '과학적 토대'인 마르크스주의 이념을 정당화했다. 혁명을 '올바른 방식'으로 기억하도록 세뇌하는 것은 볼셰비키가 무장시킨 폭도와 노동자들이 임시 정부를 축출한 1917년 10월 25일(당시 러시아가 사용한 구식 달력 기준이고 현재 신식 달력에 따르면 11월 7일) 밤 직후부터 나타났다. 임시 정부의 통치는 짧았지만, 언론의 자유를 보장하고, 국적, 성별, 사회 계급, 종교에 상관없이 성인에게 참정권을 부여했으며, 사형을 폐지하고 배심 재판을 도입하는 등 자유주의 개혁을 광범위하게 추진했다. 그러나 볼셰비키 쿠데타는 1917년 2월 혁명 이후 역사상 처음으로 러시아인들이 짧게나마 전통적 민주주의를 누릴 수 있었던 시대를 끝내버렸다.

10월 혁명에 대해 볼셰비키는 불리한 사건과 사실은 감추면서 마르크스주의 이론에 따라 혁명이 일어났음을 입증해야 했다. 마르크스주의 이론과 역사적 현실 간에는 문제가 있었기 때문에, 이 둘을 결합하는 과정에서 수많은 역설이 탄생했다. 이 역설은 소련이 붕괴한 후에도 여전히 러시아의 정치적 논쟁거리로 남았고, 블라디미르 푸틴(1952년생) 현 러시아 대통령의 선전에 포함되어 러시아의 미래에 대해 새로운 비전을 홍보하는 데 중요한 역할을 한다.

여기서 최고의 역설은 혁명의 필연성이다. 소련 마르크스주의의 가장 중요한 교리 중 하나는 혁명은 필연적이며, 이 혁명이 세계사의 흐름을 단번에 영원히 바꾼다는 것이다. 마르크스의 은유에 따르면, 이 테제는 혁명이 '역사의 기관차'라는 마르크스주의 사상을 증명한 셈이었다. 또한 혁명은 착취자와 피착취자 간 계급투쟁을 거쳐 필연적으로 계급 없는 공산주의 사회가 탄생한다는 사회 변화의 본질을 설명하는 데도 기여했다. 카를 마르크스(1818~1883)는 세계 혁명을 선도할 고학력 진보적 프롤레타리아가 있는 가장 발전된 유럽 산업국가에서 공산주의 혁명이 일어날 것이라고 예언했다. 레닌과 그 공모자들은 마르크스주의 교리가 1861년 농노제 폐지 이후 문맹 소작농이 인구의 80% 이상을 차지하고, 대도시의 빈곤한 산업노동자들이 부당한 정책으로 인해 학대받는 농업 중심의 반(半)봉건적 전제주의 국가 러시아의 상황에 부합한다는 사실을 증명해야 했다. 레닌은 서유럽에서 오랜 망명 생활(1900~1917, 1905년 혁명 이후 2년 제외) 중에 쓴 많은 에세이에서 역설적으로 러시아의 특수한 조건 때문에 러시아는 자본주의 국가들 사이에 '약한 고리'로 남았으며, 공산주의 혁명으로 '가난한 농민과 노동자의 동맹'이 낡은 차르 체제를 타도할 것이라고 주장했다.

프롤레타리아 대중이 혁명으로 해방의 주체가 될 수 있다고 믿었던 마르크스는 군사 쿠데타를 경시했지만, 레닌은 군사 쿠데타를 선택

했다. 볼셰비키는 자유선거에서 패배할 것을 예상했기 때문에 쿠데타
는 1917년 11월 제헌의회 선거 전에 권력을 장악할 수 있는 유일한 수
단이었다. 10월 쿠데타 이후 볼셰비키 인민위원회 정부는 그 역할이
선거 때까지 한시적이라고 주장했다. 광활한 러시아 전역에서 선거가
치러졌고, 투표율은 50%를 넘었다. '모든 권력을 소비에트로! 평화를
인민에게! 토지를 농민에게! 공장을 노동자에게!'(볼셰비키는 제1차 세계
대전에서 러시아가 철수한다는 공약만 실천했다)라는 선동적 구호에도 불구하
고 볼셰비키는 24%의 득표율로 40%의 득표율을 기록한 농민 정당 사
회혁명당에 대패했다. 그러나 볼셰비키는 이 결과를 무시하고 불법 선
거를 주장하며 합법적으로 선출된 제헌의회를 강제로 해산했다. 그러
면서 소비에트는 혁명을 "노동자, 병사, 농민 등 모든 인민이 지지했다"
고 선전했다. 그러나 현실은 전혀 달랐다. 볼셰비키 쿠데타에 반대하는
파업이 일어났다. 역사가 션 맥미킨(2017)에 따르면, "세계 최초의 프롤
레타리아 정부는 파업을 분쇄하는 데에만 주력했다." 역설적으로 최초
의 프롤레타리아 혁명이 처음부터 반민주적이었기 때문에 소비에트
선전에서 정당성이 매우 중요했다. 대중의 뜻을 거스르는 불법 군사
쿠데타로 권력을 장악해서 '혁명은 특권을 누리는 극소수 착취자에 맞
서 착취당하는 다수의 이익을 위해 봉사한다'는 마르크스주의 교리에
모순될 뿐만 아니라 볼셰비키 체제가 필연적이라는 관념을 흔들었다.
레닌과 트로츠키의 무자비한 냉소주의, 기회주의, 선거로 뽑힌 정당에
대한 무장 폭력, 대중의 지지를 얻지 못한 총체적 실패는 '인민 혁명'이
라고 불린 이 사건을 무색하게 만들었다.

　　마르크스주의 교리와 소비에트 선전에 따르면 프롤레타리아 혁
명은 새로운 시대를 열었고 정의, 기쁨, 행복이 지배하는 새로운 세상

을 만들었다. 그러나 이 미래의 행복으로 가는 길은 '혁명적 폭력으로 반혁명으로부터 혁명을 지켜낼' 프롤레타리아 독재가 만드는 것이었다. 볼셰비키는 테러를 주저하지 않았고, 이론뿐만 아니라 실제로도 정치적 수단으로 폭력과 강압을 선호했다. 소비에트가 '가장 인간다운 사람'이라고 선전했던 레닌은 러시아 인구 10%만 남더라도 공산주의 아래 살아갈 수 있다면, 이는 밝은 미래를 위해 치를 수 있는 공정한 대가라고 썼다. 레닌의 개념에 따라 러시아에서 프롤레타리아 독재가 시행되면서 인류 역사상 가장 피비린내 나는 체제가 탄생했다.

　　마르크스주의자들은 아직도 소련 체제가 저지른 범죄와 폭력을 러시아의 후진성, 늦은 농노제 폐지, 민주적 전통의 부재, 지도자들의 성격 등 당시 러시아가 처한 특수한 상황 탓으로 돌린다. 그러나 프롤레타리아 독재는 처음부터 마르크스주의 사상의 일부였다. 1848년, 마르크스는 "낡은 사회가 겪는 죽음의 고통과 새로운 사회가 겪는 피비린내 나는 탄생의 진통을 짧고 단순하게 압축하는 방법은 단 하나, 바로 혁명의 공포뿐"이라고 주장했다. 그의 동료 프리드리히 엥겔스(1820~1895)는 1874년에 "혁명은 확실히 가장 독재적이다. 혁명은 일부가 소총, 총검, 대포를 써서 다른 일부에게 자신의 의사를 강요하는 행위다. … 혁명은 무기로 반동분자들에게 공포를 안겨주어 권력을 유지해야 한다"고 썼다. 1879년 1월 5일, 마르크스는 근본적으로 "유혈 사태 없이 위대한 운동이 시작된 적은 없다"고 단언했다. 스탈린은 이 말을 반복해 그의 추종자들을 부추겼다. 한편 볼셰비키 혁명기와 이후 벌어진 과도한 폭력이 진정한 마르크스주의로부터 '일탈'이라고 주장하면서 마르크스주의를 소련의 실험에서 분리하려는 시도가 끊이지 않고 있다. 볼셰비키는 마르크스를 따라 독재 정권을 세우려고 폭력을 사용했지만, 바로 이 공산주의 교리를 충실히 따랐기 때문에 역설적으로 마르크스주의의 유산을 주장할 정당성을 상실했다.

마르크스가 생각한 인간 행복은 기존 사회 계급 구조, 사유 재산, 착취를 이념적으로 뒷받침하는, 즉 그가 '거짓', '부르주아', '위선'이라고 부른 전통적 휴머니즘을 부정하는 데 있었다. 볼셰비키 지지자들은 이를 더욱 발전시켰다. 막심 고리키(1868~1936)는 소련 이념의 근간이 되는 '프롤레타리아 휴머니즘'을 제시했다. 1934년 5월, 고리키의 프롤레타리아 휴머니즘은 마르크스가 말한 대로 폭력에 기초했다.

> 혁명적 프롤레타리아가 상점 주인들의 개미집을 코끼리처럼 미친 듯이 짓밟아 뭉개버릴 때가 다가오고 있다. 이것은 필연적이다. 점점 창의성을 잃어가며, 삶에 대한 두려움과 병적으로 치유할 수 없는 탐욕으로 썩어가는 하찮은 소수 때문에 인류가 멸망할 수는 없다. 이 소수를 말살시키는 것은 정의로운 위대한 행위이며, 역사는 프롤레타리아에게 그렇게 하라고 명령한다. 이 위대한 행위가 있은 후 전 세계 사람들은 우정과 형제애로 협력하며 새로운 삶을 아름답게 창조할 것이다.

이오시프 스탈린은 고리키의 글을 열렬히 지지했고, '프롤레타리아 휴머니즘'을 자기 입맛에 맞게 응용했다. 대숙청(1936~1938) 직전 등장한 이 개념으로 탄압을 정당화할 수 있었다. 볼셰비키가 테러를 정당화하는 데 휴머니즘을 사용했다는 또 다른 역설이 여기에 있다.

소련 체제를 비판한 러시아 지식인들은 소련이 서술한 혁명에 다양한 방식으로 의문을 제기했다. 현재 러시아에서는 자유주의와 민족주의가 서로 논쟁을 벌이고 있다. 양측의 주장은 중복되기도 하며,

1953년 스탈린이 죽은 후 정치적 자유화 시기에 현재의 윤곽을 갖추었다. 그리고 둘 다 소련이 붕괴한 후에도 살아남았다.

자유주의와 민족주의 학자 모두 혁명을 무자비한 테러, 즉 정권을 장악한 무장 괴한들이 벌인 불법 쿠데타로 보며 혁명의 필연성을 부정했다. 그리고 볼셰비키에 자금을 댄 독일과 결탁한 레닌을 비난했다. 자유주의자들은 표트르 대제(재위 1682~1725) 이후 농민들의 전통적 가치와 생활양식 대신 유럽의 규범과 생활양식을 진보적 러시아인들에게 실존적·문화적 대안으로 제시한 러시아의 서구화를 볼셰비키가 끝장냈다고 비난했다. 반면 민족주의자들은 볼셰비키가 농민 세계를 파괴했다고 비난했다.

민족주의자 대다수는 공개적으로 반유대주의를 내세우며 소련의 '국제주의'에 반대했고, 내전 기간 볼셰비키는 유대인이고 혁명은 유대인의 음모이며 유대인은 소련 체제가 저지른 모든 범죄와 실패에 책임이 있다는 나치의 선전 같은 극단적 민주주의자들의 주장을 반복했다. 이 주장을 옹호하는 사람들은 볼셰비키 혁명 지도자와 비밀경찰 중에 유대인이 몇 명이었는지 계산했다. 민족주의자들은 1918년 3월 3일 독일과 브레스트-리토프스크 평화조약을 체결해 영토, 국민, 산업, 국제적 위신을 상실했다는 이유를 들어 레닌을 반역자라고 비난했다. 2017년 10월, 혁명 100주년을 맞아 러시아 문화장관 블라디미르 메딘스키(1970년생)는 레닌이 제1차 세계대전을 끝낸 것은 "반역이라고 부를 만한 볼셰비키의 거대한 정치적·역사적 실수"라고 표현하며 "국가 이익보다 자기 이익을 우선시했다"고 볼셰비키를 비난했다. 민족주의자들은 무능한 차르 체제에 공감했고, 반혁명파 백군 장교들을 남성 우월주의의 본보기로서 숭배하는 풍조를 만들었다. 역설적으로 소련은 국제주의를 공식 표방했지만, 1970~1980년대 많은 공산당과 소련 관료들은 이런 숭배에 심취해있었다.

자유주의자들은 이 혁명 때문에 러시아가 적색테러와 백색테러, 유혈 내전을 겪었고, 스탈린주의자들이 숙청을 할 수 있었다고 강조했다. 그리고 혁명이 사회 변화의 유일한 동력이라고 보는 마르크스주의 사고방식에 반대해 사회 진화를 제시했다. 자유주의 경제학자이자 소련 붕괴 후 첫 번째 민주 정부에서 제1부총리(1992)를 지낸 예고르 가이다르는 권력을 장악하는 방법에 관한 레닌의 고전 『국가와 혁명(State and Revolution)』을 패러디한 『국가와 진화(State and Evolution)』를 저술했다. 테러의 기억, 내전의 유혈 사태, 수백만 명의 목숨을 앗아간 혁명의 모든 고통을 중점적으로 다룬 이 책은 1991년 8월 발생한 친공산주의 군사 쿠데타를 저지하는 데 중요한 역할을 했다. 자유주의자들은 1917년 10월 혁명의 공포와 그 참상을 러시아인들에게 상기시켜 공산주의 붕괴 후 러시아가 벨벳 혁명으로 이행하는 데 이바지했고, 1991년 보리스 옐친(1931~2007)이 평화적으로 집권한 초대 러시아 대통령이 될 수 있었다.

2017년 4월의 한 여론조사에서 알 수 있듯이 소련에 대한 찬반 양론에 따라 지금도 러시아 여론은 둘로 갈라져 있다. 응답자 48%는 혁명이 역사적 필연이었다고 보는 반면, 46%는 볼셰비키 쿠데타가 불법이었다고 생각한다. 응답자 49%는 혁명이 러시아 문화에 큰 타격을 주었다고 보는 반면, 48%는 러시아 역사에서 혁명의 역할이 매우 긍정적이었다고 생각한다. 32%는 볼셰비키가 집권하지 않았다면 '더 사악한 극단주의자'가 권력을 이어받아 더 악랄한 통치를 했을 것이라고, 42%는 사회 집단으로서 러시아 귀족의 소멸이 러시아에 끔찍한 손실이었다고 생각한다. 설문조사 자료에 따르면, 이렇게 상반된 시각과 의견이 응답자들 사이에 공존하고 있으며, 이는 개인적 차원에서 이 사건에 관한 역사의 기억이 서로 충돌하고 있음을 보여준다.

혁명 100주년을 맞아 우크라이나 '오렌지 혁명'의 영향과 국가두마(러시아 의회) 선거 조작에 반대하는 민주화 시위(2011~2012)의 반복을 우려해 푸틴이 혁명의 개념 자체를 폄하하려 했다는 논란이 있었다. 푸틴의 이론가들은 자유주의와 민족주의 양측의 반소련적 견해를 조금씩 차용했다. 푸틴은 수차례 10월 혁명을 부정적으로 언급하면서 혁명을 가장 중요한 정치적 목표로 제시하는 '국민 통합'과 대비시켰다. 이런 민족주의 사상은 10월 혁명을 극악무도한 폭력의 화신으로 보는 자유주의 시각과 같으며, 혁명이 테러였음을 암시한다. 푸틴의 지지자이자 연방평의회 의장 발렌티나 미트비옌코(1949년생)는 이런 견해를 솔직히 밝히며 "푸틴 대통령은 … 혼란, 새로운 혁명, 유혈 사태에서 나라를 구해야 했다"고 말했다.

그러나 혁명에 대해 푸틴이 한 다른 발언은 거의 주목을 받지 못했다. 이 발언을 따로 떼어놓고 보면 역설적으로 들리지만, 종합해보면 그의 이념이 드러난다. 2017년, 혁명 100주년에 그는 취임 초기부터 자기 이름과 관련된 이념의 핵심, 즉 구세주 러시아 사상을 홍보할 수 있었다. 러시아가 파시즘의 악으로부터 세계를 구하려고 희생했으니 러시아의 이익에 반대하는 자들은 모두 파시스트라는 주장은 정치적으로 매우 중요하다. 예를 들어, 2014년 우크라이나의 마이단 혁명과 러시아의 크림반도 합병 이후 러시아 언론이 우크라이나인을 시종일관 '파시스트'라고 부른 것도 바로 이 때문이었다. 이 구세주 신화에는 17세기부터 유포된 또 다른 주장도 있다. 즉, 러시아는 비잔티움의 후계자이자 진정한 정교회의 구세주인 '제3의 로마'이며, 유럽을 타타르의 멍에로부터, 나중에는 나폴레옹으로부터 구해냈다는 것이다. 그리고 2017년, 푸틴은 "생활 수준 향상, 강력한 중산층의 탄생, 노동개혁과 사회보장, 인권과 소수자 권리 보호, 미국의 인종차별 극복" 등 서방이 거둔 많은 성과가 소련이 서방에 제기했던 문제의 결과이므로 서방은 10월 혁명의 수혜자라고 덧붙였다.

　푸틴은 또 레닌을 "훗날 러시아를 날려버릴 원자폭탄을 매설했다"고 비난했다. 이 비난은 소련의 붕괴가 "인류 역사상 가장 큰 지정학적 재앙"이라는 2005년 발언과 일맥상통한다. 이렇게 레닌에 대해 극도로 부정적인 시각은 푸틴 정부가 러시아를 완전히 통제하는 상황에서 심각한 위협이 되지 않는 공산당과의 정치적 경쟁 관계로는 설명이 되지 않는다. 민족주의 관점에 따르면, 레닌은 러시아제국과 러시아의 제1차 세계대전 참전을 굴욕적으로 끝낸 책임이 있다. 그러나 스탈린을 보는 푸틴의 태도는 매우 다르다. 푸틴은 "스탈린은 그 시대에 걸맞은 사람이었다. 그를 악마화할 수 있지만, 파시즘에 맞서 승리한 그의 역할을 인정해야 한다. 스탈린을 악마화하는 것은 소련과 러시아를 공격하는 수단이라고 생각한다"고 했으며, 자신의 부모도 "다른 모든 사람처럼 스탈린을 숭배했다"고 덧붙였다.

　구세주 러시아 사상, 제국에 대한 향수, 소련제국을 확장하고 강대국을 만든 스탈린을 향한 찬사는 유라시아 운동의 핵심 주장과 맞닿아 있다. 유라시아 운동은 러시아를 서방보다 한 단계 높은 자급자족 문명으로 선포하고, 러시아 지배 아래 통일된 유라시아대륙을 꿈꾼다. 이 운동은 '새로운 중세로의 회귀'를 호소하고, 러시아의 절대군주제와 신분제 사회 복원을 주장한다. 그러나 주요 정치적 목표는 러시아제국을 부활시키고 확장하는 것으로서 이 운동의 추종자들은 스탈린을 찬양하고 레닌을 경멸한다. 유라시아주의 지도자 알렉산드르 두긴(1962년생)은 공개적으로 파시즘을 찬양하며 푸틴에게 상당한 영향력을 행사하는 것으로 알려져 있다. 두긴은 마르크스주의를 혐오하지만, 역설적으로 스탈린에 대해서는 유혈 사태 없이 위대한 업적은 이룰 수 없었다는 마르크스의 공식을 따른다.

이 이념이 러시아인에게 어떤 영향을 끼치는지 보여주는 지표로 2014년 크림반도를 합병하면서 푸틴의 개인 지지율이 2015년 1월에 85%로 20% 포인트 올랐고, 레닌과 스탈린에 대한 대중의 태도가 바뀌었다는 점을 들 수 있다. 레닌과 트로츠키를 '가장 매력 있는 혁명 지도자'로 꼽은 사람은 1990년 이후 67%에서 29%로 절반 넘게 감소했지만, 스탈린의 인기는 24%로 3배나 증가했다. 스탈린을 싫어하는 사람은 49%에서 21%로 감소했다. 스탈린에 대한 이런 평가는 의심할 여지 없이 2003년부터 러시아 정부가 실시해온 재(再)스탈린화, 즉 기억의 정치 때문이다. 마찬가지로 러시아 전제군주제의 몰락이 러시아에 손실이었다고 생각하는 사람은 1990년 이후 34%로 3배나 증가했다. 푸틴을 차르에 앉히자는 수많은 인터넷 청원은 이런 생각이 러시아 사회에 뿌리내렸다는 점을 시사한다.

마지막으로 또 하나의 역설은 붉은 10월의 반사광이 크렘린의 벽에 반짝이고 있는 것처럼 푸틴의 러시아가 미국과 전 세계 정치적 좌파 사이에서 아직도 공감을 얻고 있다는 점이다. 푸틴의 일부 지지자들은 러시아를 좌파 정치의 요람, 진보적 사회주의의 실험장, 또는 미제국주의, 식민주의, 자본주의에 맞설 현실적 대안으로 본다. 역설적으로 이들은 러시아의 정치 체제가 혁명을 두려워하고 경멸하며, 레닌과

공산주의 이념을 비난하고, 전례 없는 부패로 극심한 사회적 불평등을
양산하며, 공격적 국제 정치를 펼치고, 러시아제국의 부활을 꿈꾸고 있
다는 사실에 실망하지 않는다.

블라디미르 일리치 울랴노프

블라디미르 일리치 울랴노프 '레닌'(1870~1924)은 1890년대 카잔대학에서 혁명 사상을 발전시켰으나, 첫해 퇴학당하고 체포되어 시베리아로 유배되었다. 그 후 서유럽으로 이주해 1917년 2월 러시아 혁명이 일어날 때까지 그곳에 머물렀다. 그리고 독일(러시아와 전쟁 중)의 도움으로 상트페테르부르크로 돌아와 임시 정부를 공격해 볼셰비키를 장악하고 10월 25일 쿠데타를 일으켰다. 소비에트 정부의 수장으로서 반혁명파 '백군'과 내전을 치르고 러시아를 중앙집권적이고 재산을 국유화한 사회주의 국가로 바꾸려 했다. 1921년, 내전에서 승리했지만, 경제가 파탄 나고 국민이 굶주리자 일부 사회주의 정책을 철회하고 민간기업 활동을 제한적으로 허용했다. 1921년, 건강이 나빠졌지만, 1924년 매독으로 죽을 때까지 직무를 수행했다. 이 무렵 방대한 저작이 출판되면서 레닌의 사상은 러시아 안팎에서 마르크스의 업적을 확대하고 개정한 것으로 인정받았다.

레온 트로츠키

우크라이나 유대계 농부의 아들로 태어난 레온 트로츠키(1879~1940)는 청년 시절 혁명가가 되었고, 시베리아로 유배되었다가 1917년 2월 러시아로 돌아올 때까지 서유럽에 있었다. 그리고 볼셰비키에 합류해 10월 혁명이 성공하는 데 핵심 역할을 했다. 전쟁인민위원으로 내전에서 적군(赤軍)을 증강하고 혁명사상을 홍보하는 전국 선전 활동을 조직했다. 레닌의 후계자가 되고 싶었지만, 이오시프 스탈린에게 밀려났다. 스탈린이 소련에만 집중하고 서방 세계에 혁명을 수출하는 '영구 혁명'의 국제적 가치를 포기했다고 비판한 후 1927년 공산당에서 쫓겨나 망명길에 올랐고, 멕시코에 정착했다. 그러나 스탈린의 공작원에게 암살당했다. 자본주의가 발전하지 않은 곳에서 부르주아에 맞서 노동자 국가를 세우려는 많은 혁명 단체에 트로츠키의 저작은 강한 영향력을 미치고 있다.

연표

1861년	차르 알렉산드르 2세가 러시아의 농노를 해방하다
1881년	알렉산드르 2세가 상트페테르부르크에서 암살당하다
1881~1894년	알렉산드르 3세가 통치하다
1894년	니콜라이 2세가 즉위하다
1905년	
1월 9일	상트페테르부르크에서 군대가 평화적 시위대에 발포해 1,000명이 죽은 <피의 일요일> 사건이 벌어지다
6월	오데사에서 포툠킨 전함 수병들이 반란을 일으키다
9월	포츠머스조약이 러일전쟁에서 러시아의 패배를 인정하다
10월	차르가 <10월 선언문>을 발표해 시민의 자유와 의회를 약속하다
1911년	근대화를 추진한 스톨리핀 총리가 암살당하다
1914년	
8월	독일이 러시아에 선전포고하면서 제1차 세계대전이 시작되고, 상트페테르부르크가 페트로그라드로 이름을 바꾸다
1917년	
3월	페트로그라드에서 며칠간 시위로 '2월 혁명'이 시작되나 유혈 진압되고, 차르가 퇴위한 후 임시 정부가 수립되다
4월	레닌이 망명지 스위스에서 돌아와 군사 쿠데타를 준비하다
7월	며칠간 노동자와 병사들의 시위가 계속된 '7월 봉기' 후 알렉산데르 케렌스키가 임시 정부 수반이 되고, 많은 볼셰비키가 체포되자 레닌이 잠적하다
9월	코르닐로프 장군이 볼셰비키에 대항하는 쿠데타를 일으켰으나 실패하다
10월	페트로그라드에서 볼셰비키가 권력을 장악하고 겨울궁전을 점령하다
11월	제헌의회 선거에서 사회혁명당이 볼셰비키를 꺾다
12월	레닌이 비밀경찰 체카 창설 법령을 발표하다
1918년	
1월	볼셰비키가 제헌의회를 해산하고 적군을 창설하다
3월	볼셰비키가 브레스트-리토프스크에서 독일과 평화조약을 맺어 우크라이나를 포함해 많은 러시아 영토와 산업 기반을 독일에 넘기고, 공산당으로 당명을 바꾸다
6월	전시 공산주의가 도입되어 대규모 산업이 국유화되다

| 7월 | 니콜라이 2세와 그의 가족이 처형되고, '적군'과 '백군'(반혁명군) 간 내전이 발발하다 |
| 8월 | 레닌 암살 미수로 대규모 체포와 처형을 수반한 '적색테러'가 시작되다 |

1919년

| 3월 | 볼셰비키 혁명을 전 세계로 확산하고자 모스크바에서 코민테른(제3인터내셔널)이 설립되다 |

1921년

| 3월 | 레닌이 '신경제정책'을 도입해 일정 정도 사유 재산과 시장을 허용하다 |

1922년

| 4월 | 이오시프 스탈린이 공산당 서기장이 되다 |
| 12월 | 소비에트사회주의공화국연방(소련)이 수립되다 |

1924년

| 1월 21일 | 레닌이 죽다 |
| 12월 | 스탈린이 '일국 사회주의' 정책을 도입하다 |

인도 혁명,
1947

미히르 보세

영국의 지배에 항거한 인도 혁명에서는 강한 동기가 있는 정당이 대중 운동을 이끌며 세계적 군사 강국을 허물어뜨리고 내쫓았다. 비민주적 환경에서 일어난 운동으로서는 드물게 군사적 힘보다 절제된 도덕적 힘을 광범위하게 사용해 승리하였다. 이것은 대부분 지도자 모한다스 '마하트마' 간디의 인격과 그가 내세운 영혼의 힘(satyagraha, 사탸그라하)과 비폭력(ahimsa, 아힘사) 교리 덕분이었다. 따라서 간디는 미국 민권 운동의 마틴 루서 킹 주니어를 비롯해 이상주의를 좇는 혁명가들의 귀감이 되었다.

그러나 인도 혁명은 이상주의와 거리가 멀었고, 1947년 8월 독립을 전후해 미래 사회에 대한 비전을 놓고 좌파와 전통주의, 세속주의와 종파주의, 독립운동에 참여한 다양한 사회 집단과 공동체 간에 갈등이 계속되었다. 이 갈등은 제2차 세계대전 당시 인도인들이 연합군과 추축국 양측에서 싸우는 것을 각각 독립을 위한 길이라고 생각했을 때 가장 극명하게 드러났다.

20세기 가장 위대한 반식민주의 혁명으로 꼽히는 인도 독립은 인도의 승리와 더불어, 인도와 파키스탄이라는 두 후계자 간의 폭력적·지속적 적대 관계 때문에 나라가 분할되는 재앙도 안겨주었다. 독립한 인도의 정체성을 둘러싼 상반된 비전은 70년이 지난 지금까지도 계속된다. 이 책에 나오는 다른 많은 혁명과 마찬가지로 인도 혁명도 아직 끝나지 않았다.

피터 퍼타도

인도 혁명으로 1947년 인도는 독립을 달성했다. 영국이 오스트레일리아, 캐나다, 뉴질랜드, 남아프리카공화국에 그랬던 것처럼 제1차 세계대전 후 인도에 자치령 지위를 주었다면, 이런 일은 일어나지 않았겠지만, 영국은 유색인종이 스스로 통치할 수 있다고 믿지 않았다.

1917년 8월 20일, 자유당 출신 인도 국무장관 에드윈 몬터규(1879~1924)는 인도에서 '책임 있는 정부를 점진적으로 만들어가는 것'이 목표라고 발표했다. 영국의 일부 역사가들은 이 선언으로 인도가 자유를 얻게 되어 혁명은 중요하지 않았다고 주장했다. 그러나 이 발표 6일 전 열린 전시 내각 회의록을 보면 분명 영국은 그렇게 할 의도가 전혀 없었다.

내각은 인도 총독(1899~1905)을 지냈으며, 인도인들이 자치하는 데 500년이 걸릴지도 모른다고 한 커즌 경(1859~1925)의 의견에 동의했다. 커즌은 인도가 백인 자치령처럼 되는 것은 '허황된 꿈'이라며, "자치라는 이상을 향해 나아가다가 인도의 정치적 통합이 깨질 수도 있지만 한 가지 우리가 확신할 수 있는 것은 보호 세력(예를 들어 영국)이 철수하면, 그 정치적 통합은 완전히 무산될 것이라는 점이다"라고 말했다. 몇 달 후 팔레스타인에 유대인 국가 건설을 약속한 아서 밸푸어(1848~1930)는 자치란 '민주주의에 기반한 의회 정부'를 의미하지만,

인도인은 영국인과 인종이 달라서 교육받아도 인종 문제를 극복할 수 없다고 경고했다. 펜더렐 문 경은 『영국의 인도 정복과 자치령』(1989)에서 "따라서 1917년 8월 명시된 인도의 목표는 인도가 완전한 독립국이 되는 것을 의미하지 않았다"고 했다. 1943년, 총독 린리스고 경(1887~1952)도 인도인들이 자치를 배우는 데 50년이 걸릴 것이며, 그러려면 영국인 500~600만 명이 인도에 이주해 가정교사 노릇을 해야 한다고 전망했다. 영국이 인도를 지배한 최전성기에 인도 거주 영국인은 약 15만 명에 불과했지만, 린리스고는 에어컨이 보급되면 더 많은 영국인이 오고 싶어 할 것이라고 생각했다.

따라서 20세기 첫 수십 년 동안 영국인이 의도한 내용과 인도인이 이해한 내용이 달라서 혁명의 불씨가 생겼다. 혁명의 첫 불씨는 제1차 세계대전 직후에 타올랐다. 영국을 위해 참전한 인도인들은 전쟁에 크게 공헌한 만큼 보상을 기대했고, 1918년 인도국민회의 지도자 모한다스 간디(1869~1948)조차 오랜 평화주의를 버리고 영국군 신병모집을 담당했다. 그러나 영국은 자유 대신 영장 없는 수색과 체포, 재판 없는 감금 등 강경책으로 대응했다. 인도인들은 이것을 '반론도 없고, 변호인도 없고, 항소도 없다'고 불렀다. 따라서 간디는 반정부주의자로 변신했다. 1919년 4월 6일, 간디는 자치(swaraj, 스와라지)를 위한 주요 운동 4개 중 첫 번째 운동을 시작했다. 이 운동은 대부분 혁명 운동과 달리, 비폭력으로 목표를 달성한다는 사탸그라하, 즉 영혼의 힘에 기초했다.

7일이 지난 1919년 4월 13일, 레지널드 다이어(1864~1927) 장군은 시크교 축제 바이사키를 축하하려고 암리차르 잘리안왈라바그 공원에 모인 비무장 인도인들에게 경고 없이 총격을 가했다. 그 결과 남자 337명, 소년 41명, 유아 1명이 죽고 약 1,500명이 다쳤다. 그는 또한 한 영국 여성이 잔인하게 구타당했던 길을 인도인이 건널 때 모두 배를 땅에 대고 기어가게 하라고 영국군에 명령했다. 당시 전쟁국무장관 윈스턴 처칠(1874~1965)은 다이어를 비난했지만, 캔터베리 대주교는 다이어를 "용감하고 멸사봉공 정신이 있는 애국심이 강한 군인"이라고 묘사했으며, 영국 내 많은 사람이 다이어에게 박수를 보냈다. 이런 반응에 큰 충격을 받은 인도국민회의 활동가이자 케임브리지대학 출신 자와할랄 네루(1889~1964)는 "제국주의가 너무나도 잔인무도하며, 영국 상류층의 영혼을 갉아먹었다"고 느꼈다. 이 학살을 계기로 그때까지 역사가 수닐 킬나니가 이름 붙인 '구걸하는 입헌주의'를 믿었던 네루와 많은 인도인은 더는 영국에 의지해서 자유를 얻을 수 없다고 확신했다.

　간디가 자치에 대한 신념을 버리고 '독립운동가'가 되기까지는 10년이 더 걸렸다. 간디의 전향에 결정적 영향을 미친 것은 인도인들이 자치하는 법을 얼마나 배웠는지 판단하는 사이먼위원회를 인도에 파견하기로 한 1927년 결정이었다. 위원회 위원 7명은 모두 백인 남성이었고, 그중 훗날 총리(1945~1951)가 되어 결국 인도 독립과 분할에 동의하게 되는 클레멘트 애틀리(1883~1967)가 있었다. 당시 젊은 애틀리는 인도인들이 "그들에게 가해진 어떤 사회적 홀대" 때문에 반영 감정을 가지게 되었다고 확신하며 인도를 떠났다. 그는 인도 민족주의를 "열등감에서 우러난 애국심이 낳은 사생아"라고 불렀고, 자치 정부가 들어서면 "부정부패"가 심해질 수 있다고 우려했다.

　간디는 가장 위대한 비폭력 운동을 시작하는 것으로 여기에 대응했다. 1930년 3월 12일, 간디는 수행하던 아메다바드에서 386*km* 떨어진 구자라트의 해안 마을 단디까지 행진했다. 총독 어윈 경(1881~1959)

에게 보낸 편지에서 간디는 독립이 아니라 소금 생산에 영국이 부과한 세금 철폐를 요청했다. 바닷가에서 소금을 만들어 자유를 얻는 것은 엉뚱해 보였지만, 간디는 가난한 사람들에게 큰 부담을 주는 세금이 외국의 지배로부터 자유를 얻기 위한 투쟁의 상징이 될 수 있다고 생각했다. 이 운동은 영국의 인도 지배를 뒤흔들었고, 처음에 간디를 투옥했던 어윈은 1931년 간디를 회담에 초대했다.

1921년, 영국-아일랜드 조약으로 이어진 영국과 아일랜드 민족주의자들 간의 회담과 달리 간디와 어윈 간의 회담은 인도에 자유를 가져다주지는 못했지만, 처칠이 말했듯이 이제 반역자가 "영국 국왕 겸 인도 황제 폐하의 대표와 동등한 위치에서" 협상하고 있었다. 이것은 인도 혁명의 중요한 순간이었다.

아이러니하게도 또 다른 측면에서 인도 혁명은 아일랜드 혁명과도 비슷했다. 간디가 주도한 평화로운 영혼의 힘 혁명과 함께 폭력 봉기도 진행되었다. 간디가 소금법을 위반한 지 12일 뒤 1930년 4월 18일, 인도 청년 62명이 1916년 아일랜드 부활절 봉기를 인도식으로 재현해보고자 했다. 이들은 경찰과 보조 부대 무기고를 점거하고, 벵골 치타공에 임시 혁명 정부를 세웠다. 영국이 '놀라운 쿠데타'라고 부른 이 시도는 실패했지만, 치타공 반란군은 간디의 평화적 접근법을 거부하는 많은 인도인을 대표했다.

아일랜드 혁명에서 독립을 단호하게 반대하는 얼스터 신교도라는 '오렌지색 카드'가 있었던 것처럼, 인도 혁명에는 영국이 도착했을 때 인도를 지배하던 무슬림이라는 '녹색 카드'가 있었다. 힌두교도 간디는 이 녹색 카드와 합의하지 못했다. 무슬림과 동맹을 맺으려는 그의 시도는 1919년 오스만제국 술탄이 칼리프(이슬람 세계의 명목상 지도자)로 남는 것을 지지했을 때처럼 기회주의적이었다. 그러나 이 시도는 오스만제국이 세속 국가 튀르키예로 교체되고 칼리프 제도가 폐지되면서 실패했다. 또한 간디의 시민 불복종 운동은 전인도무슬림연맹 지도자 무하마드 알리 진나(1876~1948)를 배제했다. 한때 간디의 정치적 동료였던 진나는 1920년 간디의 운동을 "논리적이지도 정치적으로 건전하지도 않다"고 표현했다.

　　간디는 외국의 도움을 구하거나 받지 않았지만, 해외에서 일어난 사건 때문에 영국은 결국 인도를 떠났다. 먼저 1941~1942년 일본이 동남아시아 전역에서 승리해 백인 우월주의 신화가 무너졌다. 그리고 간디와 사이가 나빴고, 비폭력 정책에 동의하지 않았던 전 인도국민회의 의장 수바스 찬드라 보세(1897~1945)가 1943년 일본의 지원을 받아 일본군의 포로가 된 인도인 병사들을 중심으로 인도국민군(INA)을 결성했다. 인도국민군은 인도를 점령한 영국령 인도군에 맞서는 자유인도임시정부의 군대였다. 이 군대는 큰 힘을 발휘하지 못했고, 보세는 일본이 항복한 후 1945년 8월 비행기 사고로 죽었다. 그러나 영국이 패배한 보세의 장교들을 군법회의에 넘겼을 때, 보세는 죽고 나서 뜻밖의 성공을 거두었다.

　　전쟁은 인도를 분열시켰다. 백만 명이 넘는 인도인이 영국 편에서 싸웠다. 그러나 1942년 간디의 '인도를 떠나라(Quit India)' 운동은 전국 시위로 발전해 경찰서가 불타고 우체국이 습격당했으며 기차가 탈선했다. 린리스고는 영국의 지배가 1857년 반란 이후 가장 심각한 위협에 직면했다고 전시 내각에 보고했다. 약 35,000명이 인도를 진압하는 데 투입되었다. 간디와 인도국민회의 지도부가 대부분 체포되었고, 채찍질이 다시 도입되었다. 군대는 538회 발포했고, 반란지역을 여섯 차례 공습했다. 1943년 3월 20일, 인도성 군사장관 롭 록하트(1893~1981) 소장은 비밀 메모에서 "전쟁이 계속되는 동안, 어쩌면 그 후에도 한동안 인도는 점령당한 적대국으로 생각해야 한다"고 썼다. 같은 해 벵골에서는 20세기 남아시아 최악의 기근이 발생했다. 영국의 무능과 무관심 때문에 벵골인 약 400만 명이 죽었다.

이런 배경에서 1945년 11월, 인도국민군 재판이 시작되었다. 반역죄로 기소된 군인들은 인도에서 가장 뛰어난 변호인의 변호를 받았다. 한때 보세의 군대와 싸우겠다고 했던 네루는 이제 변호인으로서 보세의 군인들을 자유의 투사라고 변호했고, 간디조차도 보세에게 경의를 표했다. 수많은 시위에서 경찰이 발포했다. 인도 여러 지역에서 폭동이 일어났고, 1946년 1월 뭄바이에서는 며칠 동안 사실상 왕립인도해군 전체가 대놓고 반란을 일으켰다. 영국 소유 〈타임즈 오브 인디아〉가 "도시 사상 초유의 해군 반란에 동조한 대중 봉기"라고 부른 폭동에는 섬유 노동자들이 가담했다. 1946년 3월, 델리의 연합군 전승 행진은 시청이 불타고 폭도들에게 경찰이 발포하면서 중단되었다.

인도국민군 재판을 명령하고 영국령 인도군을 잘 안다고 생각했던 클로드 오친렉(1884~1981) 총사령관이 "인도국민군에 대한 동정심이 커지고 있다"고 인정할 정도로 시위의 규모는 컸다. 영국은 이제 병사들을 반역자가 아닌 애국자로 인정하고 전쟁포로로 대했다. 더 이상 영국은 인도인 협력자들에게 의존할 수 없었고, 영국인 병사들 또한 더는 인도제국을 위해 싸우고 싶지 않았다.

전쟁을 계기로 인도국민회의와 진나의 전인도무슬림연맹 간 정치적 균형도 바뀌었다. 1937년, 영국령 인도 여러 주에서 치러진 선거(토후들이 통치하는 인도의 1/3 지역에서는 선거가 없었다)에서 투표권은 매우 제한적이었지만, 인도국민회의는 대승을 거두었다. 인도국민회의는 유일하고도 진정한 국민 정당임을 입증했고, 전인도무슬림연맹은 경쟁하는 무슬림 정당들에도 완패했다. 인도국민회의는 영국령 인도 11개 주 중 8개 주에서 내각을 구성했다. 영국이 계속 인도 중앙 정부를 지배하고 주 정부 권한을 제한해서 이것이 자유를 의미하지는 않았지만, 제2차 세계대전이 시작했을 때만 해도 인도국민회의는 사실상 영국 진영 안에 있었다.

그러나 린리스고 총독은 인도인들과 단 한 번의 상의도 없이 독일에 선전포고했고, 폴란드의 자유를 위해 참전한다면서 인도의 자유는 논의조차 거부했다. 간디와 인도국민회의는 이것을 위선이라고 생각했고, 1939년 10~11월 인도국민회의 각료들이 주 정부에서 사임하면서 영국 관리들이 다시 주 정부를 맡았다. 이때부터 진나는 판세를 뒤집었다. 간디가 영국 진영에서 나오자 진나가 들어왔다. 전쟁 내내 진나는 영국의 환심을 샀으며, 1940년 인도 무슬림의 조국으로서 파키스탄을 요구했다. 1939년에만 해도 미약해 보였던 진나와 전인도무슬림연맹은 전쟁이 끝날 무렵 거대한 세력으로 성장해있었다. 진나는 "파키스탄은 우리에게 사활이 걸린 문제"라며 파키스탄을 쟁취하기로 결심했다.

1946년 8월, 진나는 파키스탄 건국을 위해 〈직접 행동의 날〉을 촉구했다. 콜카타에서 무슬림이 힌두교도들을 학살하자 힌두교도들이 무슬림에게 대규모 보복을 가해 인도에서 거의 볼 수 없었던 종교 전쟁이 벌어졌다. 한편 이 무렵 영국은 철수해야 하는 상황임을 깨닫고, 인도국민회의와 전인도무슬림연맹이 함께 국가를 운영하는 행정부를 구성하도록 했다. 제헌의회가 세워졌지만, 분열이 심해 인도국민회의와 전인도무슬림연맹 모두 지지자들을 통제하지 못했다. 1947년 2월, 애틀리는 1948년 6월에 영국이 철수한다고 발표하고, 루이스 마운트배튼 경(1900~1979)을 총독으로 파견해 권력을 이양하도록 했다. 그러나 마운트배튼은 인도에 도착하자마자 영국이 버틸 수 없다고 신속하게 결론을 내렸고, 1947년 8월로 철수 날짜를 앞당겼다.

역사가들은 인도와 파키스탄 분할에 따른 참사가 마운트배튼이 황급히 달아난 결과였는지 오랫동안 논쟁을 벌였다. 분할 과정에서 100만 명이 죽었다. 힌두교도는 새로 생긴 파키스탄에서 탈출하고 반대로 무슬림은 파키스탄으로 도피하는 등 수백만 명이 고향을 떠나야 했다. 20년 전만 해도 정권은 평화롭게 이양될 수 있었다. 그러나 1925년 당시 인도 국무장관 버켄헤드 경은 총독에게 무슬림은 "강력하고 활기찬" 공동체라며 힌두교도와 무슬림의 차이점을 부각해 "우리만이 조정자 역할을 할 수 있다는 것을 보여줄 수 있습니다"는 편지를 보냈다. 1947년, 수십 년 동안 무자비하게 분할통치 카드를 써왔던 영국은 인도가 불타는 것을 그저 지켜보기만 했다.

당시 힌두교도보다 무슬림을 더 선호했던 영국의 많은 관찰자는 파키스탄이 더 강력한 국가가 될 것으로 내다봤고, 인도는 살아남을 가능성이 없다고 평가했다. 그러나 놀랍게도 인도는 세계 최대 민주주의 국가가 되었고, 파키스탄과 달리 인도군은 한 번도 쿠데타를 일으킨 적이 없다. 그러나 이 위대한 업적에도 인도 혁명은 미완으로 남아 있다. 분할은 오랫동안 금지된 주제였고, 인도 영화 제작자들이 이 문제를 처음 다룬 것은 독립 후 거의 30년이 지나서였다.

간디와 네루의 인도국민회의는 파키스탄이 붕괴하고 인도가 재통일되기를 바라며 마지못해 분할을 받아들였다. 1971년, 서파키스탄

펀자브 군대가 동파키스탄 벵골 시민을 대량 학살한 사건을 계기로 인도가 방글라데시의 건국을 도우면서 종교가 문화적으로 분열된 사람들을 하나로 묶을 수 있다는 신화를 깨뜨렸다. 그러나 파키스탄은 미국과의 오랜 동맹을 덕분에 살아남을 수 있었다. 인도와 파키스탄은 분쟁 지역 카슈미르에서 네 차례 전쟁을 치렀고, 지금까지 인도는 파키스탄을 테러국가로 낙인찍으려 한다. 인도 정치인의 기본자세 또한 파키스탄에 맞설 강자의 모습을 연출하는 것이다. 분할의 어두운 면 때문에 인도 혁명 이야기는 쌀, 렌틸콩, 채소, 달걀을 섞어 만든 인기 요리 키체리처럼 모순된 생각으로 가득 차 있다.

간디는 인도의 국부로 추앙받고 있지만, 촌락 생활을 중심으로 산업화 이전 시대로 돌아가려는 그의 경제사상은 네루를 시작으로 서양식 산업사회를 지향하는 인도와 아무런 관련이 없다. 간디의 금주 정책만이 받아들여져 사람들은 술을 마실 때 허가를 받아야 했지만, 이 정책조차도 대부분 폐기되었다. 간디는 비폭력 운동을 전개했지만, 독립을 위해 폭력을 사용한 인도인들도 오늘날 간디와 같이 도덕적으로 존경을 받는다. 학교 교과서는 간디뿐만 아니라 라호르에서 영국 경찰을 살해하고 1931년 교수형을 당한 젊은 사회주의 혁명가 바가트 싱도 찬양한다. 간디는 바가트 싱의 '혁명적 테러'를 비난하며 "외국 지배자를 향한 폭력"이 "우리 동포를 향한 폭력"으로 이어지는 것은 "쉽고 자연스러운 수순"이라고 경고했다. 그러나 인도인들은 대부분 간디가 그려진 모든 루피 지폐와 함께 바가트 싱을 기리는 우표에 모순을 느끼지 않는다.

가장 궁금한 키체리는 독립한 인도가 카스트 제도를 어떻게 해결했는가이다. 수 세기 동안 힌두교 카스트 제도에서 브라만을 필두로 상위 카스트는 불가촉천민을 함부로 대했다. 이것은 미국의 노예제에 해당하는 인도의 원죄다. 미국 건국의 아버지들은 노예제를 방치했고, 미국 남부 흑인들이 투표권을 얻기까지는 200년 가까이 걸렸다. 독립한 인도가 카스트 제도와 투표권에 접근하는 방식은 크게 달랐다. 인도에서 영국 선거제도는 작가 닐라드 차우드리의 말처럼 "도덕적으로 불공평하고 부당할 뿐만 아니라 지적으로도 불합리한" 제도였다. 투표할 수 있는 사람은 14%에 불과했고, 나머지는 재산과 학력의 제한을 받았다. 선거구는 12개로 나뉘었고, 투표는 종교, 성별, 인종 및 상업, 공업, 대학에 배분된 의석수에 따라 결정되었다. 독립한 인도는 이 제도를 거부하고 1인 1표제를 선택했다.

이로써 불가촉천민 카스트(현재 달리트)에게 새로운 시대가 열렸다. 투표소에서 이들은 과거 자신을 학대했던 사람들과 동등해졌다. 이들은 이 투표권을 최대한 활용했다. 사회학자 아쉬스 난디는 인도 정치 제도는 "하층 카스트와 달리트를 대표하는 사람들 비중이 훨씬 높다. 실제로 상위 카스트 출신이 인도에서 주 총리가 되기란 매우 어렵다"고 지적한다. 그리고 달리트에게는 간디에 필적하는 빔라오 암베드카르(1891~1956)라는 영웅이 있다. 암베드카르는 끔찍한 차별을 극복하고 변호사가 되어 헌법 초안 작성에 중요한 역할을 했고, 힌두교에서 벗어나려고 불교도가 되었다. 오늘날 그의 기념일이 있으며 공공장소와 은행에는 그의 초상화가 걸려 있다.

게다가 인도 건국의 아버지들은 적극적 우대 조치를 도입해 공직과 교육 기관 일정 비율을 달리트에게 할당했다. 그러나 계획대로 되지는 않았다. 10년 동안만 시행될 예정이었던 이 제도는 '사회적·교육적으로 소외된 카스트' 2,399명에게 할당제 혜택을 주며 지금까지도

이어지고 있다. 할당률을 50%로 제한하려면 인도 대법원의 판결이 필요했다. 놀랍게도 과거 달리트와 함께 식사조차 하지 않았던 상위 카스트 힌두교도들은 이제 할당제 혜택 때문에 그들 자신을 하층 카스트라고 주장하기도 한다.

네루가 인도에 제시한 비전의 또 다른 핵심은 세속주의였다. 정치인들이 전통적으로 기독교 신앙을 드러내는 미국과 달리, 네루의 인도에서 종교를 언급하는 사람은 인도말로 종교적 편협함을 뜻하는 '종파주의자'로 낙인찍혔다. 그러나 세속주의는 최근 수십 년 동안 힌두 포퓰리즘이 성장하면서 도전을 받고 있다.

일부 힌두교도들은 항상 세속주의에 반대해왔고, 1948년 간디도 힌두 극단주의자에게 암살당했다. 그러나 1990년대 이들은 선거에서 이기는 방법을 발견했다. 호전적 힌두 민족주의 힌두트바는 식민지 시대에 탄생했고, 네루가 종교적 편견에서 힌두교도를 떼어놓으려 했지만 살아남았다. 이들은 많은 힌두교도에게 네루의 세속주의 때문에 나라를 잃었다고 설득하는 데 성공했다. 힌두트바는 힌두교를 국교로 모든 인도인이 힌두교 문화를 받아들여야 한다고 생각한다. 나렌드라 모디(1950년생) 총리는 힌두트바를 교묘하게 이용해 두 번의 선거(2014, 2019)에서 승리했다. 모디는 기업들을 지원해 번영을 이룩하겠다는 이야기에 집중하지만, 그의 주변 사람들은 고대 힌두교도들이 핵무기를 보유했다는 기상천외한 주장과 소수 종교에 대한 편협함을 더해 힌두트바를 조장한다. 모디의 영향으로 이른바 세속적 정치인들도 힌두교 신앙을 거리낌 없이 내세우게 되었다. 무신론자 네루가 살아있었다면, 큰 충격을 받았을 법하다. 힌두트바 운동은 또한 반세기 동안 인도를 지배한, 영어를 쓰는 인도인에 대한 불신을 이용해 이들이 아직도 옛 식민지 세력을 추종하는 엘리트라고 매도했다.

　　네루의 세속주의와 모디의 힌두트바 간의 싸움으로 인도 혁명의 최종 결과가 판가름날 것이다.

모한다스 간디

모한다스('마하트마', 위대한 영혼) 간디(1869~1948)는 런던에서 변호사
가 된 후 1893년 남아프리카에서 인종 차별을 겪고 인도인 권리 운동을 시
작했다. 제2차 보어전쟁(1899~1902) 당시 의용구급대를 편성하고 종교를
연구했다. 1915년, 인도로 돌아와 영국의 전쟁 활동을 지원했지만, 1919년
대중 불복종 운동 사탸그라하(영혼의 힘)를 시작했다. 1924년 인도국민회
의 대표가 되어 파벌을 통합하려 했다. 1930년, 소금법에 반대하는 소금 행
진을 이끌었고, 인도의 미래를 논의하려고 런던에 갔다. 수차례 투옥되고 단
식 항의도 했으며, 1934년 인도국민회의를 떠나 전통적 마을 중심 문화를 재
건하는 비전에 주력했다. 1942년, 인도국민회의의 <인도를 떠나라> 운동을
독려했다. 1947년, 종파주의자들의 폭력이 고조되자 궁지에 몰렸지만, 인
도와 파키스탄 분할에 반대해 이슬람과 힌두교 간 화해를 모색했다. 1948년
1월, 광신적 힌두교도에게 암살당했다.

자와할랄 네루

인도국민회의 정치인이자 인도의 초대 총리(1947~1964) 자와할랄 네루
(1889~1964)는 브라만 출신이었다. 런던에서 법을 공부하고 1912년부터
인도에서 변호사로 활동하다가 1919년 인도국민회의에 들어갔다. 수차례
투옥되었고, 마르크스주의에 관심을 가졌으며, 인도국민회의가 완전한 독립
을 목표로 선언한 1929년 인도국민회의 대표가 되었다. 간디의 전통주의와
달리 세속적·근대적 비전을 발전시켰다. 1939년, 독립을 조건으로 인도가
나치에 맞서 싸우는 전쟁을 도와야 한다고 주장했다. <인도를 떠나라> 운동
을 결의한 후 1942~1945년 투옥되었다. 석방된 후 독립 협상에서 인도국민
회의 지도자로 독립한 인도의 총리로 선출되었다(1947년 8월 15일). 국내
에서 세속적·민주적 사회주의를 추진했고, 외교적으로 비동맹 운동 지도자
였으나 1962년 중국과 전쟁을 벌였다.

연표

1885년	인도국민회의가 뭄바이에서 출범하다
1906년	전인도무슬림연맹이 결성되고, 인도국민회의가 자치를 요구하다
1914~1918년	제1차 세계대전 중 유럽에서 인도인 6만 명이 죽다
1915년	간디가 남아프리카에서 인도로 돌아오다
1919년	암리차르 잘리안왈라바그에서 학살이 벌어지다
1921년	간디가 시민 불복종 운동을 시작하면서 영국 상품 불매를 촉구하다
1927~1928년	영국 정부가 인도에 정치 개혁을 권고하려고 사이먼위원회를 임명하다
1930년	간디가 영국의 소금법에 항의해 소금 행진을 이끌다
1931년	런던에서 제2차 원탁회의가 열리고, 간디와 어윈은 시민 불복종을 끝내고 정치적 권리를 인정하는 협정에 합의하다
1935년	인도정부법에 따라 주 정부 단위에 정치적 권리가 부여되다
1939년	제2차 세계대전이 발발하자 총독이 일방적으로 인도의 참전을 선언하고, 인도국민회의는 여기에 항의해 영국 상품 불매 운동을 선언하다
1941년	수바스 찬드라 보세가 인도를 탈출해 영국에 맞서 추축국 진영에 가담하다
1942년	
3월	전후 인도의 정치적 지위 협상을 위한 스태포드크립스사절단이 구성되다
8월	인도국민회의 지도부가 <인도를 떠나라>로 인도의 완전한 독립을 요구하다가 체포되고, 인도 전역의 봉기로 시위대 600명이 죽다
1943년	보세의 인도국민군이 인도로 진군하다가 임팔 외곽에서 저지되고, 벵골에 기근이 만연하다
1945년	노동당이 영국 총선에서 승리하다
1946년	간디-진나 회담이 결렬되고, 종파주의 폭동이 일어나다
1947년	영국 의회, 인도국민회의, 전인도무슬림연맹이 분할과 독립에 합의하다
8월 15일	네루가 총리가 된 인도와 진나가 이끄는 파키스탄이 독립하고, 분할에 따른 종파주의 폭동으로 수십만 명이 죽다
10월 27일	인도와 파키스탄이 카슈미르 영유권을 놓고 전쟁을 벌이다
1948년	
1월 30일	간디가 힌두 민족주의자에게 암살당하다
1952년	인도가 최초로 총선을 치르다
1962년	인도와 중국이 단기간 국경 전쟁을 벌이다

1965년	인도와 파키스탄은 카슈미르를 놓고 전쟁을 벌이다
1966년	네루의 딸 인디라 간디가 총리가 되다
1971년	
12월	인도와 파키스탄이 동파키스탄을 놓고 또다시 전쟁을 벌여 방글라데시가 탄생하다
1992년	광신적 힌두교도들이 아요디아의 16세기 이슬람 사원을 파괴하고 전국 폭동을 일으켜 무슬림이 대다수인 약 3,000명이 살해당하다
1998년	힌두 민족주의 인도인민당(BJP)이 연립정부를 구성하다

베트남: 8월 혁명,
1945

스테인 퇴네손

제2차 세계대전이 끝나자 유럽 제국 옛 식민지에서는 민족주의 혁명의 물결이 일었다. 베트남 혁명은 아시아에서 전쟁이 끝난 시점에 일어나 19세기 후반부터 인도차이나를 지배한 프랑스에 맞서 싸웠다. 처음에 혁명은 성공했지만, 남부에서는 곧 영국군과 프랑스군에 분쇄되었다. 어려운 협상 끝에 베트남 북부의 새로운 정권은 인도차이나에서 프랑스를 몰아내기 위해 힘겨운 전쟁을 치렀고, 그 후 베트남을 통일하기 위해 남베트남과 미국을 상대로 오랫동안 막대한 희생이 따르는 전쟁을 벌였다.

　　마르크스주의 이념과 반식민주의적 민족주의를 결합한 베트남 혁명은 전 세계 다른 독립운동의 모델이 되었다. 그러나 1945년 혁명은 그 후 두 차례 전쟁에서 베트남이 보여준 영웅적 업적에 묻혔지만, 호찌민은 전 세계 혁명가와 활동가들에게 영감을 주었다.

피터 퍼타도

❖❖❖

1945년 8월, 제2차 세계대전에서 일본이 항복한 직후 일어난 베트남 민중 봉기는 미국 혁명(1776), 프랑스 혁명(1789), 러시아 혁명(1917)과 함께 위대한 혁명으로 인정받는 데 손색이 없었다. 그해 8월 말, 젊은 운동가들은 주요 도시와 마을을 장악하고 새로운 공화국의 토대로 인민위원회를 설립했다. 베테랑 공산주의자 호찌민(1890~1969)은 하노이에 임시 정부를 세웠다. 프랑스에서 교육받고 프랑스의 꼭두각시로 1926년 안남 황제로 즉위해 몇 달 동안 일본의 보호를 받은 바오다이(1913~1997)는 퇴위했다. 9월 2일, 하노이 대중집회에서 베트남민주공화국(DRV)이 선포되었고, 이 정부는 즉시 식민지를 재정복하려는 프랑스의 야욕을 막으려고 군대를 가진 새로운 국가 건설에 착수했다. 1946년 1월, 총선거가 열렸고, 국회는 1946년 11월 8일 공화국 헌법을 채택했다.

8월 봉기는 얼마 안 되어 '8월 혁명'으로 명명되었고, 인도차이나 공산당 서기장이자 마르크스주의 이론가 쯔엉찐(1907~1988)은 일련의 논문으로 이 혁명을 분석했다. 그는 프랑스 혁명과 러시아 혁명으로 이어지는 혁명의 전통에서 베트남 혁명 또한 국제적으로 인정받기를 바랐다.

그러나 그의 바람은 실현되지 않았다. 베트남 어린이들은 지금도 학교에서 8월 혁명을 배우고 호찌민의 독립 선언을 의무적으로 읽으며, 영화 〈8월의 별〉은 매년 텔레비전에서 방영된다. 1946년, 혁명 1주년을 기념해 작성한 쯔엉찐의 논문은 베트남어, 프랑스어, 영어, 러시아어, 중국어 등 여러 언어로 출간되었다. 하노이에 있는 혁명박물관은 혁명의 유산을 관리한다. 그러나 국립역사박물관, 호찌민박물관, 군사역사박물관이 더 크고 시설도 좋으며, 그만큼 더 많은 방문객을 맞이한다. 무엇보다 8월 혁명은 국제적으로 유명하지 않다. 잭 골드스톤의 『혁명』(2014)에는 '공산주의 혁명'에 관한 장이 있지만, 그곳에 베트남은 없다. 2017년, 런던에서 열린 혁명 관련 전시회에서 왜 베트남이 없냐고 큐레이터에게 불만을 제기했을 때 베트남은 혁명이 아니라 전쟁이었다는 답변을 들었다. 필립 파커는 『혁명: 20세기를 만든 반란들』(2017)에서 캄보디아를 포함해 18개의 혁명을 다루지만, 베트남 혁명에 관해서는 한마디도 하지 않았다.

왜 그럴까? 몇 가지 이유로 베트남은 혁명사에서 제대로 된 위치를 차지하지 못했다. 그중 하나는 1946~1975년 베트남이 프랑스 그리고 미국과의 전쟁에서 보여준 비극적 영웅주의가 8월 혁명의 기억을 압도했기 때문이다. 더 직접적으로는 전 세계가 제2차 세계대전 종전에 관심이 쏠려있을 때 8월 혁명이 일어났기 때문이다. 국제 공산주의 언론도 이 사실에 주목하지 않았고, 전 세계 공산주의자들은 호찌민 주석이 새로운 독립 공화국을 세웠다는 소식을 들었을 때 그가 1920~1930년대 공산주의인터내셔널 공작원으로 활약했던 응우옌아이꾸옥과 동일 인물이라는 사실을 알아채지 못했다. 1945년, 연합국이 독일 나치즘과 일본 군국주의에 맞서 위대한 승리를 거둔 직후, 이오시프 스탈린(1878~1953)은 프랑스 식민지에서 공산주의 혁명이 일어나는 것을 원하지 않았다. 그는 연립정부에 공산당이 참여한 프랑스와 긴밀한 관계를 맺고 싶었다.

8월 혁명 유산의 또 다른 문제는 너무 쉽고 빠르게 성공했다는 점이다. 이후 벌어진 전쟁과 달리 이 혁명에서는 사실상 유혈 사태가 없었다. 일부 저명한 비공산주의자들이 살해되었지만, 반란군은 별다른 저항에 부딪히지 않았다. 1945년 8월 14일, 덴노가 연합군에 항복하기로 하면서 생긴 권력 공백을 틈타 이들은 권력을 장악했다. 이미 같은 해 3월 9일, 프랑스 비시 정권이 식민 지배(1940~1945)를 끝냈을 때 일본은 연합군이 인도차이나에 상륙해 현지 프랑스군의 지원을 받을 것으로 예상했다. 그러나 전쟁 막바지 일본은 프랑스 식민지 관리들을 일본인으로 대체할 수 없어서 현지 협력자들에게 의존해야 했다. 1944~1945년 베트남 중북부가 끔찍한 기근으로 황폐해져 절망감이 확산하는 가운데 호찌민이 1941년 중국 접경 지역에 세운 베트남독립동맹(Viet Minh, 베트민)은 해안지역과 홍강 삼각주로 세력을 넓혔다. 반면, 다른 민족주의와 공산주의 조직들은 메콩강 남부 삼각주에서 많은 지지를 얻었다. 일본이 항복하자 현지 조직들은 도시와 마을의 권력을 차례로 장악했다. 일본은 반란군이 일본군을 공격하거나 인도차이나은행과 그곳의 금을 탈취하려 하지 않는 한 혁명을 막을 이유가 거의 없었다.

혁명에 관한 프랑스 서적을 탐독했던 쯔엉찐은 쉽게 권력을 잡은 이 사건을 사람들이 진정한 혁명으로 생각하지 않는다는 점을 알아챘다. 그래서 초기에 쓴 논문에 '혁명인가 쿠데타인가?'라는 제목을 붙이고 혁명의 목표는 단순히 지배 엘리트를 교체하는 것이 아니라 사회를 근본적으로 바꾸는 것이므로 이 사건은 쿠데타가 아니라 혁명이라고 강력하게 주장했다.

그러나 8월 혁명이 사회를 바꾸었을까? 진정한 사회주의나 공산주의 혁명이었을까? 아니면 미국 혁명의 전통을 이어받은 식민지 해방민족 혁명이었을까? 이 질문은 호찌민의 역할과 관련이 있다.

호찌민은 베트남 중부의 애국적이고 식민주의에 반대하는 환경에서 성장했다. 젊은 시절 프랑스령 인도차이나를 떠나 배를 타고 세계를 돈 후 파리에서 급진적 정치에 입문해 1920년 프랑스공산당 창당에 참여했다. 1923년에는 응우옌아이꾸옥(애국자 응우옌)이라는 공산주의인터내셔널 공작원으로 소련에서 훈련받았다. 광저우에 잠시 정착해 망명 중인 베트남 청년혁명동지회를 훈련시키고, 말라야와 태국에서 공산당 창당에 참여했다. 1930년에는 홍콩에서 인도차이나공산당 창당을 주도했다. 1930년대에는 프랑스령 인도차이나 법원의 궐석 재판에서 사형을 선고받고 홍콩에서 영국 당국에 의해 한동안 수감되었으나 석방되어 소련으로 돌아갔다. 스탈린의 숙청에서 살아남은 그는 1938년 중국으로 돌아와 산시성 옌안에 있는 마오쩌둥(1893~1976) 본부에 머물다가 중국과 베트남 국경 지역에 자리를 잡았다. 그리고 이곳을 거점으로 현지 소수 민족으로 구성된 소규모 게릴라 군대와 함께 베트민을 결성했다.

베트남에 관한 책들은 대부분 호찌민이 민족주의자였는지 아니면 공산주의자였는지 질문을 던지고, 분별 있는 저자들은 대부분 '둘 다'라고 답한다. 그러나 일부는 그를 민족주의 목표를 위해 공산주의 기술과 교리를 사용한 민족주의자로 보지만, 다른 일부는 그가 공산주의 목표를 위해 민족주의를 이용했다고 주장한다. 1945~1947년, 호찌민의 주된 관심은 프랑스로부터 베트남을 해방해 독립국으로 만드는 것이었다. 그는 사회 각계각층의 지지를 얻으려고 공산주의를 전면에 내세우지 않았고, 토지 개혁과 관련된 계획도 추진하지 않았다. 심지어 바오다이 전 황제를 정부 최고 고문으로 초빙하기도 했다.

당시 호찌민은 거리가 먼 소련의 원조를 기대할 수 없었고, 마오쩌둥의 홍군도 아직 멀리 있어서 현지 미국인 대표들과 인맥을 만들어 미국에 도움을 요청했다. 1945년 9월 2일, 베트남 독립을 선언할 때 호찌민은 1776년 미국 〈독립선언문〉을 언급했다. 장제스(1887~1975) 총통의 국민당이 일본의 항복을 받으려고 베트남 북부로 들어오자 호찌민은 외교술을 발휘해 장제스의 지휘관들과 친분을 쌓고, 권력을 유지했다. 1945년 11월 22일, 호찌민은 15년 전 창당한 인도차이나공산당을 해산하기로 결정해 쯔엉찐 총서기를 실망시켰다. 1946년 3월, 호찌민은 친중 민족주의 정당 2곳과 연립정부를 구성했다. 외국인들이 그에게 공산주의에 관해 질문하자 그는 미래의 문제라고 대답했다. 프랑스가 남베트남을 재점령하자 그는 프랑스와 두 차례(1946년 3월 6일과 9월 15일) 협정을 맺어 프랑스 연합 내 자유국으로서 베트남의 지위를 확보하고 북베트남에 프랑스군이 주둔할 수 있도록 했다.

　중도 노선으로 호찌민은 새로운 공화국을 지키면서 프랑스가 지배하는 남베트남 주민들에게도 그의 영향력이 미친다는 것을 증명했다. 그러나 현지 프랑스 당국은 독립된 베트남의 통일을 원하지 않았고, 1946년 12월 19일 고의로 위기를 일으켜 베트남군이 하노이의 프랑스군을 공격하도록 만들었다. 혁명으로 반혁명 세력이 베트남에 개입했고, 결국 교착상태, 협상, 전쟁으로 이어진 인도차이나 전쟁이 시작되었다. 1947년, 호찌민의 중도 노선은 베트남 공산주의자들에게 득이 아니라 실이었다. 베트남 공산주의자들은 외국의 지원이 절실했지만, 베트남 혁명은 국제 공산주의 운동에서 그다지 중요하게 여겨지지 않았고, 소련과 다른 공산주의 세력은 호찌민을 민족주의에 경도된 일탈자로 생각했다. 1945~1949년, 베트남 8월 혁명은 러시아 10월 혁명의 후계자로 국제적 인정을 받지 못했다.

   프랑스와 전쟁이 발발하자 베트남 공산주의자들은 게릴라 전술로 장기적 저항에 나설 수밖에 없었다. 따라서 1927년 장제스의 공격을 받은 중국 공산주의자들의 상황과 같아졌다. 1947년부터 베트민과 중국 홍군은 비슷한 투쟁을 벌였다. 그 후 1949~1950년 홍군의 승리로 중화인민공화국이 수립되면서 인도차이나의 전쟁은 반식민지주의 해방 전쟁에서 공산주의와 자본주의 간 냉전이라는 더 넓은 맥락의 '뜨거운' 전쟁으로 변모했다. 1950년 1월, 중국과 소련이 베트남민주공화국을 승인하면서 호찌민은 베이징과 모스크바를 방문할 수 있었다. 그 후 베트민은 중국으로부터 막대한 군사 지원을 받아 게릴라전이 아닌 정규전을 수행할 수 있게 되었고, 프랑스와의 전투에서 승리했다. 1950년 10월, 프랑스는 중국 접경 지역을 포기해야 했고, 마침내 1954년 5월 디엔비엔푸에서 항복했다. 따라서 호찌민 정부를 하노이로 복귀시키는 협상이 제네바에서 진행될 수 있었다. 그 결과 북위 17도 선을 기준으로 베트남은 사회주의 북부와 반공주의 남부로 일시 분단되었다. 1949~1950년, 프랑스는 남베트남에 바오다이 전 황제가 다스리는 반혁명 국가를 세웠다. 그러나 1955년 가톨릭교도이자 반공 지도자인 응오딘지엠(1901~1963) 총리는 바오다이를 추방했고, 새 공화국 총통이 되었다.

   중국에서 혁명이 성공하면서 러시아 10월 혁명(1917)과 베트남 8월 혁명(1945)을 대체할 새로운 혁명 모델이 나왔다. 전에는 도시를 거점으로 봉기를 일으켜 공화국을 수립한 후 반혁명 세력과 내전을 벌였지만, 중국에서는 먼저 농민군이 게릴라전을 벌인 후 이를 정규전으로 격상시켜 외부에서 도시를 포위하고 정복하는 인민전쟁으로 권력을 장악했다. 1950년부터 베트남은 중국인 고문들의 도움을 받아 인민전쟁 전략을 적용하면서 엄청난 희생을 치렀지만, 1954년 프랑스에 승리하고 1973년 미국이 군대를 철수할 때까지 버텼으며, 마침내 1975년 4월 30일 남베트남에 승리했다.

한편 베트남 공산주의자들은 1951년 베트남노동당을 창당하고 1953~1956년 북베트남에서 무자비한 토지 개혁으로 지주 수만 명을 살해해 1945~1946년 호찌민의 '실수'를 극복하고자 했다. 이렇게 해서 소련과 중국에 눈도장은 찍을 수 있었지만, 그 정도가 지나쳤다. 북베트남에서는 소지주와 대지주를 구분하기 힘들었다. 진짜 대지주는 거의 없었고, 또 그 대다수는 소지주보다 약간 더 넓은 토지를 소유하고 있을 뿐이었다. 대량 학살은 1956년 최고 지도부가 사과해야 할 정도로 심각해서 쯔엉찐은 책임을 지고 당 총서기직에서 물러났다.

미국의 지원을 받으며 중무장한 프랑스 원정군을 상대로 베트남 군이 디엔비엔푸 전투에서 승리했을 때도 토지 개혁이 한창 진행 중이었다. 사실 이 토지 개혁 덕분에 베트남은 살아남은 병사들에게 땅을 주겠다고 약속할 수 있었다. 중국의 지원과 조언을 받아 보응우옌잡(1911~2013) 장군이 쟁취한 이 군사적 승리는 8월 혁명을 덮어버렸고, 많은 책과 영화의 소재가 되었다.

그러나 8월 혁명은 베트남 공산주의 지도자들의 사고방식에 계속 영향을 미쳤다. 이들은 중국의 인민전쟁을 모방하는 것이 아니라 진정한 레닌주의자임을 증명하고 싶었다. 1964~1973년 미국과 전쟁하는 동안 1945년 8월의 경험을 바탕으로 군사 작전과 결합해 남부에서 도시를 중심으로 혁명을 일으키려 했다. 이것이 1968년 1~2월 구정공세의 기본 구상이었다. 남베트남에서 오랫동안 활동한 레주언(1907~1986)이 이끄는 하노이 지도부는 외부 정규군의 공세와 도시 내부 비밀조직의 공격이 결합하면 민중이 봉기할 것으로 기대했다. 그러나 봉기는 일어나지 않았고, 이들은 엄청난 충격을 받았다. 구정공세에도 사이공, 후에, 기타 성도(省都)에서 정치적 변화는 없었다. 그래도 구정공세 덕분에 미국이 반전 여론으로 돌아선 것은 다행이었다. 리처드 닉슨(1913~1994) 대통령은 전쟁에서 '남베트남군을 지원하되 직접 개입을 줄이기'로 하고 1973년 파리 협정이 체결된 후 미군을 철수시켰다. 그 후 1975년 '호찌민 작전'으로 사이공이 함락하자 남베트남 정부는 항복했다. 그러나 이번에도 봉기는 일어나지 않았다. 승리는 중국식으로 이루어졌고, 1945년 8월 혁명은 재현되지 않았다.

8월 혁명의 유산이 아직도 남아 있을까? 1989년, 베를린 장벽이 무너지고 1991년 소련이 해체된 후 수많은 반공 '색깔 혁명'이 일어났기 때문에 공산주의 혁명 개념은 더 이상 유효하지 않다. 이론가 쯔엉 찐이 말한 8월 혁명 이야기는 현재와 연관성이 거의 없다. 그러나 베트남 밖에서 활동하는 역사가들, 특히 데이비드 마는 8월 혁명이 공산주의자나 반공주의자의 기록에서 흔히 생각했던 것보다 훨씬 더 다양하고 자발적이었음을 보여주어 8월 혁명의 역사를 수정하려 했다. 다양한 신념을 가진, 공산주의 교리도 모르는 젊은이들이 독립과 자유를 위해 거리로 나섰다. 사실 호찌민 주변 공산주의 지도자들은 혁명이 일어났을 때 혁명을 주도할 위치에 있지 않았고, 일본의 항복으로 갑자기 기회가 찾아오리라고는 예상도 못했다. 따라서 이들은 마을 권력을 장악한 지역 활동가들과 연락이 안 되는 상태에서 떤짜오라는 외딴곳에 모여 회의를 열었다. 혁명이 일어난 후 공산주의 지도자들이 하노이에 들어오자 지역 혁명위원회의 환영을 받았다. 호찌민에게 권력을 선사한 민중의 열정을 강조하는, 1945년 8월 봉기에 관한 아래로부터의 이야기가 역사적으로 정확하며, 쯔엉찐이 만들어낸 이념적 이야기보다 더 오래 기억될 것이다.

　나는 베트남 친구들의 도움으로 8월 혁명이 오늘날 베트남 젊은이들에게 어떤 의미가 있는지 알아보려고 설문조사를 진행했다. 결과는 놀랍도록 다양했다. 응답자 절반가량은 8월 혁명에 무관심했고, 이들에게 8월 혁명은 아무런 의미가 없었다. 나머지 절반은 혁명이 사람들을 죽이고 베트남의 자랑스러운 군주제를 폐지했으며 전쟁과 비극을 초래했다는 점을 들어 혁명에 부정적이었다. 그러나 더 많은 응답자가 혁명이 근대성, 독립, 자유를 가져왔다는 점에서 긍정적으로 바라보았다. 국민에게 권력을 주었다거나 공산당을 집권시켰다고 칭찬하는 사람은 아무도 없었다. 따라서 8월 혁명의 유산은 그것이 존재하는 한 프랑스 혁명이나 러시아 혁명보다 미국 혁명의 전통에 더 잘 들어맞는 것으로 보인다.

호찌민

호찌민(응우옌아이꾸옥 외 여러 이름)(1890~1969)은 많은 가명을 사용했으며, '빛을 가져오는 사람'이라는 뜻이다. 1910년대 선원으로 여행하며 파리에 살다가 프랑스공산당 창립 회원이 되었다. 1923년, 모스크바와 중국을 방문했고, 1930년 인도차이나공산당을 창당했다. 1941년, 중국에서 베트남으로 건너와 베트민을 창설했다. 1945년 9월, 베트남 독립을 선언하고 베트남민주공화국 주석이 되었고, 1954년 디엔비엔푸에서 프랑스군을 격파했다. '호 아저씨'는 베트남 통일의 열망을 상징했지만, 1954년 베트남을 남북으로 일시 분단하는 제네바 협정을 받아들였다. 개인적 능력 덕분에 베트남민주공화국은 프랑스와 그 후 미국과의 전쟁에서 중국과 소련의 막대한 지원을 얻어냈다. 1969년, 호찌민의 장례식에서 국경 분쟁으로 냉랭해진 소련과 중국 지도자들이 다시 접촉했다. 1975년, 남베트남 격퇴와 베트남 통일을 위한 베트남민주공화국의 마지막 총력전을 '호찌민 작전'이라고 불렀다.

쯔엉찐

베트남 공산주의 지도자이자 이론가 쯔엉찐(당쑤언쿠)(1907~1988)은 인도차이나공산당, 베트남노동당(1941~1956), 베트남공산당(1986) 총서기를 지냈다. 학창 시절 역사와 마르크스주의 이론을 배웠고, 1930년대 베트남 북부에서 교사로 일했다. 마오쩌둥의 대장정(1934~1935)에 감탄해 쯔엉찐('장정')이라는 이름을 썼다. 프랑스와 일본의 탄압 기간(1940~1945) 베트남 북부에서 비밀리에 활동하며, 1945년 3월 일본에 맞서 총봉기를 준비하라는 당 지침을 발표했고, 1946년, 8월 혁명을 정당화하는 책을 썼다. 1951년, 인도차이나공산당이 베트남노동당으로 재출범했을 때 당 서기장직을 유지했지만, 1956년 토지 개혁이 실패하면서 사임했다. 1986년, 레주언(1907~1986)이 죽은 후 다시 1976년 베트남공산당으로 개칭한 당의 총서기직을 맡았다.

연표

1926년	바오다이가 프랑스령 인도차이나 안남의 황제가 되다
1930년	응우옌아이꾸옥(호찌민)이 홍콩에서 인도차이나공산당을 창당하다
1940~1941년	일본이 인도차이나를 점령하다
1945년	
3월 9일	일본이 프랑스 식민 지배 체제를 무너뜨리고 안남, 캄보디아, 라오스에 괴뢰 군주국을 수립하다
8월 14일	일본이 연합군에 항복하고, 베트민이 봉기하다
8월 25일	바오다이가 퇴위하다
9월 2일	호찌민이 베트남민주공화국을 선포하다
9월 23일	재무장한 프랑스군이 사이공을 장악하다
1946년	
3월 6일	영국의 도움으로 베트남 남부를 재점령한 프랑스 지상군이 북부에 상륙하지만, 베트남민주공화국과 협정 체결을 강요받다
12월 19일	베트남민주공화국과 프랑스 간에 전쟁이 발발하다
1949~1950년	프랑스가 바오다이를 지도자로 베트남국을 세우자 영국과 미국이 사이공의 바오다이 정권을, 중국과 소련은 베트남민주공화국을 승인하다
1954년	프랑스군이 디엔비엔푸에서 패배하고, 제네바 회의에서 베트남이 남북으로 일시 분단되다
1955년	베트남국 총리 응오딘지엠이 바오다이를 축출하고, 자신을 총통으로 하는 베트남공화국을 세워 프랑스인을 철수시키고, 미국인 고문들을 초빙하다
1960년	남베트남에서 민족해방전선이 결성되어 응오딘지엠과 미국인 고문들에 맞서 투쟁을 이끌다
1964~1965년	미국이 북베트남을 폭격하고 남베트남에 정규군을 상륙시키다

중국: 공산주의 혁명,
1949~1976

가오 모보

1949년, 중국공산당은 국민당과의 오랜 내전에서 승리한 후 대륙을 장악했다. 그러나 이것은 중국 전역에서 진행될 철저한 사회주의 혁명의 예고편이었다. 지난 세기 중국은 2천만 명 이상이 죽은 1850~1864년 태평천국의 난, 1899~1901년 의화단의 난, 청 왕조를 타도하고 공화국을 수립한 1911년 신해혁명, 민족주의 국민당을 집권시킨 1925~1927년 반제국주의 상하이 파업 등 여러 혁명 운동을 겪었다. 이 혁명들은 중국을 전통적 유교 제국에서 서양의 가치관, 민족주의, 자본주의를 받아들이는 공화국으로 탈바꿈시키는 데 일조했다.

그러나 국공내전에서 홍군(紅軍)이 승리한 후 중국은 혁명 국가로 빠르게 변모했고, 공산당 지배 아래 마오쩌둥 주석의 마르크스-레닌주의 이념을 따랐다. 특히 1960년대 문화대혁명이 기존 권력 구조를 완전히 타파하는 동안 중국은 엄청난 인명 손실을 감수해야 했고, 때로는 혼란스러웠지만 결국은 확실하게 근대화를 달성해냈다. 혁명 사상은 『붉은 보서(紅寶書)』에 담긴 마오쩌둥 어록을 무작정 되뇌면서 중국과 전 세계로 퍼져나갔고, 사람들 대다수는 이 책에 필요한 모든 지식이 있다고 생각했다. 그러나 혁명기 마오주의 이념을 포기한 중국공산당이 무소불위 권력을 가진 중국에서 그 의미, 윤리, 유산은 아직도 해결되지 않았다.

피터 퍼타도

1949년, 공산주의 혁명이 일어나고 중화인민공화국(PRC)이 수립되면서 중국은 완전히 바뀌었다. 70년이 지난 지금 되돌아보면 그 성과는 눈부실 정도로 놀랍지만, 논란의 여지가 있다.

1921년, 중국공산당(CCP)이 설립되면서 혁명은 중요한 첫발을 내디뎠다. 마오쩌둥(1893~1976)은 1930년대까지 중국공산당의 독보적 지도자는 아니었지만, 당을 국가 혁신 기구로 만들었다. 그러나 대약진운동(1958~1962)과 문화대혁명(1966~1976)이라는 충격적 사건에서 맡은 역할 때문에 마오쩌둥에 대한 평가는 엇갈리며, 그는 혁명을 둘러싼 논쟁의 중심에 있다. 수 세기 동안 만연한 빈곤과 기근 때문에 중국 농민들은 반란을 일으켰고, 이런 반란은 19세기에 더욱 빈번했다. 약 2천만 명이 죽은 것으로 알려진 1850~1864년 태평천국의 난 같은 반란은 엄청나게 잔인하고 폭력적이었다.

인구를 부양할 경작지가 매우 적고 홍수와 가뭄이 잦은 자연환경 때문에 중국 농민들의 삶은 항상 불안정했다. 19세기 아편전쟁(1839~1842)에서 영국에, 이후 서양 열강과 일본에 연이어 패하면서 서양은 중국에 침투했고, 중국은 식민주의자들에게 쪼개질 위험에 처했다. 제국을 방어하고 외세가 요구하는 배상금을 지급하는 데 필요한 세수를 늘리려고 당국은 농민에게 무거운 세금을 부과했다. 소작료는 상승했고, 정부는 파산했다. 이 문제는 아편과 경쟁력 있는 공산품이 서양으로부터 대량으로 불법 수입되면서 발생한 무역 불균형으로 인해 더욱 심각해졌다.

근대 국민국가가 절실히 요구되었지만, 19세기 중국에서는 개혁이나 혁명 대신 수차례 큰 반란이 일어났다. 반란은 그 본질이 항의 운동으로서 사회경제 전반을 아우르는 프로그램을 제시하고 이념적으로 사회 문제를 해결하려는 논리가 있는 혁명과 구별된다. 스스로 예수의 동생이라고 주장한 홍수전(1814~1864)이 이끈 태평천국의 난은 이념이 있었다. 홍수전은 난징에 태평천국을 세우고 경작자들에게 땅을 돌려주는 정책을 선포했고, 남녀평등 사상을 주장하기도 했다. 그러나 태평천국은 사회정책을 실행할 능력이 없었고, 외세의 도움을 받은 청나라 정부에 분쇄되었다.

중국이 사회 문제를 해결하고 효율적 국가를 건설하려면, 보다 철저한 혁명이 필요했다. 1911년 공화주의 운동과 지방 군벌이 청나라 황제를 강제로 퇴위시키고 중국을 공화국으로 선포하면서 큰 유혈 사태는 없었지만 더욱 과격한 혁명이 일어났다.

이때 2개의 정당이 등장했다. 부유한 지주와 도시 자본가를 배경으로 한 국민당과 농촌 토지 개혁을 내세운 중국공산당이었다. 1920년대 장제스(1887~1975)가 이끄는 국민당이 중화민국의 실권을 잡았지만, 중앙 정부는 효과적으로 사회 개혁 프로그램을 시행할 수 없었다. 산업 인프라를 구축하려 했지만 토지 소유권과 관련된 농촌 문제를 해결하지 못했다. 또한 농촌에 혁명거점을 만들고 농촌 개혁에 착수한 중국공산당과도 싸워야 했다.

국민당이 자본주의 발전 모델을 채택한 반면, 중국공산당은 마르크스주의 접근 방식을 취했다. 마르크스주의는 변증법적 유물론이라는 역사 법칙에 따라 사회 구조(법과 질서, 가치, 교육, 예술)는 경제적 토대를 반영하지만 사회 계급 간 모순에 따라 활발하게 바뀐다고 주장한다. 결국 계급 갈등으로 인해 새로운 사회가 탄생한다. 따라서 자본주의 사회에서 노동자와 자본가 간 투쟁은 반드시 사회주의로 귀결된다. 이것은 고도로 발달한 자본주의 사회에서만 사회주의가 가능하다는 것을 시사하지만, 1917년 레닌은 자본주의가 발달하지 않은 러시아에서도 혁명 전위 볼셰비키로 사회주의 혁명이 일어날 수 있음을 보여주었다. 역사 법칙의 진리를 알고 강력한 조직과 규율로 무장한 볼셰비키는 프롤레타리아에게 노동자 계급 혁명 정신과 의식을 주입했다. 중국공산당도 처음에는 레닌의 지침을 따랐다.

중국공산당은 상하이와 우한 등 도시에서 노동자 운동을 조직하는 데 실패하자 무장 투쟁에 돌입해 도심 한복판에서 국민당과 싸웠다. 그러나 이것도 실패로 끝났다. 이때 중국공산당은 마오쩌둥과 그의 동지 주더(1886~1976)에게 주목했다. 주더는 게릴라전 전술을 채택해 농촌에서 무장 투쟁을 조직했다. 무엇보다도 중국공산당 홍군이 개척한 농촌 혁명거점에서 여성 해방, 빈곤층 문맹 퇴치 프로젝트와 함께 토지 개혁 사회 프로그램이 시행되었다.

일본이 만주 침략(1931)과 중국 본토 침략을 하지 않았다면, 홍군은 궤멸했을지도 모른다. 1930년대 초 국민당 군대가 포위 공격하자 위협을 느낀 홍군은 중국 남동부 장시성의 거점들을 포기해야 했다. 홍군은 약 10,000km에 달하는 대장정을 거쳐 중국 북부로 탈출했다. 이 과정에서 많은 사상자가 발생했지만, 마오쩌둥은 확실한 지도자로 부상했다. 북서쪽 산시성에 도착했을 때, 군대는 원래 규모의 1/10로 줄어들었다. 1936년, 장제스의 최고 사령관 장쉐량(1901~2001)이 홍군과 싸우라는 장제스의 명령을 거부하고 시안에서 장제스를 잡아 가둔 사건은 국민당에 치명적이었지만, 중국공산당에 매우 중요했다. 장쉐량은 장제스가 항일 투쟁을 위해 중국공산당과 합작하겠다고 합의한 후에야 장제스를 석방했다.

1945년, 일본이 항복한 후 중국공산당과 그 군대는 국민당을 물리칠 만큼 강해졌고, 1949년, 국민당 정부를 타이완으로 쫓아냈다. 이 승리로 마오쩌둥은 역사의 변증법적 유물론이라는 과학적 진리를 농업 사회였던 중국 현실에 적용해 마르크스주의와 레닌주의를 발전시켰다고 주장할 수 있었다. 즉, 중국에는 동원할 도시 노동자 계급이 적으니 도시 프롤레타리아가 아닌 농촌 빈민층에서 혁명을 시작해야 한다는 것이었다.

1949년 10월, 국공내전에서 승리한 후 군대식 규율을 가진 중국공산당이 통치하는 중화인민공화국은 두 가지 포괄적 프로젝트와 함께 정치 프로그램을 시작했다. 하나는 토지 개혁과 도심 생산수단 국유화 등 경제 프로젝트였고, 다른 하나는 사회 프로젝트였다. 경제 프로젝트는 지주와 부농에게서 토지를 몰수해 머릿수에 따라 각 가정에 재분배했다. 자본가와 기업가들은 생산수단의 소유권을 포기해야 했고, 그에 대한 보상은 거의 없거나 전혀 없었다. '사회주의로의 이행'으로 불린 1950년대 중후반에는 토지가 급속히 집단농장화되었고, 농민들은 인민공사의 일원으로 조직되었다. 사회 개혁 프로젝트는 여성 해방, 빈곤층 교육, 완전 고용, 무료 주택, 무상 교육, 의료서비스 등 도시 노동자 계급을 위한 복지 프로그램을 대대적으로 실행했다.

이 두 포괄적 프로젝트가 성공하면서 중국공산당은 1950년 한국

전쟁, 1962년 인도와의 국경 전쟁, 1969년 소련과의 국경 전쟁에서 중국의 이익을 수호할 국가를 건설할 수 있었다. 중국은 튼튼한 국방 산업을 구축했고, 1964년 핵보유국이 되었다.

확실한 성과로는 여성의 지위가 비약적으로 향상된 점을 들 수 있다. 중화인민공화국 최초 법령 중 하나가 여성의 권리와 지위를 보호하는 혼인법이었다. 남녀평등이 공식 선언되었고, 그 결과 오늘날 중국 여성이 가정 밖에서 노동에 참여하는 비율은 세계에서 가장 높은 수준이다. "여성이 하늘의 절반을 떠받친다"는 마오쩌둥의 말은 오늘날에도 세계 많은 여성에게 용기를 준다. 그 밖에도 도시뿐만 아니라 농촌에서도 문해율이 크게 올라갔고, 1970년대 말에는 평균 수명이 39세에서 69세로 늘어났다.

그러나 1949년 혁명에서 가장 큰 업적은 토지 개혁이었다. 빈곤이 없지는 않았지만, 쓰레기더미에서 먹을 것을 찾는 아이들이나 거대 도시 빈민가 같은 극심한 빈곤은 거의 사라졌다. 토지 개혁으로 중국은 국가에 큰 부담을 지우지 않고도 값싸고 풍부한 노동력을 확보할 수 있었다. 농촌에서는 노동자들이 가족을 남겨두고 도시에 일하러 올 수 있었고, 일자리를 구하지 못하면 언제든지 고향으로 돌아갈 수도 있었다.

또, 중국은 혁명으로 경제 도약을 위한 견고한 인프라를 구축했다. 1949년, 중국의 공업생산력은 벨기에와 거의 비슷했지만, 1970년대 말 중국은 세계 6위 공업 대국이 되었다. 중국은 기술과 플랫폼에서 가장 광범위한 산업과 제조 네트워크가 있어서 2010년대 후반까지 무엇이든 만들 수 있었다.

1980년대 초반부터 2016년까지 1가구 1자녀 정책을 시행했지만, 아직도 중국은 전 세계 인구의 20%를 차지한다. 그러나 중국의 경작 가능한 토지는 전 세계 경작 가능한 토지의 약 10%에 불과하다. 따라서 중국뿐만 아니라 나머지 국가들도 중국에 줄 식량이 없기 때문에 식량 생산은 전 세계적으로 중요한 문제다. 혁명으로 오랫동안 수억명이 동원되어 관개사업을 포함한 농업 인프라를 탄탄하게 구축했으며, 장대하지만 재앙을 주기도 하는 양쯔강과 황하를 정비하고 댐, 제방, 우물, 펌프장을 건설했다. 1949년 이전에도 기근은 빈번했지만, 대약진운동의 여파로 1959~1960년 발생한 기근이 중화인민공화국 역사상 처음이자 마지막 기근이었다.

　　대약진운동(1958~1962)은 중화인민공화국 역사에 큰 오점인 두 가지 사건 중 하나였다. 대약진운동은 위대한 도약으로 서방을 따라잡으려는, 지나치게 야심 찬 국가 경제 발전 프로그램에서 시작되었다. 수많은 산업 프로젝트가 우후죽순처럼 생겨났고, 이 거대한 산업화 프로그램에 농민 약 2억 명이 동원되었디. 한편, 농촌에서는 선국석으로 집단농장화가 실시되어 가족 단위 농업이 점차 사라지고 마을 주민들은 인민공사로 조직되었으며, 집에서 음식을 만들지 말고 공공 식당에서 식사하라고 권고받았다. 식량 증산을 위한 새로운 방법으로써 심경(深耕)과 밀식(密植) 재배 등 온갖 실험이 장려되었다. 임시 용광로를 직접 만들어 철강 생산량을 늘리려는 어이없는 프로젝트는 쓸모없는 제품을 만들어냈을 뿐만 아니라 시간, 에너지, 자원을 낭비했다. 용광로를 만들려고 숲이 벌채되었고, 생산 할당량을 채우려고 주방 기구와 못까지 녹였다. 그 결과 1959~1960년 식량 생산이 크게 줄어 부족 사태가 발생했고, 결국 기근이 일어났다. 기근으로 죽은 사람은 추정컨대 수백만 명에서 5천만 명에 달했다(후자는 태어났을 수도 있지만 기근으로 태어나지 못한 사람을 포함한 추정치). 당시 마오쩌둥은 중국공산당 지도자였고, 마오쩌둥 이후 당국이 책임을 회피해서 현재 어리석은 대약진운동에 대한 책임은 마오쩌둥에게만 있다.

　문화대혁명(1966~1976)은 중국 혁명의 두 번째 큰 오점이었다. 중국공산당은 관료주의와 엘리트 특권으로 인해 소련이 사회주의에서 이탈했다고 주장하며, 소련의 수정주의를 비판했다. 마오쩌둥은 대약진운동 이후 집단농장이 해체되고, 농촌 의료가 소홀히 다루어지며, 학교가 학업성취도를 중시하고, 문학과 예술이 부(富), 명성, 아름다움, 과거를 주제로 삼으며, 당 간부 특권이 커지는 중국 내부의 변화에 주목했다. 마오쩌둥은 체제 내부 권력자들의 사고방식을 바꾸려면, 문화적 혁명이 필요하다고 느꼈고, 이런 상황을 바로잡는 프로그램을 문화대혁명으로 불렀다. 문화대혁명은 낡은 사고방식을 고수하는 사람들과 자본주의 생활 방식에 빠져들 만한 사람들을 겨냥했다.

　특히 중화인민공화국 주석 류샤오치(1898~1969)와 중국공산당 총서기 덩샤오핑(1904~1997)은 중국을 자본주의로 이끄는 '주자파(走資派)'로 지목되어 비난받았다. 홍위병으로 조직된 학생들은 교사에게 반항하도록 요구받았고, 일반 대중은 포스터를 작성하고 의견을 발표해 상급자를 비판하도록 장려되었다. 문화대혁명에 관한 결정(16개항)은 당직자 95%가 매우 좋거나 좋은 동지라고 강조했지만, 업무 조직에서 거의 모든 간부가 자기비판을 하고 공개비판을 받도록 강요되었다. 많은 사람이 사상 초유의 자유를 이용해 공직 부패, 불공정, 권력 남용에 분노를 표출했지만, 이 자유를 개인적 복수의 기회로 생각한 사람들도 있었다. 전문직 종사자, 오랜 계급의 적인 자본가와 지주에게 홍위병이 휘두른 폭력은 실제로 대부분 당 간부와 군 장교의 자녀, 즉 문화대혁명의 표적이 되어야 할 '태자당'이 저질렀다. 많은 사람이 깊은 상처를 입었다. 1967년, 정치 성향의 차이나 인맥에 따라 파벌이 생겨났다. 우한 등 도시와 칭화대학 등 캠퍼스에서 폭력이 걷잡을 수 없이 커지자 마오쩌둥은 질서 회복을 위해 군대를 불러야 했다. 결국 도시 학생 약 1,700만 명이 외딴 농촌이나 국경지대 국영 농장으로 보내졌고, 예술가와 학자, 당 관료와 정부 관리 등 화이트칼라 전문직 종사자들은 마을, 공장, 특수학교에 배치되어 노역에 투입되었다. 문화대혁명이 끝난 후에도 많은 사람이 그대로 남았다.

　　문화대혁명을 분석할 때 마오쩌둥이 중국공산당 내 권력 투쟁의 하나로 문화대혁명을 일으켰는지 여러 쟁점이 있다. 마오쩌둥이 죽은 후 공식 견해에 따르면, 문화대혁명은 권력 투쟁이라기보다 중국에 수정주의자(반대파 자본가)가 있고 중국공산당 안에 '주자파'가 있다는 마오쩌둥의 잘못된 생각에서 비롯되었다. 마오쩌둥 이후 권력을 잡은 주자파는 마오쩌둥을 직접 비난하기보다 그의 주변 인물, 특히 가택연금 중에 자살한 마오쩌둥의 부인 장칭(1914~1991)과 급진적 이론가 장춘차오(1917~2005) 등 이른바 4인방이 권력을 남용해 당 엘리트들을 희생시켰다고 비난했다. 또 다른 쟁점은 문화대혁명이 중국 경제 발전에 끼친 피해다. 1967~1968년, 광범위한 혼란으로 생산은 큰 타격을 받았지만, 1969년 이후 성장세로 돌아섰다. 회고록이나 공식 역사서에서 중국의 지식인과 정치 엘리트들은 문화대혁명 3년 동안 개인적 불안과 경험에만 집중한 나머지, 중국 농촌에서 교육과 의료를 대폭 개선한 문화대혁명 이후의 건설적 발전은 외면하는 경향이 있다.

　　2018년 9월, 중국을 방문한 니콜라스 마두로(1962년생) 베네수엘라 대통령은 톈안먼 광장 마오주석기념당에 안치된 마오쩌둥을 '인류 조국의 거인'으로 칭하며 경의를 표했다. 홍콩에 본사를 둔 〈봉황망〉을 제외하고 어떤 중국 언론도 이 뉴스를 보도하지 않았다. 중국공산당 기관지 〈인민일보〉는 베네수엘라 대통령이 마오주석기념당 밖 인민영웅 기념비에 경의를 표했다는 사실을 웹사이트에서만 살짝 언급했다. 이런 침묵은 이례적이었지만 놀랍지는 않았다. 2010년대 후반, 중국 당국은 중국공산당의 지배를 받으면서도 마오쩌둥이 죽은 1976년까지 중화인민공화국 첫 30년의 기억이 지워지기를 원했다. 2008년, 베이징 올림픽이 열렸을 때 수천 년 찬란한 중국 역사를 소개하는 화려한 개막식에서 마오쩌둥은 이름조차 나오지 않았다.

중국 당국은 마오쩌둥과 마오쩌둥의 영도하에 이루어진 1949년 혁명의 유산에 확실한 태도를 밝히지 않는다. 여러 이유가 있는데 그 중 하나는 마오쩌둥의 일부 정책과 행정 결정으로 많은 사람이 죽었기 때문이다. 그러나 가장 큰 고통을 겪은 농민들조차도(대약진운동 기근 희생자는 대다수 농촌에서 나왔다) 대체로 마오쩌둥이나 혁명을 원망하지 않으며, 대약진운동을 지역 단위 일부 지도부가 저지른 단순한 정책 오류로 받아들이는 편이다.

대다수 엘리트가 마오쩌둥에 반기를 든 까닭은 문화대혁명 때문이었다. 특히 1966~1968년 당 간부 대부분과 많은 전문가가 고초를 겪고 희생당했다. 1949년 혁명 이후 거의 20년이 지난 시점에서 이들은 그간의 노고에 혜택을 받을 자격이 있다고 생각했다. 역사 서술을 만들어 낼 수 있는 중국의 정치 엘리트와 지식인들이 자신들을 겨냥했던 문화대혁명의 이념을 이해하기란 예나 지금이나 매우 어려운 일이다. 따라서 문화대혁명은 이들에게 정서적·지적 상처를 남겼을 뿐만 아니라 혁명의 가치 자체를 의심하게 했다.

마오쩌둥이 죽은 후 덩샤오핑이 추진한 개혁으로 혁명에 대한 혼란은 더욱 심해졌다. 실리를 중시하는 덩샤오핑은 자신이 문화대혁명 당시 비난받았던 '주자파'임을 증명했고, 경제 발전을 명분으로 중국을 자본주의의 길로 이끌었다. 그는 "사회주의만이 중국을 구할 수 있다"는 마오쩌둥의 구호를 버리고 어떻게든 먼저 부자가 되라는 '선부론(先富論)'으로 국가의 기조를 바꾸었다.

오늘날 중국 당국, 특히 중국공산당 지도부는 전반적 딜레마에 빠져 있다. 1949년 혁명을 부정하면 이들이 존재하는 지적 토대를 없애는 것이고, 그렇다고 혁명을 고수하면, 마오쩌둥이 죽은 후 진행된 정책 기조에 어긋나는 것이기 때문이다.

평범한 중국인, 노동자, 농민들은 1949년 혁명을 어떻게 생각할까? 언론의 자유를 제한하는 정치 체제에서 이 주제에 관한 신뢰할 만한 정보를 얻기는 어렵다. 그러나 가끔 실시되는 설문조사와 소셜 미디어를 보면, 농민과 도시 노동자 계급은 1949년 혁명과 마오쩌둥을 대체로 긍정적으로 평가한다.

1949년 이전에는 중국의 농업 사회가 사회주의 혁명을 일으킬 만큼 발전하지 못했다는 주장도 있다. 1980년대 중화인민공화국 총리였다가 1989년 톈안먼 광장 민주화 시위에 동조했다는 이유로 죽을 때까지 가택연금을 당한 자오쯔양(1919~2005)이 이 주장을 지지했다. 자오쯔양은 마오쩌둥이 죽은 후 중국공산당의 영도 아래 이뤄진 자본주의 발전을 정당화하려고 중국이 사회주의 첫 단계에 있다는 논리를 폈다.

현재 중국공산당 지도자 시진핑(1953년생)은 17세의 어린 나이에 중국 농촌으로 보내져 교육을 받으면서 7년 동안 빈곤에 허덕이는 농민들과 함께 생활하고 일했다. 그는 마오쩌둥 이후 30년 역사를 마오쩌둥 시대 30년을 헐뜯는 데 이용해서는 안 된다고 말했다. 마오쩌둥 시대를 완전히 잊고 싶어 하는 엘리트층을 간접 반박한 것이었다.

시진핑은 이제 두 가지 유산을 조화시켜야 하는 막중한 과제를 안고 있다. 하나는 마오쩌둥이 죽을 때까지 진행된 혁명의 유산이고, 다른 하나는 마오쩌둥이 죽은 후 자본주의 시장 경제를 발전시킨 경제 개혁의 유산이다. 중국공산당(분명히 '각자 능력에 따라, 각자 필요에 따라'라는 공산주의 이념을 신조로 삼는다)은 세계에서 가장 평등한 나라를 가장 불평등한 나라로 변질시킨 이윤추구 자본을 어떻게 통제할지 중대한 딜레마에 빠졌다.

마오쩌둥

홍군 지도자이자 중화인민공화국 주석(1949~1976)을 지낸 마오쩌둥
(1893~1976)은 후난성 농가에서 태어나 기초 교육을 받은 뒤 1911년 혁
명군에 입대했다. 1919년 5·4 운동 전 베이징대학에서 일했고, 1921년 공
산당에 입당했다. 1925년부터 중국 농민의 혁명 잠재력을 발견하고 1927
년 10월부터 장시성 외곽에 혁명군을 창설해 효과적 게릴라 전술을 개발했
다. 1934년 10월, 장시성에서 장제스에게 쫓겨난 후 대장정에 나서 1935년
가을, 산시성에 도착했다. 그 후 공산당의 확고한 지도자로서 여러 책을 쓰
고 중국공산당이 소련 노선을 따르지 않도록 했다. 국공내전(1949)에서 중
국공산당을 승리로 이끈 후 중화인민공화국 건국을 선포하고 주석으로서 최
고 권력을 누렸다. 도시 노동자 계급과 농민의 혁명 잠재력을 활용하고자 대
약진운동(1958~1962)과 1960년대 후반 문화대혁명에서 기존 엘리트들을
공격했다. 모든 중국인은 '마오쩌둥 어록'에 실린 철학을 학습해야 했고, 마
오쩌둥은 외부의 영향으로부터 중국을 차단했다. 재임 기간 수천만 명의 목
숨을 앗아간 책임이 있다.

덩샤오핑

지주의 아들로 태어난 덩샤오핑(1904~1997)은 1920년대 프랑스 유학 중
공산당과 인연을 맺었다. 중국에 돌아와 마오쩌둥과 장시성에서 공산주의
세력을 구축하려 했고, 대장정에 참여했다. 국공내전에서 군대를 이끌었고,
중화인민공화국 부총리(1952)와 중국공산당 총서기(1954)가 되었다. 실
용주의 정책으로 마오쩌둥의 급진적 견해와 충돌해, 문화대혁명 기간 실각
했다. 1976년, 마오쩌둥이 죽은 후 복권되어 1970년대 말 국가 원수나 정부
수반은 아니었지만, 가장 큰 영향력이 있었다. 집권 기간 시장 경제 개혁을
단행하고 서방에 중국을 점진적으로 개방했으며, '중국 특색의 사회주의'를
추구하며 1980년 1가구 1자녀 정책을 도입했다. 1989년, 베이징 톈안먼 광
장에서 개혁을 요구하는 학생과 시민들을 무력으로 진압했다.

연표

1842년	아편전쟁에서 청나라가 영국에 패하면서 서양 열강이 중국을 지배하기 시작하다
1850~1864년	청나라 지배에 태평천국이 반기를 들다
1899~1901년	청나라 정부의 지원을 받은 의화단이 중국 내 외세에 맞서다
1911년	청나라 마지막 황제가 퇴위하다
1912년	위안스카이를 총통으로 하는 중화민국이 건국되고, 국민당이 탄생하다
1919년	개혁을 요구하는 5·4 학생 운동이 중국을 대하는 서양 열강에 항의하다
1921년	소련의 지원을 받아 상하이에서 중국공산당이 결성되다
1924~1927년	중국공산당과 국민당이 협력해 국민 혁명군을 만들고 군벌 시대를 끝내다
1927년	우한을 임시 수도를 삼은 국민당이 중국공산당의 도움으로 상하이를 점령한 후 중국공산당을 공격하고, 마오쩌둥은 후난성 농민의 혁명 잠재력에 관한 보고서를 쓰다
1928년	장제스 정부가 국제적으로 승인받다
1929년	마오쩌둥의 중국공산당이 장시성에 본거지를 두다
1931년	일본이 만주를 침략하고 괴뢰 정부를 세우다
1934년	
10월	마오쩌둥과 홍군이 장시성을 떠나 서쪽으로 '대장정'에 돌입해 산시성에 도달하다 (1935년 10월)
1936년	장제스가 납치되어 중국공산당과 항일 국공합작을 강요받다
1937년	일본과 전면전을 개시하다(1945년까지)
1945년	중국공산당이 마오쩌둥의 사상을 당의 지도 이념으로 승인하고, 미국은 국민당과 중국공산당 간 평화를 중재하려 하다(1946년 6월 휴전이 결렬되다)
1947~1948년	공산당이 북부에 있는 국민당에 공세를 개시하다
1949년	
1월	중국공산당이 베이징을, 4월에 난징(국민당 수도)을 점령하다
10월	마오쩌둥이 중화인민공화국 건국을 선포하고, 장제스는 타이완으로 철수하다
1950년	중국이 소련과 동맹을 맺고, 사회 개혁과 토지 개혁 프로그램을 시작하다
1953년	제1차 5개년 계획이 시작되다
1958년	제2차 5개년 계획(대약진)이 농업을 집단농장화하고 강철 생산을 위해 작은 용광로인 '토법고로(土法高爐)'를 장려하다

1959~1960년	농업 생산량 급감으로 기근이 확산하다
1964년	마오쩌둥 주석 어록집(『붉은 보서』)이 출간되다
1966년	정부, 관료, 당에서 '제국주의자'를 뿌리 뽑기 위한 문화대혁명이 시작되어 학생들이 교사와 부모를 비난하다
1968년	학생과 지식인들이 시골로 이주하다
1973년	온건한 경제 개혁 프로그램이 승인되고, 덩샤오핑이 부총리로 복귀하다
1974년	4대(농업, 공업, 국방, 과학기술) 현대화를 발표하다
1976년	마오쩌둥이 죽은 후 덩샤오핑의 권력은 더욱 강력해지고, 4인방이 중국의 병폐에 책임이 있다는 비난을 받다

쿠바 혁명,
1959~2006

루이스 마르티네스-페르난데스

카리브해의 가장 큰 섬 쿠바에서 도시와 농촌 소규모 게릴라들이 부패한 친미 정권을 제거하고 몇 년 후 60년 동안 지속되는 마르크스주의 국가를 수립한 쿠바 혁명은 전 세계에 엄청난 파장을 일으켰다. 카리스마 넘치는 피델 카스트로와 체 게바라의 이미지는 서방의 급진주의자와 제3세계의 해방투쟁 전사들에게 곧바로 각인되었다. 군사적 목표를 달성하고 혁명 국가를 유지하며 게릴라에 기반한 마르크스주의 혁명을 중앙아메리카와 아프리카에 전파한 이 사나이들의 영웅담은 경이로웠다. 미국이 노골적으로 악랄하게 방해했지만, 쿠바 혁명은 살아남았고, 동시에 다윗과 골리앗 신화를 강조하며 여러 지역의 혁명과 반제국주의 운동에 호소력을 발휘했다.

　집권 전 카스트로는 개혁, 부패 척결, 독재자 풀헨시오 바티스타가 빼앗아간 자유의 회복에 초점을 맞추었지만, 집권 후 쿠바 혁명은 소련의 정치적·군사적·경제적 지원을 받았다. 혁명 이후 쿠바는 일당 공산주의 국가가 되었고, 냉전 시기 가장 극적이었던 순간, 특히 1962년 10월 세계를 핵 충돌 직전까지 몰고 갔던 미사일 위기의 무대가 되었다. 카스트로는 자본주의를 타도하려고 전 세계에 마르크스주의 혁명이 필요하다고 생각했지만, 서방 시장과 단절된 상태에서 쿠바 국민의 생활 여건을 개선해야 하는 경제적·사회적 과제 때문에 대외 관계 대신 내부 문제에 더욱 집중할 수밖에 없었다. 소련의 경제적 보조를 받았을 때 여러 면에서 쿠바 혁명은 쿠바의 평등과 복지를 향상시켰다. 그러나 일당 독재, 실제로는 일가족 통치가 철저히 시행되면서 정치적 자유는 희생되었다.

피터 퍼타도

쿠바 혁명은 1952년 3월 10일 풀헨시오 바티스타(1901~1973)가 쿠데타로 집권한 직후 시작되었다. 학생, 시민 단체, 야당, 군부 내 파벌, 혁명 운동 등 여러 집단이 민주적 통치를 다시 확립하려 했다. 일부는 대화와 선거를 통한 해결책을 원했고, 좌파 정당 지도자들은 선거와 무장 투쟁을 놓고 분열되었다. 진보적이고 혁명을 꿈꾸는 무장 단체들은 게릴라전을 벌였다. 이 중에는 이후 「7월 26일 운동」으로 알려진 피델 카스트로(1926~2016)의 그룹도 있었다.

최초의 조직적 무장 행동은 1952년 부활절에 민족혁명운동 대원 65명이 캠프 컬럼비아에 무모한 공격을 감행하면서 일어났다. 참여자 중 일부는 카스트로가 만든 신생 반군 그룹에 합류해 1953년 7월 26일 쿠바 동부 몬카다 병영과 다른 3곳을 공격했다. 전투원 160명 중 약 1/3이 전사하거나 고문 당해 죽었고, 나머지는 투옥되었다.

카스트로는 "역사가 나에게 무죄를 선고하리라"라고 변호한 연설에서 새로운 쿠바를 위한 계획을 설명했다. 여기에는 1940년 헌법을 복원하고, 토지가 없는 농민에게 재산권을 부여하며 공업 노동자를 위한 이익 공유제를 확립하고, 사탕수수 재배자에게 보상을 보장하며 부당하게 얻은 재산과 이익을 전부 몰수하는 내용이 포함되었다. 또 그는 농업과 도시 개혁, 전반적 교육 개혁, 외국인 소유 공기업의 국유화, 공업화, 일자리 확대, 깨끗한 선거도 약속했다.

감옥에서 18개월을 보낸 후 카스트로는 동생 라울(1931년생), 아르헨티나의 에르네스토('체') 게바라(1928~1967) 외 79명과 멕시코에서 요트 그란마를 타고 쿠바로 향했다. 프랑크와 호수에 파이스 형제가 조직한 「7월 26일 운동」 전사들은 산티아고에서 반란을 일으켜 그란마의 상륙을 막으려는 정부군의 주의를 분산시켰다. 그러나 그란마는 늦게 도착했고, 그사이 군대와 경찰은 반란군을 분쇄해 300명을 사살했다. 침입한 반란군 중 16~17명이 재편성되어 시에라마에스트라산맥으로 올라갔다.

산티아고와 아바나 같은 평지에서 활동하는 도시 전사들은 산악에 있는 전사들보다 더 위험했고, 그만큼 많은 사상자를 냈다. 도시 반란군이 줄어들면서 자연히 카스트로와 그의 산악 게릴라들이 사실상 마지막 반란군이 되었다. 한편 또 다른 독립 게릴라 부대가 에스캄브라이산맥에서 제2민족주의전선을 지휘했다.

1958년, 산악 반란군과 이들과 합류한 군인 수백 명이 아바나로 진군하자 정부군에서는 탈영이 속출했다. 미국은 바티스타를 비난하는 강도를 높이며, 무기 수출을 금지하고 원조를 중단했다. 1959년 1월 1일 새벽, 포위당한 대통령은 친척 및 측근들과 함께 도주했다.

군사적 승리를 거둔 카스트로는 독보적 지도자가 되었다. 혁명 정부는 만장일치에 가까운 민중의 지지를 바탕으로 1953년 카스트로가 공약했던 부패와 뇌물로 얻은 재산 몰수와 농지 개혁 및 임대료, 공공

요금, 의약품 가격 인하에 관한 법안을 무더기로 통과시켰다. 그리고 정유공장, 민간은행, 중대형 기업, 대규모 농지 국유화 같은 추가 조치를 내놓았다. 1961년, 대대적으로 실시된 문맹 퇴치 운동이 성공하면서 전 국민을 대상으로 한 무상 의료서비스가 확대되고 향후 교육에 투자할 토대가 마련되었다.

이런 혁명적 정치 변화는 엇갈린 결과를 낳았다. 바티스타 측근들은 박해받고 불법 재산을 몰수당했으며, 일부는 망명길에 올랐지만 탈출하지 못한 사람들은 투옥되거나 살해당했다. 기존 정당(공산당인 인민사회당 제외) 활동은 금지되었고, 노조와 언론은 국가의 통제를 받았다. 약속한 1940년 헌법 복원과 선거는 연기되었다가 폐기되었다. 혁명가들은 쿠바여성연맹, 전국소농협회, 청년공산주의자연맹 같은 대중 조직에 시민들이 폭넓게 참여하는 '민주주의'를 대안으로 제시했다.

혁명 초기 정치 지도부에는 온건파 마누엘 우루티아(1901~1981) 대통령과 호세 미로 카르도나(1902~1974) 총리가 있었다. 내각은 대부분 온건파였으나 게바라와 라울 카스트로가 이끄는 공산주의자들의 그림자 정부가 세를 넓혀갔다. 1959년 말, 사실상 온건파는 모두 공직에서 쫓겨났고, 대부분 망명했다. 곧 카스트로파와 공산주의자들이 정부와 시민 사회 기관을 거의 모두 장악했다.

쿠바 국민, 플로리다 남부의 쿠바 출신 망명자들, 미국 정부는 혁명 정부의 권위주의, 인권침해, 재산 국유화에 반발했다. 카스트로 반대파에는 친바티스타 민간인, 패배한 군인과 경찰, 불만을 품은 진보주의자, 심지어 바티스타에 맞서 싸웠던 엘로이 구티에레즈 메노요, 페드로 루이스 디아스 란스, 우베르 마토스 같은 혁명가도 있었다.

1960년, 농민 수백 명이 에스캄브라이에서 새로운 게릴라 부대를 만들었고, 한편 쿠바 출신 망명자들은 여러 정치색을 띤 반카스트로 조직을 세웠다. 쿠바가 점점 더 미국 소유 자산을 몰수하면서 긴장이 고조되었다. 여기에 대한 보복으로 미국은 쿠바의 설탕 수출 할당량을 삭감하고, 선전과 사보타주 공작을 벌였으며, 쿠바에 무역 금수 조치를 단행했다. 1961년 4월, CIA의 지원을 받아 쿠바 출신 망명자 1,500명으로 구성된 부대가 피그스만을 침공했다. 그러나 이 침공이 실패하면서 카스트로와 그 정권의 위상은 국내외적으로 굳건해졌다.

쿠바 혁명 정부는 거의 하룻밤 사이에 국제 전략을 재정비해야 했고, 소련 및 동유럽 위성 국가들과 새로운 동맹을 맺고 무역 거래에 들어갔다. 급진적 혁명 기법으로 게바라의 마음을 사로잡았던 중국도 쿠바의 두 번째로 큰 무역상대국이자 후원자가 되어 쿠바를 도왔다. 1962년 10월 미사일 위기에서 소련이 일방적으로 미사일을 철수하기로 하자 카스트로가 이를 굴욕으로 받아들이면서 소련-쿠바 관계는 위기를 맞았다.

국제 혁명 노선을 주창한 게바라는 라틴아메리카, 카리브해, 아프리카, 아시아의 반제국주의 운동을 지원했다. 쿠바는 또한 학교와 우물을 건설하고, 예방접종과 기타 의료서비스를 제공하며, 필수 장비와 물품을 배치하는 데 막대한 자원을 투자했다.

1962년 경기 침체 이후 혁명 정부가 확고하게 통제권을 장악하면서 쿠바 지도부는 사회경제적 방향에 관한 '대논쟁'에 돌입했다. 대논쟁은 소련의 방침에 따라 점진적·실용적 개혁주의를 택할 것인지 아니면 즉각 사회적 평등을 추구하고 정부가 경제를 완전히 통제하는 급진적 중국식 이상주의를 따를 것인지에 관한 것이었다. 이 논쟁에는 다른 딜레마가 얽혀 있었다. 즉, 소련과 중국 중에 어느 쪽과 강력하고도

최우선적 동맹을 맺을 것인지, 공업화와 식량 작물 또는 설탕 수출 중 어느 쪽에 집중할 것인지, 노동자의 생산성을 높이기 위해 사기 진작과 물질적 보상 중에 어느 쪽을 택할 것인지, 해외 게릴라와 해방 운동을 어느 정도까지 지원해야 하는지에 관한 딜레마였다.

대논쟁에서 게바라와 친중파는 공산주의로의 신속한 이행 공식에 따라 자원봉사와 희생정신으로 무장한 '새로운 인간'이 중심이 되어 경제 다각화와 공업화를 추진해야 한다고 했고, 소련과의 동맹을 중시한 카스트로파 공산주의자들은 라울 카스트로와 카를로스 라파엘 로드리게스(1913~1997)가 내세운 정부 기업의 독립채산제, 민간 부문의 고용, 급여 차등과 보너스 같은 물질적 보상 등 개혁주의 정책을 옹호했다.

대논쟁은 1966년 무렵까지 계속되었고, 쿠바는 소련의 영향력 아래 있었다. 소련은 중국보다 군사력이 더 강했고 더 많은 원조와 차관을 제공할 수 있었으며, 설탕을 계속 원했다. 이것은 쿠바 무역에 도움이 되었지만, 1970년 천만 톤 설탕 수확을 위해 단일 작물 경제에 집중하면서 공업화를 포기하는 부정적 결과를 낳았다. 소련에 경제적으로 의존하면서 쿠바는 자주적 외교를 할 수 없었고, 1968년 소련이 체코슬로바키아를 침공했을 때 소련의 정당성을 인정해야 했다.

국내에서는 소득 불평등을 줄이고 배급제로 적절한 수준의 영양을 보장해, 평등주의를 추구하는 게바라파의 사회경제 정책 기조가 두드러졌다. 교육, 보육, 의료 정책도 평등주의를 지향했다. 이런 맥락에서 1963년 제2차 농지개혁이 이루어졌고, 1968년에는 혁명적 공세로 단위당 약 20만 평이 넘는 토지와 거의 모든 개인 사업체가 국유화되었다.

　　대논쟁의 결과 대외적으로 친소 외교와 무역이, 대내적으로 친중-게바라파의 사회정책이 채택되었다. 이 타협으로 대중의 생활 수준은 향상되었지만, 수십만 명이 설탕 생산 노동에 동원되는 모순이 드러났다. 정권은 경제 다각화와 공업화의 재원이 될 설탕에 집중하는 전략을 정당화했으나, 1970년 예상 수확량이 목표치에 미달하면서 신뢰를 잃었다. 따라서 쿠바는 단일 시장을 위한 단일 작물에 의존할 수밖에 없었고, 자주적 외교와 국내에서 민족주의 혁명 의제를 추진할 능력은 위축되었다.

　　1970년대 경제, 정부, 사회 거의 모든 분야에서 소련의 입김이 세졌다. 혁명으로 쿠바는 개혁주의적·실용적 사회정책을 도입하고 소련에 맞추어 법률, 정부, 군 조직을 제도화했다. 1972년, 쿠바 경제는 소련 주도 경제사회원조회의(CMEA)에 통합되었다. 소련은 쿠바 설탕을 시장 가격 이상으로 책정해 가격 하락으로부터 보호하는 다년간 무역 협정을 약속했다. 높은 보조금이 적용된 가격으로 구매한 소련산 석유와 넉넉한 무역 신용과 대출이 제공되어 거래는 순조로웠다.

　　쿠바 경제는 소련에 연동된 5개년 계획에 따라 안정되었다. 이 조치 덕분에 쿠바는 라틴아메리카 국가들이 대부분 살인적 인플레이션에 시달릴 때도 번영을 누릴 수 있었다.

　　소련의 영향은 정부 구조에서도 두드러졌다. 쿠바공산당은 점점 더 강해졌고, 1975년 제1차 당대회에서 대의원들은 혁명 이후 최초 헌법(1976년 비준)을 기초했다. 소련의 1936년 헌법을 부분적으로 베낀 이 헌법에는 시민권이 열거되었고, 여성의 권리는 1975년 '가족법'으로 명문화되었다. 이런 진전은 혁명의 제도화를 상징했다. 분명 제도는 강화되었지만, 카스트로 형제와 소수 공산당 지도자들이 모두 백인이었다는 점에서 사실상 쿠바는 백인 남성들 손에 있었다.

쿠바군 또한 소련으로부터 군사 물자를 대량 지원받았다. 쿠바는 예멘(1972, 1976), 중동(1973), 앙골라(1975~1988), 에티오피아(오가덴전쟁, 1977~1978), 그레나다(1983)에서 미국의 동맹들을 상대로 냉전 시대 수많은 대리전쟁에 참전했다. 또한 1979년부터 시작된 중앙아메리카 위기 당시 쿠바는 좌파 운동과 정부를 지원하고, 교육하고, 무장시켰다.

국내에서 이상주의는 동요했다. 물질적 보상이 확대되고 합법화되었다. 생산성은 향상되었지만, 빈부 격차가 생겨 아프리카계 쿠바인들은 큰 타격을 입었다. 1980년, 마리엘 난민 탈출에 동참한 사람 중에는 피부가 검은 쿠바인이 대다수였다.

1985년부터 소련에는 엄청난 변화가 일어났다. 소련 경제를 파탄에서 구하려 했던 이 변화는 전 세계에 큰 반향을 일으켰고, 냉전을 종식시켰다. 이로 인해 소련이 무역, 보조금, 원조를 급격히 줄이고 쿠바에 연체된 채무 상환을 압박하면서 1986년부터 쿠바는 경기 침체 위기를 겪었다.

카스트로는 고르바초프의 개혁주의를 따르지 않고 "우리가 사회주의를 건설하겠다"고 약속하며 반대 방향으로 나아갔다. 그 후 지난 10년 반 동안 진행했던 많은 개혁을 뒤집는 이른바 '오류 교정'이라는 반개혁 조치로 정통 마르크스주의, 집산주의, 정치적 중앙집권화로 회귀했다.

경제가 후퇴하면서 정권은 정치적 위협을 받았다. 미국 정부는 쿠바와 거래하는 외국 기업을 처벌하는 한층 강화된 금수 조치를 포함한 반체제 법안을 통과시켰다. 국내에서 카스트로는 혁명군과 내무부 인사들을 대거 체포하고 투옥해 권위를 과시했다.

　　1986년부터 시작된 불황은 소련이 쿠바에 보조금을 끊으면서 더욱 심해졌다. 그야말로 혁명 쿠바에 가장 심각한 위기였다. 카스트로는 이 시기를 '평화 시대의 특별한 시기', 줄여서 '특별 시기'라고 명명했다. 1991년에 발생한 이 경제 위기는 쿠바 역사상 가장 오래 지속된 경제 위기로 기록되었고, 라울 카스트로는 2007년에도 이 위기가 진행 중임을 인정했다.

　　1993년, 쿠바의 경제는 나락으로 떨어졌다. 국내총생산은 2년 만에 35% 감소했고 재정 적자는 3배나 증가했다. 국제무역이 위축되면서 생산성도 하락했다. 한편 국민은 기본 식량, 의약품, 주택, 전기, 교통, 기타 재화와 서비스가 부족해지면서 살려고 발버둥을 쳤다. 그리고 미국의 엄격한 금수 조치는 상황을 더욱 악화시켰다.

　　정부는 국내외적으로 다양한 전략을 실험했다. 처음에는 정통 마르크스주의 모델에 따라 급진적 생존주의 전략을 택했다. 1993년부터는 실용주의로 전환해 시장 메커니즘, 외국인 투자, 개인 창업을 허가했다. 1997년, 최악의 위기가 끝나자 이런 개혁은 둔화하거나 철회되었다.

　　재원 부족으로 인해 정부가 사회적 책임에서 대부분 손을 뗀 결과 식량 배급, 의료, 교육, 주택, 교통 부문이 부실해졌다. 영양실조와 전염병은 급증했지만, 교육과 건강 지표는 하락했다. 외국인 관광객과 쿠바 망명자들의 송금을 받아들이고, 자영업을 확대하며, 경제를 달러화하는 실용적 조치는 매춘, 흑인에 대한 인종차별, 소득 격차의 급격한 확대, 대량 불법 이민 등 혁명에 역행하는 파장을 몰고 왔다.

　　2006년 7월, 피델 카스트로의 거동이 불편해지자 그의 동생 라울이 공산당 중앙위원회와 국가평의회 임시 의장이 되어 그 자리를 이어

받았다. 2008년 2월, 라울이 의장으로 선출되면서 공식 권력이 교체되었다. 그는 민간 부문을 확대하고 고용, 사회복지, 심지어 식량 공급에서 국가의 책임을 줄이려고 실용적 개혁에 착수했다. 또한 정부는 노동자 수천 명을 해고하고 농부들에게 토지를 분배했다. 물질적 보상이 부활하면서 흑인, 혼혈인, 여성에게 기회가 줄었고, 인종과 성별 간 소득 격차는 더욱 커졌다.

경제 개혁은 정치적 자유와 민주화와는 거리가 멀었다. 불만 세력에는 여성, 젊은이, 유색인이 압도적으로 많았고, 이들에 대한 탄압은 계속되었다. 피델 카스트로 세대의 백발이 성성한 장교들이 수십 년 동안 쿠바를 지배한 후 쿠바 지도자들은 여성, 청년, 민간인으로 정부 구성을 다양화하고자 했다. 2013년, 52세 민간인 미겔 디아즈-카넬(1960년생)이 국가평의회 부의장이 되어 라울 카스트로 다음가는 이인자가 되었다.

국제적으로 쿠바는 점점 더 베네수엘라와의 무역과 보조금이 적용된 석유 공급에 의존했고, 중국, 이란, 러시아와도 관계를 발전시켰다. 2009년, 버락 오바마가 대통령이 되자 미국과 화해할 계기가 마련되었다. 2014년 12월 17일, 카스트로와 오바마는 관계를 정상화할 뜻을 밝혔지만 2017년 도널드 트럼프가 미국 대통령에 당선되면서 진전은 더뎌졌다. 2016년, 피델 카스트로는 90세로 죽었고, 2년 후 디아즈-카넬이 라울 카스트로를 대신해 의장에 취임했다.

쿠바 혁명의 공식 서사는 대부분 국가가 만들어낸 역사 서술과 마찬가지로 불완전하고 편향적이며 쿠바 지배 엘리트의 관점과 목표가 반영되어 정치 중심적이고 선별적이다. 게다가 엄격한 검열 때문에 다른 견해는 봉쇄되었다.

이 공식 서사는 프롤로그와 3막으로 구성된 고전 연극 형태를 띠고 있으며, 에필로그는 아직 완결되지 않았다. 프롤로그는 1950년대까지 쿠바의 해방투쟁을 그려낸다. 1막은 1953~1970년 반란의 시기와 혁명의 첫 10년을 다룬다. 구체적으로 젊은이들의 이상주의, 게릴라전, 순교의 시기가 1959년 군사적 승리로 정점을 찍은 후 신식민주의의 유산, 민주주의의 타락, 여러 사회경제적 병폐와 싸웠던 시기를 조명한다. 2막은 1971~1985년으로, 소비에트화, 실용주의, 제도화의 시기로 혁명의 초기 목표 중 상당 부분이 엎어진 시기를 보여준다. 마지막 3막은 1986년부터 현재까지로, 1986년 경기 침체와 오류 교정으로 시작해 특별 시기를 거쳐 라울 카스트로 시기로 마무리된다.

프롤로그를 보면 1512년 스페인 정복자들에게 타이노 족장 아투에이가 화형당한 비극을 시작으로 쿠바는 초창기 해방투쟁에서 승리한 건국 신화가 없었다. 19세기 후반, 스페인과의 독립 전쟁은 분명 영웅적이었지만 미국이 개입해 실패하거나 좌절되어서 승리는 아니었다.

승리한 건국 신화가 없는 상황에서 쿠바 지도자들은 국가 주권과 사회 정의를 위한 영웅적 투쟁 3개 중에서 쿠바 혁명을 세 번째 투쟁으로 규정했다. 첫 번째는 1868~1878년과 1895~1898년 독립 전쟁이었으나, 후자는 미국이 개입해 신식민주의 지배를 강요하면서 좌절되었다. 두 번째는 부사관들과 진보 세력이 독재자 마차도를 타도한 1933년 혁명이었다. 또다시 미국이 군함의 발포 없이 '좋은 이웃의 모습'으로 개입하면서 이 세대의 열망은 실현되지 못했다. 그러나 마침내 1950년대에 시작한 혁명이 승리를 거두면서 쿠바는 구원을 얻었다.

바티스타 정권이 무너진 지 이틀 만에 카스트로는 생방송에 나와

"우리의 혁명은 전진할 것입니다. … 미국인이 점령했던 1895년(원문 그대로)과 다를 것입니다. … 1933년과도 다를 것입니다"라고 다짐했다. 혁명이 일어난 지 며칠 후, 일간지 〈레볼루시온〉 편집자들은 스페인과의 전쟁은 미국이 개입해서 실패했고, 1933년의 행운은 오래가지 못했다고 썼다. 영화감독 움베르토 솔라스는 1895년, 1932년, 1961년 문맹퇴치 운동에 자원한 헌신적이고 젊은 여자 루시아 3명의 서로 다른 이야기 3편을 담은 대작 〈루시아〉(1968)에서 이 구조를 사용했다.

제1막 1953~1970년은 혁명 연대기에서 차지하는 비중이 1/3도 되지 않지만, 혁명 서사의 핵심이다. 쿠바에서 출판된 책들은 혁명가들이 게릴라전을 승리로 이끌고 역경에 맞서 정권을 유지하며 국내 목표를 대부분 달성한 이 시기를 지나치게 강조한다. 공식 서사는 절정에서 멈춘 채 끝나는 것처럼 보인다.

혁명 초창기는 세상의 종말이 온 듯한 파란만장한 상황, 아름다운 경관, 완벽하게 캐스팅된 다양한 등장인물(영웅, 악당, 때로는 배신자), 다윗과 골리앗, 스파르타쿠스, 로빈후드, 『복낙원(復樂園)』처럼 전개되는 줄거리로 가득한 훌륭한 문학 소재였다. 아메리카대륙 역사에서 피그스만 침공이나 쿠바 미사일 위기만큼 긴장감 넘치는 에피소드는 없다.

혁명 자체 역사 자료는 압도적으로 1959년 이전과 1960년대 초반에 국한되어있다. 그러나 쿠바에서 출판된 제대로 된 역사서를 찾기는 쉽지 않다. 대부분 자서전, 연대기, 연설문, 회고록, 일기다. 대신 예술가들이 혁명을 포착했다. 팝아트 화가 라울 마르티네스, 포스터 디자이너 알프레도 로스테가르드와 레네 메데로스, 싱어송라이터 카를로스 푸에블라의 '드디어 그곳에 피델이 왔다네'(1960), 사라 곤살레스의 '히론, 그 승리여'(1962), 파블로 밀라네스, 노엘 니콜라, 실비오 로드리게스의 '쿠바가 간다'(1970), 영화감독 토마스 구티에레스 알레아의 〈혁명 이야기〉(1960), 옥타비오 코르타사르의 〈처음으로〉(1967)가 대표적이다. 사진작가 코르다, 오스발도 살라스, 라울 코랄레스는 수염 난 게릴라들, 시골에서 열린 대규모 집회에 모인 익명의 쿠바인 수천 명, 피그스만 침공을 격퇴하는 장면을 흑백사진에 담았다. 또한 만화가와 작가뿐만 아니라 발레리나 알리시아 알론소는 영화 〈전위대〉(1964)에서 올리브색 전투복에 군화를 신고 춤을 추었다.

실제 반란은 1952년에 시작되었지만, 공식 서사는 이듬해 몬카다 병영과 다른 목표물을 공격하는 것으로 시작한다. 몬카다에서는 수많은 순교자가 나왔다. 반면 같은 날 바야모 병영에 대한 공격은 나중에 카스트로와 결별한 라울 마르티네스 아라라스가 주도해서 역사의 기억에서 지워졌다.

이렇게 진화해온 서사는 거대한 벽화와 광고판을 통해 산악 전사들을 불멸의 존재로 만들었지만, 파이스와 에체베리아처럼 깔끔하게 면도한 평지 지도자들을 우표와 가끔씩 기념일 연설로 인정하는 정도다. 혁명의 전당은 반역자로 간주한 인물을 제외했다. 예를 들어 〈레볼루시온〉 편집자 카를로스 프랑키(1921~2010)는 카스트로 옆에 찍힌 사진에서 스탈린이 했던 것처럼 덧칠로 지워졌다. 망명자들은 벌레로 조롱당했고, 에스캄브라이 농민 게릴라들은 산적으로 멸시당했다.

이런 서사는 주로 전사, 병원과 학교를 지으려고 시멘트를 붓는 건설 노동자, 사탕수수 수백만 톤을 수확하는 노동자의 육체를 찬양하는 데 초점을 맞췄다. 여성은 조연으로 강등된 남성 중심 서사였다. 여성은 극소수로 라울 카스트로의 아내이자 쿠바여성연맹의 창립자로서 오랫동안 회장을 맡았던 빌마 에스핀(1930~2007), 피델 카스트로의 친구이자 비서였던 셀리아 산체스(1920~1980), 문화 단체 아메리카의집 이사장이었던 아이데 산타마리아(1922~1980)가 있었다. 셋 모두 바티스타 정권에 맞서 무기를 들었다.

처음부터 혁명가들은 1959년 이전을 지옥(신식민주의, 억압, 빈곤), 이후를 천국(국가 주권, 자유, 번영)으로 나누었다. 1961년, 문맹퇴치운동 활동가들을 위한 지침서는 1959년을 분수령으로 다음과 같이 강조했다. "이전에 민중은 무기가 없었고, 반동분자와 제국주의 앞잡이들만 무기가 있었다. 그러나 혁명이 인민, 노동자, 농민을 무장시켰다. … (이것이) 횡령을 끝냈다." 카스트로의 수많은 연설도 비슷했다.

1959년부터 정부는 매년 그해를 상징하는 이름을 붙였다. 각 연도에 붙은 이름은 혁명의 전개 과정을 보여주는 지표였다. 따라서 처음 3년, 해방의 해(1959), 농지 개혁의 해(1960), 교육의 해(1961)는 이 시기 주요 목표와 성과를 나타냈다. 대논쟁 시기 계획의 해(1962)와 조직의 해(1963)는 혁명 과정을 반영했으며, 1966년부터는 급진적 국제주의(연대의 해, 영웅적 베트남의 해, 영웅적 게릴라 전사의 해), 열띤 설탕 천만 톤 목표 등 대논쟁에서 비롯된 모순을 담은 이름이 사용되었다.

예술가와 지식인들은 노동자, 군인, 학생, 설탕 천만 톤 수확 투쟁에 참여한 모든 사람을 격려하고자 역사적 영웅주의를 활용했다. '100년 동안의 투쟁'으로 표현하며 혁명을 1868년 시작된 투쟁의 정점으로 제시했다. 이 주제는 1968~1970년 포스터, 우표, 에스테르 보르하가 부른 혁명 찬가 음반에서 널리 활용되었고, 이렇게 1868년과 1968년을 연결했다. 이런 서사는 혁명을 재연하는 게릴라, 군사 고문, 의사, 교사, 건설 노동자들을 통해 알제리, 콩고, 볼리비아 등으로 수출되었다. 특히 소련과 사회주의권에서 환영받았으며, 흥미롭게도 망명자들이 많은 마이애미를 제외한 파리, 런던, 뉴욕 등 대도시의 학자, 작가, 예술가들에게도 비판 없이 받아들여졌다.

국내에서 반동적 서사는 차단되었다. 정권은 언론을 독점하고 정부와 다른 견해를 검열했다. 이념에 따라 숙청을 단행해 예술가와 지식인 수백 명을 박해하고 추방하거나 투옥했다. 특히 동성애자 예술가들을 가혹하게 대했고, 이들 다수를 노동수용소로 보냈다.

한편 망명자들은 기껏해야 바티스타의 부패한 정권 이전 시대로 돌아가자고 호소할 뿐 효과적으로 반박하는 서사를 만들어내지 못했다. 마놀로 알론소 감독의 다큐멘터리 영화 〈어제의 쿠바〉(1963)는 특히 참담하다. 이 영화는 1959년 이전 쿠바를 부유하고 학교에 수영장이 있는 백합처럼 순결한, 실낙원으로 그렸다.

1970~1980년대에는 굵직한 사건을 기념하는 연도 이름이 많았다. 몬카다 20주년의 해(1973), 그란마 20주년의 해(1976) 등이 대표적이다. 공산당 대회와 제도화의 해(1977) 등 정권의 의제를 반영하는 것도 있었다. 이 시기 열정적이거나 감동을 주는 역사는 거의 없었다. 주인공은 점점 단조로워졌고 줄거리는 긴장과 절정이 없이 밋밋했다.

혁명의 열기가 세계 무대로 옮겨가면서 공식 서사도 바뀌었다. 쿠바 외교 정책은 군사 개입과 대외 원조라는 두 가지 방법을 택했다. 쿠바군은 1975년 6월 앙골라에, 이듬해 에티오피아에 도착했으며, 의사, 간호사, 교사, 엔지니어로 구성된 민간인 부대도 함께했다. 역사가 마누엘 모레노 프라히날스는 3세기 전 아바나에 살았던 앙골라 노예에 관한 에세이를 〈그란마〉(1976)에 발표했다. 이 글을 쓴 목적은 굳이 설명할 필요가 없다. 세사르 레안테의 역사 소설 『흑인 게릴라』와 토마스 구티에레스 알레아의 영화 〈최후의 만찬〉도 똑같이 1976년에 나왔다.

제3막은 쿠바의 특별 시기 때문에 실망스러웠다. 공식 서사는 이 제 미국의 공격적·파괴적 행동, 즉 금수 조치, 마이애미로 가던 중 어 머니가 죽은 7세 소년 엘리안 곤살레스의 '납치', 실제로 간첩이었던 쿠바 '영웅' 다섯의 투옥에 초점을 두었다. 2004년 학생들의 공식 구 호 "우리는 체 게바라처럼 될 거야"는 이 '다섯 영웅'을 암시하는 "하나. 둘. 셋. 넷. 다섯. 고마워"로 바뀌었다.

혁명의 제1막은 과거의 빛과 화려함을 모두 잃었다. 1960년대 젊 은 반란군들은 이제 60대 후반이나 70대가 되었고, 이들에게 익숙한 혁명 전후 서사는 진부하게 느껴졌다. 젊은 세대는 실생활과 상반된 신화에 저항했다.

예술에 대한 재정 지원은 사실상 사라졌다. 일부 작가와 예술가 들은 외국 파트너와의 공동 제작으로 눈을 돌렸고, 나머지는 망명길에 올랐다. 점점 더 반정부적 영화가 개봉되면서 당국은 통제력을 잃었다. 1990년대 문학은 신랄하고 비판적이었고 때로는 허무주의적이었다. 일부 미술가와 음악가들은 대놓고 불경한 작품을 만들었다. 에두아르 도 폰후안과 레네 프란시스코 로드리게스는 여장한 카스트로를 그렸 고, 로스알데아노스의 랩 가사는 카스트로 형제를 모욕했으며, 고르키 아길라의 펑크 록 밴드 포르노파라리카르도도 마찬가지였다.

유명인뿐 아니라 일반 국민이 블로그로 비판하는 글을 쓰기도 했 다. 이에 쿠바 정부는 쿠바랩국(Cuban Rap Agency, 2002)을 창설하고 코드 명 '진실작전'의 '사이버 전사'를 조직해 반박 글을 작성하는 것으로 대 응하려 했다. 제복 경찰관들이 랩 음악에 맞춰 카스트로 정부를 찬양 하는 모습은 국가가 후원하는 예술의 밑바닥을 보여준다.

그러나 이미 확립된 혁명 서사는 쿠바의 국가 의제를 반영하고 뒷받침해왔다. 60년이 지난 지금도 쿠바 혁명의 영웅적 제1막은 쿠바 안 팎에서 여전히 혁명 서사의 중심이다. 제2막은 국내에서는 그다지 인상적이지 않았지만, 국제적으로는 큰 반향을 일으켜 전 세계에 쿠바의 이미지를 드높였다. 제3막은 축하할 내용이 거의 없지만 서사 전체는 지금도 전 세계에서 사랑받고 있다. 가난한 나라가 아닌 미국과 유럽의 지식인, 예술가, 학자들 사이에서도 이 서사가 사랑받는 것은 여전히 아이러니로 남아있다.

피델 카스트로

부유한 사탕수수 농가에서 태어난 피델 카스트로(1926~2016)는 변호사 교육을 받다가 급진적 정치 운동에 입문했다. 1953년, 바티스타 정권에 대항하는 게릴라 조직 「7월 26일 운동」을 창설하고 이끌었다. 1959년, 여러 정당, 운동, 노조와 연합해 정권을 장악하면서 쿠바는 서반구 최초로 공산주의 국가가 되었다. 1976년까지 총리직을 수행한 뒤 국가평의회와 각료회의 의장이 되었다. 당당한 풍채와 장광설로 유명했고, 47년 동안 혁명을 지배했으며, 100번이 넘는 암살 시도를 모면했다고 전해진다. 2006년 7월, 건강 문제 때문에 잠시 권력을 넘겨야 했다. 그로부터 2년 후 공식적으로 의장직에서 물러났고, 동생 라울이 피델의 뒤를 이었다. 평생 미국의 권력과 이념을 공격했고, 국제적으로는 비동맹운동 지도자로 활동했다.

에르네스토 '체' 게바라

아르헨티나의 의사이자 혁명가 에르네스토 체 게바라(1928~1967)는 1956년 카스트로가 이끄는 「7월 26일 운동」에 참여했으며, 곧 카스트로의 가장 가까운 조언자가 되었다. 1959년, 정권을 장악한 후 쿠바 시민이 되어 산업장관과 중앙은행 총재를 지냈다. 게바라의 책은 혁명 이념을 발전시켰으며, 그중 게릴라전 교본은 국제적으로 큰 영향을 미쳤다. 검소하고 근면한 생활로 입증된 게바라의 핵심 메세지는 혁명을 향한 헌신이었고, 영화배우 같은 외모 덕분에 전 세계 이상주의자들이 선망하는 스타가 되었다. 카스트로가 소련에 점점 의존하는 것에 실망해 1965년 콩고로 떠났고, 그 후 볼리비아에서 게릴라 조직을 지원했다. 1967년 10월 교전 중에 전사했다.

연표

1868~1878년	독립을 위한 10년 전쟁을 치르다
1886년	노예제가 폐지되다
1895~1898년	호세 마르티, 안토니오 마세오, 막시모 고메스가 제2차 독립 전쟁을 이끌고, 미국은 스페인에 선전포고하다
1898년	미국이 스페인을 물리치고 스페인이 쿠바를 미국에 할양하다
1902년	쿠바가 독립하고, 미국이 쿠바 내정에 개입할 권리를 주장하다
1924년	헤라르도 마차도가 광업, 농업, 공공사업 지원 프로그램을 도입한 후 독재 정권을 수립하다
1933년	쿠데타로 마차도가 실각하다
1934년	미국이 쿠바 내정에 개입할 권리를 없애다
1940년	진보적 새 헌법을 비준하다
1944년	풀헨시오 바티스타가 아우텐티코당 후보 그라우 산마르틴에게 권력을 넘기다
1952년	바티스타가 다시 권력을 장악하고 억압적 정권을 수립하다
1953년	피델 카스트로가 몬카다 병영을 공격하지만, 반란이 실패하다
1956년	카스트로가 쿠바 동부에 상륙한 뒤 시에라마에스트라산맥으로 이동해 게릴라전을 벌이다
1959년	카스트로 군대가 아바나에 입성하자 바티스타가 도망치고, 카스트로가 총리, 동생 라울이 부총리가 되다
1960년	쿠바가 자국 내 미국 기업을 보상 없이 국유화하다
1961년	미국의 지원을 받은 쿠바 망명자들의 피그스만 침공이 실패하고, 카스트로는 쿠바를 공산주의 국가로 선포하고 소련과 동맹을 맺다
1962년	카스트로가 쿠바에 소련 핵미사일 배치를 허락해 쿠바 미사일 위기가 발생하고, 미주기구(OAS)는 쿠바를 제명하다
1965년	쿠바의 유일한 정당이 쿠바공산당으로 이름을 바꾸다
1970년	설탕 천만 톤 수확에 실패하다
1972년	쿠바가 소련에 본부를 둔 경제상호원조회의에 가입하다
1975년	가족법이 도입되어 여성의 권리가 향상되다
1976년	쿠바공산당이 새 헌법을 승인하고, 의원들이 카스트로를 의장으로 선출하다
1976~1981년	쿠바가 앙골라의 좌익 앙골라인민해방운동을, 그 후 에티오피아의 마르크스주의 정권을 지원하려고 파병하다

1980년	마리엘 난민 탈출 사건으로 쿠바인 125,000명이 미국으로 탈출하다
1986년	오류 교정 운동이 시작되다
1991년	소련이 붕괴하고, 소련 군사 고문단이 쿠바를 떠나다
1993년	미국이 금수 조치를 강화하고, 쿠바는 몇 가지 시장개혁을 도입하다
1998년	미국이 쿠바계 미국인의 친척에게로 송금 제한을 완화하다
1999년	쿠바 어린이 엘리안 곤살레스가 어머니, 계부와 함께 미국으로 탈출하려다 배가 전복되어 플로리다 해안에서 구조되다
2000년	미국이 쿠바에 식량과 약품 판매를 승인하다
2006년	피델 카스트로가 수술을 받은 후 동생 라울에게 잠시 권력을 넘기다
2007년	피델 카스트로가 아바나 노동절 행진에 나타나지 않다
2008년	
2월	라울 카스트로가 의장직을 승계하다
5월	개인 휴대전화와 컴퓨터 소유 금지를 해제하다
2009년	미 의회가 쿠바계 미국인의 아바나 방문과 송금 제한을 철폐하다
2011년	오바마 미국 대통령이 쿠바 여행 제한을 완화하다
2014년	오바마 대통령과 카스트로가 관계 정상화 계획을 발표하다
2016년	피델 카스트로가 죽다
2018년	라울 카스트로가 의장직에서 물러나고 미겔 디아즈 카넬이 그의 뒤를 잇다

학생 혁명,
1968

스티븐 반스

1968년은 1848년처럼 여러 나라에서 미완의 다양한 혁명 활동과 문구가 등장한 해였고, 그 대부분은 뚜렷한 목표나 지도자, 조직도 없이 '옛 질서'에 항의하는 젊은 중산층 이상주의자들에게서 자극을 받았다. 1968년 혁명가들은 '개인적인 것이 정치적인 것'이라는 구호 아래 주로 음악, 미술, 거리 연극, 현수막, 구호, 몸장식으로 평화적 메시지를 표현했고, 총이나 논리로 싸우지 않고 기존 체제를 신랄하게 폭로하고 조롱했다. 혁명은 공개적으로 논의되었고, 그 의미는 정통 마르크스주의의 이론에 얽매이지 않고 자유롭게 탐구되었다. 프랑스에서는 정권의 통제력이 아주 느슨해졌다.

1848년처럼 1968년 혁명이 영향을 준 대부분의 나라에서 '옛 질서'가 승리했다. 그러나 1968년 혁명이 당장 실패했다고 해서 그간의 노력이 모두 헛수고는 아니었고, 그 유산은 성공적이었다. 정치 혁명으로 기존 체제를 쓰러뜨리지는 못했지만, 개인주의, 권위에 대한 거부, 사회 개혁은 한 세대에 스며들어 그 후 30년 넘게 개인적·정치적 의사결정에 영향을 미쳤다.

피터 퍼타도

❖❖❖

서양인의 뇌리에 1968년은 화재 경보처럼 생생하다. 베트남, 학생 폭동, 파리 '5월 사건', 뉴욕, 시카고와 민주당 전당대회, 민권, 블랙 파워, 멕시코와 틀라텔롤코, 프라하의 봄, 페미니즘, 환경주의, 전 세계적 반문화(counterculture)가 있었다. 영국 밴드 썬더클랩뉴먼이 노래했듯이 "무언가 일어날 분위기"였다. 하지만 정확히 무슨 분위기였을까? 다양한 사건들을 모두 이해할 수 있을까? 그 의미는 지금 얼마나 남아있을까?

수많은 국가가 걱정했던 정치 혁명은 없었고, 연말이 되자 대부분 보수 정부가 정권을 장악했으며 혁명의 분위기는 식어갔다. 그러나 무언가 일어났다. 갑자기 1968년 이전 세상은 칙칙하고 부자연스러우며 케케묵은 것처럼 보였다. 청년 주도하에 문화 의식의 물결이 고조되면서 1968년, 상식의 벽이 허물어졌다. 역사상 유례가 없는 혁명이었다.

1968년의 시작은 조용했다. 체코슬로바키아에서 알렉산데르 둡체크(1921~1992)가 새로운 서기장에 임명되었다. 신문에서는 프랑스가 "지루하다"는 기사가 실렸다. 미국에서는 베트남전에서 승리할 수 있다는 낙관론이 팽배했다. 1월 30일 밤, 사이공에 주둔한 미군은 설날을 맞아 일시적 휴전을 축하하며 긴장을 풀고 있었다. 그러나 베트콩(베트남 공산주의 전사들)은 은밀히 전투준비를 했다. 폭발음과 총성이 밤을 산산조각내며 구정공세가 개시되었다. 미국 대사관 건물이 습격당했고 사이공이 순식간에 전쟁터가 되었으며 남베트남 여러 도시가 동시에 공격을 받았다. 미국의 반격은 신속하고 효과적이어서 베트콩은 1주일 만에 대부분 격퇴되었다. 그러나 베트콩의 공세보다 미국에 더 큰 피해를 준 것은 TV 뉴스였다. 베트남 도시 후에가 베트콩에 점령당하고, 미군이 혼란에 빠졌으며, 병사들이 죽었다는 보도가 나왔다. 그때까지만 해도 미국인들은 베트남전을 이기고 있다고 믿었다. 남베트남 경찰서장이 무자비하게 젊은 베트콩 병사의 머리에 총을 쏴 죽이는 장면은 베트남전의 비인간성을 고스란히 보여주는 듯했다.

대중의 신뢰를 잃은 민주당 대통령 린든 존슨(1908~1973)은 재선 불출마를 선언했다. 그사이 점점 더 많은 젊은이가 베트남전에 징집되어 1965년에 2만 명이었던 병력은 50만 명으로 늘어났다. 반전운동은 1960년대 초부터 존재했지만, 이제 주류가 되었다. 북베트남을 폭격해 굴복시키려는 '롤링 썬더 작전'은 확실히 실패했지만, 동남아시아에서 공산주의 반란은 분쇄될 수 있고, 또 반드시 분쇄된다는 공식 입장은 변하지 않았다.

1968년, 학생과 대학은 정치 세력이었다. 모든 서방 국가에서 우수한 인재를 찾으면서 학생 수가 급증했다. 1960년대를 지나며 학생들은 점점 더 과격해졌고, 공식 세계관에 이의를 제기했다. 이들은 인종차별, 경제적 불평등, 대기업을 공격했고, 참여 민주주의를 촉구하고 비폭력 시민 불복종을 옹호했다.

이들은 제2차 세계대전 중에 혹은 그 직후에 태어난 세대였다. 이들은 기술·경제 발전과 함께 성장하면서 큰 꿈을 갖도록 배웠지만, 보수적이고, 성실하며, 자기 부정적이고, 주도권에 집착하는 전시 세대의 사고방식에 가로막혀 자신의 길을 찾지 못했다. 새로운 세대는 새로운 가치관, 새로운 이상, 새로운 의식이 있었고, 옛 질서와 노골적으로 충돌했다.

캘리포니아대학 버클리 캠퍼스는 1960년대 중반 민권 운동 시위와 캠퍼스 내 언론 자유 운동의 무대였다. 버클리 캠퍼스의 학생들은 미국 전역에 급진주의를 불러일으켰고 앞으로 일어날 시위의 본보기가 되었다. 1968년, 뉴욕 컬럼비아대학에서도 문제가 생겼다. 그해 다른 많은 시위처럼 이 사건도 비교적 사소한 일로 시작되었다. 컬럼비아대학은 실내 시위를 금지했는데, 학생들은 이 금지 조치를 무시하고 시위를 벌이다 징계를 받았다. 시위의 규모와 요구 사항이 확대되면서 컬럼비아대학과 미 국방부가 연루된 정황이 드러났다. 시위대는 호전적 지도자 마크 러드(1947년생)를 앞세워 행정실을 습격하고 총장실에 침입했다. 더 많은 건물이 점거되자 경찰이 출동했다. 폭력이 발생해 150명이 다치고 학생이 700명 이상 체포되었다. 같은 해 5월에도 또 다른 점거 사태로 경찰과 급조된 바리케이드 사이에 전면전이 벌어졌다. 미국 중산층은 큰 충격을 받았다.

베트남전에 반대하는 목소리가 곳곳에서 터져 나왔다. 런던 그로스베너 광장에서는 기마경찰이 미국 대사관에 접근하려는 시위대를 막으면서 부상자가 나오고 많은 사람이 체포되었다. 베를린의 시위는 서독 전역으로 퍼졌고, 5월에는 대학생과 노조원이 연합한 대규모 시위로 절정에 달했다. 캠퍼스의 분노가 거리로 쏟아져 나오고 학생들이 경찰과 충돌하면서 비슷한 시위가 유럽 전역의 도시를 휩쓸었다. 일본에서는 대학 당국, 베트남전, 권위 전반에 대한 엄청난 분노와 반항으로 학생 시위가 폭발했다. 활동가들은 유동적 네트워크를 통해 대규모 시위를 벌이고, 주요 대학을 점거·폐쇄했으며, 진압 경찰과 싸웠다.

멕시코는 특히 비극적이었다. 올림픽이 다가오자 디아스 오르다스 독재 정권은 미국과 좋은 관계를 유지했고, 이런 정부와 과격한 학생 간에 갈등은 1968년 이전부터 끓어올랐다. 그렇게 멕시코시티에서 시위가 격화되는 가운데 학생들 사이에 벌어진 작은 충돌에 경찰이 폭력을 행사했다. 구체적 명분은 금세 사라졌고, 여름에 고립된 학생들은 국민에게 직접 호소했다. 이 모든 것이 디아스 오르다스가 두려워했던 혁명의 초기 단계였다.

올림픽 개막 열흘 전에 결전이 벌어졌다. 군대는 틀라텔롤코 광장에 모인 학생 만 명을 포위했다. 발포 신호와 함께 300명이 죽고 많은 사람이 체포되었다. 더 이상 시위는 없었고, 올림픽은 예정대로 열렸다.

연초 프랑스 학생들의 급진주의는 수면 아래 있었다. 대학교 수는 급증했지만, 캠퍼스는 권위주의적이고 고루했으며, 주입식 교육과 수동적 학습을 강조했다. 파리 외곽 음침하고 사람이 바글거리는 낭테르 캠퍼스가 예상치 못한 도화선이 되었다. 1월 말 시작된 시위는 폭력으로 치닫는 전형적 패턴을 따랐다. 카리스마 넘치는 다니엘 콩방디(1945년생)를 중심으로 아나키스트, 마르크스주의자, 마오주의자, 새롭게 급진주의에 빠진 일반 학생들이 소르본 캠퍼스에 모였고, 그곳에서 경찰과의 폭력 충돌은 더욱 커지고 격화되었다. 5월 6일 학생들과 진압 경찰 사이에 격렬한 충돌이 벌어졌다. 시위대는 보도블록 돌을 깨서 던질 무기를 확보하고 바리케이드를 쳤다. 가장 큰 충돌은 5월 10~11일 밤에 있었으며 학생 4만 명이 인정사정없는 중무장 경찰과 대치했다.

결정적으로 대중 사이에 학생들을 향한 동정 여론이 일었고, 젊은 노동자들이 학생들과 합류했다. 5월 13일, 주요 노조가 파업을 선언하고, 백만 명 이상이 파리를 행진했다. 다음 날 비공식 파업이 확산하면서 공장들이 점거되었다. 프랑스는 혁명의 열기로 뒤덮였다. 곳곳에서 국가뿐만 아니라 자본주의와 물질주의 사회의 본질에 의문을 제기하

는 대화가 이어졌다. "상상력은 힘이다. 꿈을 현실로", "보도블록 밑에
는 모래사장이" 같은 반체제 포스터가 등장했다. 5월 23일까지 노동자
천만 명이 파업에 돌입하면서 경제활동은 마비되었다. 정부가 붕괴하
기 직전 드골(1890~1970) 대통령이 헬리콥터로 파리를 떠났을 때 조르
주 퐁피두(1911~1974) 총리는 드골이 도망쳤다고 생각했다.

사실 이때 혁명은 흔들렸다. 드골은 서독의 프랑스군 사령부로 날
아가 마쉬(1908~2002) 장군에게서 군사적 지원을 받아냈다. 안도한 드
골은 프랑스로 돌아와 선거 실시를 발표하고 파업 참가자들에게 업무
복귀 명령을 내렸다. 혁명은 이렇게 끝났다.

미국에서 민권 문제는 거의 모든 시위 운동에서 반복되었다. 인종
차별은 미국 사회에 눈에 띄게 만연해있었고, 겉으로 드러내지 않아도
태도와 사회적 행동 속에 존재했다. 가장 위대한 민권 운동 지도자 마
틴 루서 킹 주니어(1929~1968)는 새로운 무장 지도자들의 도전을 받으
면서도 비폭력 시민 불복종에서 기독교 신앙을 찾았다. 그러나 4월, 킹
목사는 멤피스에서 인종차별주의자의 총격으로 암살당했다. 미국 125
개 도시에서 방화와 폭동이 발생했다. 많은 빈민가가 물리적 피해를
입었지만, 소요 사태는 오래가지 않았다. 결정적으로 전년도 인종 폭동
을 정리한 1968년 커너보고서가 경찰의 자제를 권고해 평소 '시위를
고조'시켜온 행동을 막을 수 있었다. 1967년을 정점으로 인종 폭동은
점차 수그러들었다.

한편, 세를 넓혀가던 블랙파워 운동은 흑인의 자부심, 흑인 분리
주의, 흑인의 자각을 강조하며 기존 민권 운동과 다른 방향으로 나아
갔다. 이 운동은 멕시코 올림픽 메달 시상식에서 미국 선수 토미 스미
스와 존 카를로스가 검은 장갑을 낀 손을 들어 올리면서 전 세계에 알

려졌다. 그러나 급진 좌파와 연계된 이 새로운 운동은 1970년대 테러리즘과 범죄에 휘말리면서 쇠퇴했다.

11월, 대통령 선거가 다가오고 있었다. 전쟁을 지지하는 허버트 험프리(1911~1978) 부통령은 민주당 유력 후보였지만 전쟁에 반대하는 유진 매카시(1916~2005)와 로버트 케네디(1925~1968)가 그를 추격했다. 그러나 6월 5일 새벽, 캘리포니아주 경선 승리를 축하하던 케네디는 총에 맞아 다음 날 죽었다.

당시 핵심 쟁점은 베트남이었다. 민주당 후보들이 전당대회를 위해 시카고에 도착하자 시위대도 링컨 공원에 모였다. 그중에는 정치적 히피 '이피(Yippies)'가 많았고, 그 지도자 애비 호프만(1936~1989)과 제리 루빈(1938~1994)은 살아있는 돼지를 대통령 후보로 지명했다. 불행하게도 이들은 폭력으로 통금 시간을 강제하는 진압 경찰과 맞닥뜨렸다. 8월 28일, 민주당이 베트남에 관한 토론회를 열자 시위대 15,000명이 그랜트 공원에 모였다. 리처드 데일리(1902~1976) 시카고 시장은 주 방위군을 소집했다. 긴장이 고조되면서 '평화로운 타협'은 무산되었다. 밖에서는 (공식 보고서에서도) '경찰 폭동'으로 표현한 사건이 일어났다. 시위대가 콘래드 힐튼 호텔 앞에서 포위되었고, 호텔 앞 유리창이 군중의 압력으로 깨지면서 혼란과 폭력으로 수백 명이 다쳤다. 전당대회에서 험프리가 선출되었지만, 민주당은 분열되었다. 그리고 1968년에 흔히 나타난 것처럼 급진주의의 흐름은 역전되었다. 공화당의 리처드 닉슨(1913~1994)이 11월 대통령 선거에서 승리했고 전쟁은 계속되었다.

1968년은 전혀 다른 전선에서 '프라하의 봄'이 일어난 해였다. 프라하의 봄은 1월 공산당의 보수적 지도자 안토닌 노보트니가 자유주의 성향의 알렉산데르 둡체크에게 권력을 넘기면서 시작되었다. 한 달도 안 되어 검열에 관한 법률이 완화되었고, 정치 토론과 문화 활동이 봇물 터지듯 터져 나왔다. 프라하는 금세 1968년의 급진적 현상을 탐구하는 젊은이들의 교차로가 되었다.

4월에는 자유화 정책을 더욱 확대해 '인간의 얼굴을 한 사회주의'를 표방하고 소비재 생산을 늘려 보다 경쟁력 있는 경제로 나아가겠다고 발표했다. 이 새로운 정책은 '어떤 부르주아 민주주의보다 더 인간다운 삶'을 제안했다.

7월, 개혁이 진전되자 레오니드 브레즈네프(1906~1982)는 인내의 한계에 도달했다. 동유럽 지도자들과 함께한 브라티슬라바회의에서 마르크스-레닌주의의 정통성이 확인되었고 체코슬로바키아를 '원조' 하기 위한 군사적 선택지가 의제로 떠올랐다. 8월 20~21일 밤, 소련과 바르샤바조약기구는 군인 20만 명과 탱크 2,000대를 동원해 체코슬로바키아를 침공했다. 충격을 받은 둡체크는 저항하지 말라고 당부했고 다음 날 아침 체포되었다. 탱크가 프라하를 점령하자 젊은이들의 영웅적 시위가 계속되었다. 모스크바에서는 지칠 대로 지친 체코 지도부와 오랜 논의가 이어졌다. 마침내 소련 지도자들은 프라하의 봄 혁명을 끝내는 공식 의정서에 대한 동의를 얻어냈다. 둡체크는 지도자로 복귀했지만, 곧 축출되었다.

1960년대 초, 여성이 쓴 책 두 권이 출판되어 혁명의 도화선에 불을 붙였고, 1968년에 이 책들은 폭발력을 발휘했다. 첫 번째는 레이첼 카슨(1907~1964)의 환경주의 선언문 『침묵의 봄』이었고, 두 번째는 베티 프리던(1921~2006)의 『여성의 신비』였다. 프리던은 여성이 틀에 박힌 젠더 이미지와 그에 따른 성 역할에 갇혀 있다고 주장했다. 성차별적 권력 구조에 저항하고 참정권을 뛰어넘는 평등을 찾을 때가 되었던 것이다.

　1968년 9월, 매년 미스아메리카 선발대회가 열리는 뉴저지주 애틀랜틱시티에 여성들이 모였다. 대회장 밖에서는 이 행사에 반대하는 시위대 400명이 있었다. 이들은 거리 공연에서 살아있는 양에게 왕관을 씌우고, 소고기 부위가 표시된 여성 사진을 전시했으며, 실물 크기 미스아메리카 모형을 행진시켰다. 시위대 4명은 표를 구입해 행사장에 들어가 미스아메리카가 연설하는 동안 여성 해방을 외치는 현수막을 펼치다가 경찰에게 퇴장당했다. 밖에는 걸레, 하이힐, 성차별적인 잡지, 머리 인두, 인조 속눈썹을 던지는 '자유의 쓰레기통'이 있었다. 여성의 의식에 전면적 혁명이 시작되었다.

　카슨의 책은 큰 반향을 일으켰다. 미국인들은 텔레비전에서 물질적 진보가 자연환경을 점점 더 황폐화한다는 사실을 알게 되었다. 오대호는 죽어갔고, 불이 붙을 정도로 오염된 강도 있었다. 환경 운동이 최초로 시작되었다. 한편, 유명 정치인과 학자들로 구성된 로마클럽은 1968년에 설립되어 환경은 전 세계가 서로 연결된 핵심 문제라고 주장했다. 그리고 1968년 가을, 첫 번째 『지구 백과』가 발간되었다. 생태, 자급자족, 대안 교육이 이 단체의 고유 가치였다.

　1960년대 중반부터 캘리포니아 해안을 따라 히피의 물결이 밀려왔다. 비트 세대에서 발전한 이 운동은 평화 그리고 자연과의 조화로운 공존을 추구하면서 공동체 생활, 신비주의, 실험적 미술과 음악, '환각제' 사용에 탐닉했다. 히피는 합리주의 세계관이 지닌 진부함과 감출 수 없는 폭력성을 극복하려고 의식을 고양하면서 집단적 공감을 중시했다. "마음을 조정하지 마라. 현실에 잘못이 있다"가 당시 구호였다.

이것은 반문화였다. 즉, 산업사회의 명령을 거부하는 세대의 자발적 움직임이었다. 삶은 기계적이고 영혼 없는 단조로운 일과의 연속이었고, 일회용품을 끊임없이 소비해야만 보상받는 깨뜨려야 할 속박이었다. 그러나 끊어야 할 것은 마르크스가 말한 사슬이 아니라 타락한 부르주아 의식이 스스로 채운 족쇄였다.

자연스럽게 예술에도 정치적·문화적 분위기가 반영되었다. 1968년 '사건들'은 모두 연극의 특징이 있어서 이 일상을 벗어난 장면들은 상황주의자의 '즉흥 연주' 느낌이 있었다. 많은 예술가는 정치 활동가가 되었다. 점차 모든 분야의 경계가 허물어졌다. 미술은 형식을 버리고 모더니즘을 공격했다. 동시에 팝아트와 옵아트, 아트 시네마, 장르를 넘나드는 팝 음악이 등장해 대중 예술과 '고전' 예술 사이에 존재했던 구분을 없앴다. 그리고 새로운 거리 정치처럼 예술가와 관객이 우연히 참여해 독특한 공연을 만들어내기도 했다.

객관성이 그 자리를 내주면서 내면의 진실이 새로운 시금석이 되었다. 현실은 더 이상 불변의 사실이 아니라 논쟁의 대상이었다. 그리고 미술을 전통으로부터 해방할 때가 되었다. 더는 고전적 흉상이 보내는 매서운 시선도, 작품 앞에 처진 비단 밧줄과 조용히 관람해야 하는 경건함도 사라졌다. 미술은 만지고, 그 주변에서 춤추고, 직접 체험하는 것이었다. 미술관 문을 열어 예술을 놓아준 것이다.

1968년의 현상은 예측할 수 없고 때로는 막을 수 없는 사건과 역사의 불길이었다. 시작도 끝도 없었고, 단일하거나 구별할 수 있는 원인도 없었으며, 책임질 수장도 없었고, 폐쇄할 본부도 없어서 그 불길을 잡을 수 없었다. 지도자들은 현장에서 즉흥적으로 행동했다. '목표'는 단일 문제로 시작해 서로 연관되거나 부차적 문제로 변하기도 했다. 불만 사항 목록은 완성된 적이 없었다. 모든 것이 생각 밖이어서 권력자들은 이런 혁명을 이해할 수 없었다.

포스터, 행진, 잡지, 전단, 연설, 토론회 등 이해를 돕는 집단 학습 과정을 거쳐 사건이 진행되었다. 학습은 무질서하고, 자발적이며, 계획 없이 불규칙하고, 우발적이었다. 1968년 파리는 바리케이드와 총파업으로 기억되지만, 현장에 있던 '68세대'는 1968년 파리에 대화, 연대감, 가능성을 향한 희열이 있었다고 기억한다. 1968년은 수많은 도시와 지역사회, 대학과 학교, 아파트와 교외의 거실에서 벌어진 사건으로서 신문 1면이나 TV 뉴스에만 국한되지 않았다.

그러나 왜? 혁명은 어디에 있었는가? 프랑스마저도 6월 선거에서 드골이 낙승하면서 혁명의 순간은 막을 내렸다. 자본주의가 다시 세계를 지배했다. 미국에서 베트남의 악몽을 끝낸 것은 정치적 항의만큼이나 치명적이었던 군사적 패배였다. 흑인의 민권은 점차 나아졌지만, 빈민가는 더욱 암울해졌다. 서방의 학생 시위는 1970년대까지 계속되었지만, 멕시코에서는 분쇄되었다.

프라하의 시위로 감옥 문은 닫혔고, 저항은 잠시 반짝하다가 지하로 사라졌다. 폴란드에서 싹튼 시위 운동도 비슷하게 잠잠해졌다. 혁명은 다가오고 있었지만, 20년이 더 지나야 했다.

그렇다면 1968년에 정말 혁명이 일어났을까? 대답은 '예'이며, 그것은 지금도 매일 우리와 함께한다. 문화적·사회적 유산이 가장 두드러졌지만, 정치적 유산도 많았다. 1968년을 기점으로 훨씬 더 격식에 얽매이지 않는 사회가 되면서 도덕은 개인의 선택이 되었고, 민주주의는 투표 그 이상의 것을 의미했다.

미스아메리카 대회에 항의한 여성들은 새로운 페미니즘 물결을

일으켰다. 여성 수천 명이 진정한 정체성을 찾는 여정을 시작했다. 서
방 사회에서 성차별은 여전히 만연하지만, 훨씬 더 광범위하게 공격
을 받는다. 환경에 대한 태도도 이와 무관하지 않다. 1968년 이전까지
만 해도 자연은 더욱 정교한 과학기술로 정복해야 할 대상이었다. 그
러나 1968년이 시작된 지 몇 달 만에 「지구의 벗」과 그린피스가 설립
되었고, 미국은 환경보호법을 승인했다. 자연은 복잡하고 상호 의존
적 시스템이며 인간은 그 소유자가 아니라 관리자라는 인식이 퍼지면
서 혁명적 생태 패러다임이 등장했다. 대표적으로 아폴로 8호 승무원
들이 세계에서 가장 유명한 사진을 찍은 시점은 1968년 크리스마스였
다. 그 사진은 외로운 푸른 행성을 처음으로 온전하게 보여준 '지구돋
이(earthrise)'였다. 환경 혁명은 지금도 계속된다.

　페미니즘과 환경보호 같은 혁명운동은 체제의 변화가 아니라 의
식의 변화에 관한 것이다. 1968년의 중심으로 돌아가 보면, 정치 혁명
을 가장한 의식의 변화가 있었다. 시위대는 "호, 호, 호찌민"을 외쳤고,
같은 해 스테픈 울프는 "진정한 자연의 아이, 나는 야생으로 태어났어"
라고 노래했다. 이 둘 다 1964년 버클리 캠퍼스 학생들의 지도자 마리
오 사비오(1942~1996)의 말을 반영했다. "기계의 작동이 너무나 혐오스
럽고, 여러분의 마음을 아프게 해서, 도저히 함께할 수 없을 때가 있습
니다! 그럴 때는 기어와 바퀴 … 손잡이, 모든 장치 위에 몸을 얹어서
기계의 작동을 멈춰야 합니다!"

　그렇다면 이 기계의 정체란 무엇일까? 과학, 객관성, 합리성이라
는 이름으로 서양인의 의식을 통제한 거대한 기술만능주의다. 부르주
아의 명목상 혐의는 자본주의와 착취에 관한 것이지만, 실존적 혐의는
그보다 더 무거웠다. 즉, 인간의 정신을 부정하고, 탐욕과 파괴를 위해

인간의 삶을 도구로 축소하며, 인간을 권력의 위계질서에 눈먼 노예로 전락시켰다. 1968년 정신은 기계가 가장자리로 밀어낸 상상력과 창의성, 상호성과 영성, 즉흥성과 자발성이 인간의 중심이라고 확인시켜주었다. 세상을 살아 있는 유기적 통일체로 새롭게 이해하는 관점에서 1968년은 시작의 시작이었다. 그러나 세상을 산업 기계로 인식하는 관점에서 1968년은 종말의 시작이었다.

이보다 더 큰 혁명은 없다.

제리 루빈

미국의 반문화 활동가 제리 루빈(1938~1994)은 신시내티에서 태어났다. 캘리포니아대학 버클리 캠퍼스에서 공부했고, 그곳에서 급진적 정치 운동에 참여해 마리화나 합법화와 반전 운동을 벌였다. 애비 호프만과 함께 청년국 제당('Yippies')의 창립 회원이었고, 하원 비미활동위원회(HUAC)에 출석 해 정치연극의 기회로 활용했다. 1968년 8월 28일, 시카고 시위에서 활약했 고, 다른 청년국제당 지도자들과 함께 이듬해 폭동 선동 혐의로 유죄 판결을 받았다. 그리고 『DO IT! 혁명의 시나리오』(1970)를 출간했다. 1970년대에 는 정치에 관여하지 않고 애플 컴퓨터에 투자하는 사업가가 되었다.

알렉산데르 둡체크

알렉산더 둡체크(1921~1992)는 체코슬로바키아 정치인으로 체코공산당 의 제1서기장(1968~1969)이었다. 제2차 세계대전에서 나치에 맞서 싸운 빨치신 전사였고, 1951년부터 체코 의회 의원이었다. 1963년, 공산당 슬로 바키아 지부의 제1비서로서 자유화를 진행하고 슬로바키아 민족정체성 표 현을 장려했다. 1968년 1월, 체코슬로바키아 공산당 제1서기로 임명되어 정부를 자유화하고 '인간의 얼굴을 한 사회주의'를 도입해 검열을 완화했다. 1968년 8월, 바르샤바조약기구가 프라하를 침공한 후 모스크바로 끌려갔지 만, 8월 말에 귀국해 복직했다. 1969년 4월, 강제로 사임한 후 슬로바키아 임업관리부에서 1989년까지 근무하면서 바츨라프 하벨과 함께 시민포럼의 대중 시위를 지원했고, 연방의회 의장에 선출되었다.

연표

1961년

5월 4일   흑백 인종이 섞인 시위단체 '자유의 여행자들'이 케네디 대통령의 흑인 민권 공약을 시험하려고 워싱턴 DC에서 남부로 이동하다

1962년   레이첼 카슨의 『침묵의 봄』이 출간되고, 민주사회학생연합(SDS)이 포트휴런성명서 혹은 '한 세대를 위한 의제'를 발표하다

1963년   베티 프리던이 『여성의 신비』를 출간하다

8월 28일   워싱턴 민권 행진에서 마틴 루서 킹 주니어가 "나에게는 꿈이 있습니다" 연설을 하다

1964년

8월 7일   미 의회에서 통킹만 결의안 통과되어 대통령이 공식 선전포고 없이 북베트남과 전쟁을 벌일 수 있게 되다

7월 2일   인종, 피부색, 종교, 성별, 출신 국가에 따른 차별을 금지하는 미국 민권법이 통과되다

1965년

2월 21일   네이션오브이슬람의 지도자 말콤 엑스가 맨해튼에서 암살당하다

3월 2일   미국 존슨 대통령이 북베트남에 대한 대규모 폭격 작전 '롤링썬더'를 승인하다

9월 5일   신문 <샌프란시스코 이그재미너>가 '히피'라는 단어를 처음 사용하다

1966년

6월 30일   '미국 사회 주류에 여성을 완전히 참여'시키려고 전미여성기구가 출범하다

10월 15일   바비 실과 휴이 뉴턴이 방어를 위한 폭력 무장단체 흑표당을 만들다

1967년   샌프란시스코에서 히피 운동 '사랑의 여름'이 일어나다

1968년

1월 30~31일   베트콩이 구정공세를 개시하지만, 며칠 만에 미군이 대부분 지역을 탈환하고, 후에에서 26일 동안 격렬한 전투가 벌어지다

3월 22일   프랑스 학생들이 낭테르대학 행정실을 점거하다

4월 4일   애비 호프만이 뉴욕 증권거래소 발코니에서 가짜 화폐를 던지며 자본주의에 반대하고, 마틴 루서 킹 주니어가 암살당하다

5월 2~3일   파리에서 학생들의 시위가 시작되다

5월 10일   파리에서 바리케이드의 밤이 벌어지다

5월 13일   프랑스에서 총파업이 일어나다

6월 6일   로버트 케네디 상원의원이 로스앤젤레스에서 암살당하다

8월 20~21일   바르샤바조약기구 군대가 체코슬로바키아를 침공해 프라하의 봄을 끝내다

8월 25~29일   시카고 민주당 전당대회장 밖에서 반전 시위대가 경찰에 구타당하다

10월 2일   멕시코시티에서 시위하던 학생 수백 명이 살해당한 틀라텔롤코 학살이 일어나다

11월 5일   미국 대통령 선거에서 공화당 리처드 닉슨이 승리하다

1969년

7월 20일   미국 우주비행사 닐 암스트롱이 인류 최초로 달 표면을 걷다

8월 15~17일   뉴욕주 우드스톡 록 페스티벌에 40만 명이 모이다

10월 15일   미국 역사상 최대 시위인 평화모라토리엄에 전국적으로 200만 명이 참가하다

포르투갈: 카네이션 혁명,
1974

필리프 히베이루 드 메네즈스

포르투갈의 무혈 혁명은 리스본 시민들이 오랜 우익 정권에 맞서 쿠데타를 일으킨 군인들에게 꽃을 건넨 순간부터 그 화려한 이름을 얻었다. 불과 몇 년 전 미국에서 베트남전에 반대하는 시위대가 그들을 겨눈 군인의 총구에 꽃을 꽂은 상징적 사진에서 영감을 받아 포르투갈군은 카네이션을 총구에 꽂았다.

냉전이 한창인 서유럽에서 일어난 이 특이한 혁명은 어떤 면에서 제2차 세계대전 이후 세계 재편 과정의 일부였다. 1933년, 안토니우 살라자르가 세운 이스타두노부(Estado Novo, '새로운 국가') 체제는 히틀러와 프랑코 시대의 유산이었지만, 이 혁명으로 이스타두노부는 대의 민주주의로 교체되었고, 아프리카 등지에서 포르투갈 제국주의는 갑작스럽지만, 오랫동안 바라왔던 종말을 맞이했다.

피터 퍼타도

❖ ❖ ❖

1974년 4월 25일, 국군운동(MFA) 소속 군인들이 마르셀루 카에타누

(1906~1980) 정권을 전복시켰다. 6년 전 카에타누는 안토니우 드올리베이라 살라자르(1889~1970)를 계승해 포르투갈의 '이스타두노부'를 이끌었다. 하급 장교들로 구성되어 '대위 운동'으로도 불린 국군운동의 목표는 민주주의 체제를 수립하고 1961년부터 포르투갈이 휘말린 식민지 전쟁을 끝내는 것이었다. 카네이션 혁명으로 불린 이들의 행동으로 예기치 않게 1년 반 동안(혹자는 더 길었다고도 한다) 혁명이 지속되었고, 여러 정당과 군부 내 파벌이 각자 정당성을 주장하며 권력을 놓고 경쟁해서 한동안 혁명이 어떤 방향으로 흐를지 전혀 예측할 수 없었다. 결국 이 과정을 거쳐 포르투갈은 의회 민주주의 국가로 거듭났지만, 헌법상 모순을 수정하는 데 오랜 시간이 걸렸다. 한편 탈식민지화 과정에서 비극적이게도 인도네시아는 동티모르를 점령했고, 앙골라에서는 내전이 발생했으며 포르투갈인 50만 명 이상이 황급히 탈출했다.

1974년 4월, 포르투갈은 수많은 식민지 전쟁을 치렀다. 포르투갈군은 앙골라에서 13년 넘게 앙골라인민해방운동(MPLA), 앙골라민족해방전선(FNLA), 앙골라완전독립민족동맹(UNITA)과 싸웠고, 모잠비크의 모잠비크해방전선(FRELIMO)과 기니비사우의 기니비사우·카부베르드 아프리카독립당(PAIGC) 등 외국의 지원을 받는 해방 운동을 막는 것은 점점 더 어려워졌다. 그런데 징집된 병사와 직업 장교들에게 식민지 문제가 정치적으로 해결될 조짐은 보이지 않았다. 식민지 전쟁을 했던 영국과 프랑스와는 달리 포르투갈은 독재정권이었고, 역사를 민족주의 관점에서 해석해 그 정당성을 찾았다. 이 관점에서 포르투갈 영토 일부가 떨어져 나가는 것은 있을 수 없었다. 따라서 포르투갈은 살라자르를 계승한 카에타누를 환영하고 그에게 희망도 품었지만, 제국은 이미 막다른 골목에 있었다. 살라자르가 통일된 중앙집권적 국가를 꿈꾸었던 것과 달리 카에타누는 포르투갈제국을 위해 연방제를 오랫동안 옹호했고, 전쟁을 계속하는 것 외에 별다른 방법이 없음을 깨달았다. 이런 식민지 정책의 실패로 근대화와 경제 성장을 기반으로 국내 개혁주의 의제를 추진했던 그의 정치적 영향력은 약해졌다. 포르투갈은 식민지 전투에서 승리하기도 했지만, 국제무대에서는 점점 더 고립되었다. 포르투갈의 친구는 남부 아프리카를 백인 통치하에 두려는 것 외에 별다른 공통점이 없는 로디지아와 남아프리카공화국뿐이었다. 정치적으로 해결될 가능성이 희박해지자 하급 장교들은 국군운동을 결성해 정권을 타도하기로 했고, 전쟁을 끝내려면 정권이 사라져야 한다고 생각했다.

1974년 4월 25일 새벽, 국군운동이 공격을 감행했다. 그 부대는 리스본에 집결해 공항, 라디오·텔레비전 방송국 등 도시 요충지를 점령했다. 정부는 거의 반격하지 않았다. 정부가 믿었던 부대는 쿠데타에 가담한 전우들과 싸우지 않고 그들 편을 들었다. 카에타누가 보안총국(DGS)으로 개칭한 비밀경찰(PIDE)만 쿠데타에 저항했고, 그 본부 밖에서 4명을 살해했다. 그러나 다른 곳에서는 쿠데타를 축하하는 분위기가 감돌았다. 민간인과 병사들이 함께 어울렸고, 병사들은 곧 이날을 상징하는 붉은 카네이션으로 치장했다. 카에타누 총리는 또 다른 경찰 조직 공화국국가수비대(GNR) 본부로 피신했다. 본부 밖 작은 카르모광장에는 군중이 국가를 부르며 카에타누를 포위한 국군운동에 환호를 보냈다. 카에타누의 항복을 받으려고 기니비사우 총독을 지낸 안토니우 스피놀라(1910~1996) 장군이 도착했다. 이날의 주역은 국군운동이었지만, 유명한 스피놀라가 신문의 머리기사를 장식했다. 그해 초 스피놀라는 『포르투갈과 그 미래』를 출간해 정부를 송두리째 흔들었다.

이 책에서 그는 포르투갈이 아프리카 전쟁에서 승리할 수 없으며, 정치적 해결책이 필요하다고 공개적으로 주장했다. 이 때문에 포르투갈 군 부참모총장 스피놀라의 유일한 상관으로서 이 책의 출판을 승인한 프란시스쿠 다 코스타 고메스(1914~2001) 장군이 해임되었다. 두 사람과 접촉한 국군운동은 코스타 고메스가 자리를 이어받기를 기대했지만, 4월 25일, 코스타 고메스는 자취를 감추었다. 따라서 외알 안경을 쓴 엘리트주의자 스피놀라가 기회를 잡았다. 5월 1일, 대규모 시위대가 거리로 나와 새 정부 당국에 생활과 노동 조건 개선을 촉구하면서 민중이 국군운동 쿠데타에 동의한다는 것이 확인되었다.

곧바로 스피놀라를 수장으로 고급 장교들로 구성된 구국군사평의회가 수립되어 공화국 새 대통령으로 스피놀라를 선택했지만, 국군운동은 해산하지 않았다. 신구 정당 대표들을 포함한 민간인 정부가 출범한 후에도 마찬가지였다. '대위들'은 점차 스피놀라를 불신했다. 주인공이 되고 싶은 스피놀라의 욕망은 곳곳에서 지휘권을 장악한 공산주의자들과 아프리카 해방 운동에 대한 반감만큼이나 노골적이었다. 스피놀라는 『포르투갈과 그 미래』에서 밝힌 식민지 계획, 즉 포르투갈이 식민지라고 부르는 '해외 주(州)'에 점진적으로 주권을 이양하고 현지 유권자들이 자유롭게 미래를 결정하도록 하는 구상에 집착했다. 그는 연방 같은 '루지타니아 연합' 안에서 각 지역 주민이 독립 찬반 투표를 할 시간이 충분하다고 생각했다. 그러나 실제로는 그렇지 않았다. 아프리카 해방 운동은 완전한 군사적 승리가 눈앞에 있다고 판단해서 포르투갈로부터 각 지역 주민들의 유일하고 정당한 대표로 인정받기 전까지 화의를 거부했다. 선거도 긴 이행기도 없을 것으로 생각했고, 여러 나라가 이들 주장에 동의했다. 아프리카에서 헛된 대의를 추구하기보다 유럽에서 나라의 미래를 논의하고 싶었던 포르투갈 정치인들도 대부분 그러했다. 카에타누가 떠난 마당에 싸우려는 군인은 거의 없었다. 이런 상황에서 포르투갈은 식민지 포르투갈인의 삶과 투자를 위협하는 해방 운동의 의지를 꺾을 수 없었다. 군부가 여러 파벌로 분열된 것처럼 ─식민지의 즉각 독립을 추구하는 국군운동의 공약은 스피놀라의 점진적 해결책보다 군대 안에서 훨씬 더 인기가 있었다─ 정당들도 식민지 문제와 국내 주요 현안을 놓고 갈라졌다. 그러나 이들 정당 중 역사와 조직력에서 포르투갈공산당(PCP)이 다른 정당보다 우위에 있었는데, 그 영향력은 실제 규모에 비해 지나치게 컸다. 이 영향력은 군대 안에서도 발휘되어 점점 더 많은 장교가 아프리카의 평화를 위해 스피놀라가 물러나야 한다고 생각했다. 1974년 9월, 스피놀라가 실각하고, 코스타 고메스가 그의 뒤를 이었다.

1974년 4월부터 1975년 11월까지 포르투갈에서 일어난 사건에 대한 해석은 다양하다. 가장 일반적 해석은 '민주주의로의 이행'이다. 이 해석에 따르면, 포르투갈군은 '파시스트' 이스타두노부 체제(1976년 포르투갈 헌법 전문에 명시되다시피)를 무너뜨려 포르투갈을 의회 민주주의로 이끌었다. 여기에는 기존 정당, 특히 마리우 소아르스가 이끄는 사회당(PS)이나 1974년 4월 25일 이후 창당한 프란시스쿠 드 사 카르네이루의 인민민주당(PPD, 곧 사회민주당으로 이름을 바꾸었다), 디오구 프레이타스 두아마랄의 민주사회중도(CDS)의 도움이 있었다. 48년 동안 독재의 여파로 민주화 과정은 험난했다. 한쪽에서는 포르투갈공산당과 여기에 연계된 군부 내 파벌이, 다른 한쪽에서는 정체불명의 극우 세력이 민주화를 방해했다. 사임을 전후해 스피놀라 장군의 행보는 애매모호했다. '민주주의로의 이행'은 민주적 절차에 충실한 사회당, 인민민주당, 민주사회중도가 1975년 4월 25일 실시된 제헌의회 선거에서 공산주의자와 그 지지자들을 상대로 압승을 거둔 선거 결과와 여기에 도움을 준 외국의 후원자들, 특히 서유럽 사회주의 정당과 기독교민주주의 정당과의 관계를 중시한다.

그러나 포르투갈공산당과 그 지지자들은 이 사건을 다르게 본다. 이들은 포르투갈공산당과 진보적 장교들(그 핵심은 1974년 여름과 1975년 여름 사이 5개 '임시' 정부들을 이끈 바스쿠 곤살베스(1921~2005) 중령이었다)이 만든 연계를 중시한다. '민중'과 국군운동이 서로 연계해 포르투갈은 냉전 시대(아직도 프랑코가 이웃 스페인을 통치하고 있을 때) 유럽 서쪽 끝의 나토 회원국으로서 기대할 수 있는 수많은 사회적·경제적·외교적 성공을 거두었다. 공산주의 평론가들은 포르투갈공산당 지도부가 단호하게 결정해서 독점을 해체하고 주요 산업과 금융 서비스 전반을 국유화할 수 있었으며, 남부 포르투갈 소작농을 위해 농지를 개혁하고 최종적으로 이스타두노부를 끝장내는 데 크게 공헌한 아프리카 해방 운동 진영에 식민지를 넘길 수 있었다고 주장한다. 이로써 살라자르 정권을 지탱했던 집단의 사회경제적 기반이 무너졌다. 1976년 헌법은 원안 그대로 이런 민중의 승리를 기록한 문서로 찬사를 받았다.

포르투갈 혁명에 관한 세 번째 해석은 극좌파의 시각이다. 이 해석에 따르면, 국제 정세와 무관하게 4월 25일 쿠데타는 포르투갈을 완전히 새로운 길로 인도하는 진정한 민중 혁명의 가능성을 제시했다. 민간 세력과 이들의 군사적 후원자들(오텔루 사라이바 드 카르발류(1936~2021) 준장이 가장 유명했다)은 급진적이고 원대한 경제적·사회적 목표를 가지고 진정한 민중 민주주의를 만들어보려 했다. 극좌파는 이 목표가 실제로 실현될 수 있었지만, 결국 국내외의 반발과 결정적으로 포르투갈공산당이 국가의 근본적 변혁을 위해 힘을 합치기보다 한정된 이익을 유지하고 확보하려 해서 좌절되었다고 본다. 예를 들어, 소련에 충성하는 포르투갈공산당과 나중에 생긴 마오주의 그룹 간 첨예한 의견 차이가 빚어낸 균열은 포르투갈 좌파에 큰 상처를 남겼는데, 당시 모든 공산주의 세력을 한데 묶어 일치된 행동을 하는 것으로 믿었던 중도와 보수 세력은 이 사실을 무시했다. 오텔루를 포함해 이 운동의 열렬한 지지자들은 1980년대 초에 단명한 극좌파 테러리스트 조직인 「4월 25일 민중세력(FP-25)」의 배후에 있었다.

1974~1975년 사건에 관한 세 가지 해석 모두 한 가지 공통점이 있다. 바로 포르투갈에서 일어난 사건이 국경을 초월했다는 점이다. 냉전 시대 위태로운 상황을 모두 고려해보면 유럽과 아프리카에서는 그럴 수밖에 없었다. 한편으로 포르투갈의 권력자는 앙골라와 모잠비크의 탈식민지화 과정에 직접 영향을 미칠 수 있었다. 앙골라와 모잠비크는 아프리카의 백인 통치 지역인 로디지아, 나미비아, 남아프리카공화국과 국경을 접하고 있어서 지역 전체에 영향을 줄 수 있을 것 같았다. 다른 한편으로 서방은 포르투갈과 대서양의 아소르스와 마데이라 제도가 공산 세력의 손에 넘어가는 것을 볼 수 없었다. 헨리 키신저(1923~2023) 미국 국무장관은 포르투갈 상황에 잠시 절망했을 수도 있지만, CIA와 관련된 것으로 알려진 프랭크 칼루치(1930~2018) 주(駐)포르투갈 미국 대사는 그렇지 않았다. 키신저는 칼루치에게 위험을 감수하고서라도 포르투갈의 반공 세력을 지원하라고 했지만, 어느 정도까지였는지는 아직도 밝혀지지 않았다. 또한 유럽의 정당들, 사회주의인터내셔널과 기독교민주연합 같은 포괄 조직들도 자금과 정치 기법을 민주주의를 지지하는 정당에 전달해 이들 정당이 경험과 조직력 측면

에서 포르투갈공산당과의 격차를 메우도록 도움을 주었다. 소련 지도부는 포르투갈이 공산 국가가 될 가능성을 믿지 않는 듯했다. 그러나 소련은 앙골라에 큰 기대를 걸고 마르크스주의 앙골라인민해방운동을 대폭 지원했고, 국군운동과 포르투갈 좌파 대다수는 이 운동을 지지했다.

오늘날까지 포르투갈 혁명이 실제 어떻게 전개되었는지 논란이 있지만, 혁명의 유산만큼은 대단했다. 4월 25일은 국경일(자유의 날)이 되었고, 1974년의 집권자들에게 경의를 표하는 의회 의식은 이제 익숙한 풍경이 되었다. 혁명이 완료된 후 포르투갈은 여러 면에서 민주주의 정권을 최초로 수립했다(살라자르의 이스타두노부로 교체되기 전에 제1공화국은 글을 읽을 수 있는 성인 남성으로 선거권을 제한했다). 혁명이 끝나고 얼마 지나지 않아 포르투갈은 당시 유럽경제공동체에 가입을 신청해 아프리카 전쟁을 이끌던 제국에서 벗어나 방향을 전환했다. 정권이 바뀌면서 국민 보건 제도가 확립되고 교육의 기획가 확대되어 그 어느 때보다도 포르투갈인에게 삶의 선택지가 넓어졌다. 1974년 4월 이후 포르투갈의 변화가 너무나도 커서 1974~1975년 실제 사건의 중요성과 혁명의 불확실성에 많은 사람이 가졌던 불안감을 무시하고 싶어하기도 한다. 포르투갈은 여러 중대한 국면에서 왼쪽으로 방향을 틀었고(특히 국군운동과 국군운동을 지지하는 민간인 그룹들이 우익 쿠데타를 좌절시킨 1975년 3월 11일 이후), 점점 더 복잡해지는 의사결정기구를 국가 자체에 접목하는 이른바 국군운동의 '제도화'와 급진적 경제 조치가 있었다. 지식인들은 민중 혁명이 진행되는 모습을 보려고 포르투갈로 몰려들었다. 땅을 일구는 사람들이 토지를, 도시에서는 집 없는 사람들이 빈집을 점거했다. 1975년, 이른바 '뜨거운 여름'까지 1975년 4월 선거 결과에도 공산주의자와 극좌 무장 세력이 포르투갈 정부를 구성했다. 그리고 이 정부가 사회당과 인민민주당을 포함한, 더욱 대표성을 가진 내각으로 교체되자 혁명 운동이 격화되어 포르투갈은 통제 불능 상태가 되었다. 불만이 받아들여질 때까지 시위대는 의회를 포위해 의원들을 인질로 잡았다. 피네이루 드아제베두(1917~1983) 총리는 대통령과 국군운동에 보호를 요구하며 내각 파업을 선언했다. 이 무렵 병영에서는 무질서가 만연했고, 「단결한 병사들은 승리하리라(SUV)」라는 새로운 단체는 민중의 목표를 위해 입대하는 사병들에게 장교에 복종하지 말라고 촉구했다.

1975년 11월 25일, 리스본 코뮌과 내전에 관한 대화가 진행되는 가운데 사태는 위기로 치달았다. 육군 온건파 주도로 가장 급진적 군부대들을 소탕해 혁명에 관한 논의는 끝이 났다. 포르투갈 역사상 가장 혼란스러웠던 시기를 끝냈다고 평가받는 이 반격으로도 군부가 정치에 개입하는 것을 완전히 끝내지 못했고, 1976년에서야 군부의 정치 개입을 금지하는 내용이 헌법에 명시되었다. 혁명평의회는 수년간 유지되어 군인으로 구성된 대법원 역할을 했다. 11월 소탕을 지휘한 사령관 안토니우 하말류 이아느스(1935년생) 준장은 1976년 공화국 대통령으로 선출되었고, 군 참모총장직을 겸임했다. 따라서 차기 정부가 군부를 감독하는 권한은 매우 제한적이었다. 많은 사람이 혁명 이후 민주사회중도 소속으로 민간인 출신 최초로 국방장관이 된 아델리누 아마루 다코스타(1943~1980)가 1980년 군부의 어두운 면을 밝히려다가 목숨을 잃었다고 생각한다. 그는 사 카르네이루 총리와 탄 비행기가 리스본에서 이륙한 직후 추락해 탑승자 6명과 함께 죽었다. 연이은 의회 조사 결과, 폭탄 폭발로 인한 비행기 추락으로 결론이 났다.

1975년 11월은 앙골라가 독립한 달이기도 했다. 그 무렵 앙골라는 분열된 포르투갈 군대가 미처 막지 못했던 전면적 내전을 치러야 했다. 포르투갈의 다른 식민지들은 이미 독립을 했다. 앙골라의 법과 질서가 완전히 붕괴되는 가운데 사모라 마셀이 주도하는 모잠비크해방전선의 혁명 운동으로 인해 수십만 명이 대거 포르투갈로 탈출했다. 그러나 처음 탈출한 사람들 상당수는 오랫동안 살았거나 태어난 아프리카에 남고 싶어 했다. 당시 독립을 축하하는 분위기 속에서 이들의 고난은 무시되었다. 그리고 식민 지배는 아직 끝나지 않았다. 1975년 12월, 포르투갈령 동티모르는 독립을 승인받기도 전에 인도네시아의 침공을 받았고, 인도네시아는 혁명의 진원지로 지목한 동티모르를 완전히 병합해 말살하려 했다. 1999년까지 계속된 인도네시아의 동티모르 점령은 현지 주민에 대한 잔악 행위로 얼룩졌다.

마리우 소아르스

포르투갈사회당 창립자 중 1명인 마리우 소아르스(1924~2017)는 카에타
누 정권하에서 수차례 투옥과 추방을 당했다. 1974년 4월 쿠데타 이후 임시
정부 외무장관이 되어 포르투갈 식민지 독립을 감독했다. 민주주의에 헌신
하며, 국가를 장악하려는 공산주의자들의 시도에 저항했다. 그리고 사회주
의자와 공산주의자 간의 반목 때문에 1976년 소수 정부의 총리로 선출되어
1978년까지 재임했다. 1983년 재선에 성공하자 포르투갈을 유럽경제공동
체에 가입시켰고, 1986년에는 포르투갈 최초로 민간인 출신 대통령이 되었
다.

바스쿠 곤살베스

부유한 집안 출신인 바스쿠 곤살베스(1921~2005)는 육군 장교이자 공산당
원이었다. 1974년 4월 25일 쿠데타 계획에 관여했고, 1974년 7월부터 총리
를 지냈다. 1975년 봄, 우익 쿠데타가 실패한 후 포르투갈 산업과 언론 분야
를 대부분 국유화했다. 더 온건한 사회당이 선거에서 승리한 후 극단적이라
는 비난을 받았고, 1975년 9월 공직에서 쫓겨났다.

연표

1933년	안토니우 살라자르가 파시스트 이스타두노부 체제를 수립하다
1949년	포르투갈이 나토 창립 회원국이 되다
1956년	포르투갈의 식민지 모잠비크와 기니비사우에서 독립운동이 일어나다
1961년	앙골라에서 독립 전쟁이 발발하다
1968년	살라자르가 은퇴하고 마르셀루 카에타누가 살라자르를 계승하다
1970년	살라자르가 죽다
1973년	기니비사우가 일방적으로 독립을 선언하다
1974년	
4월 25일	카네이션 혁명이 일어나고, 카에타누는 브라질로 망명하다
1975년	식민지가 대부분 독립을 인정받다
3월	혁명에 반대하는 우익 쿠데타가 실패하다
1976년	민주적 헌법이 도입되다
1980년	프란시스쿠 드 사 카르네이루 총리와 아델리누 아마루 다코스타 국방장관이 비행기로 이동 중에 폭사하다
1982년	민간인 정부가 공식 출범하다
1986년	포르투갈이 유럽경제공동체에 가입하다

캄보디아: 크메르루주 혁명,
1975~1979

소르퐁 페오우

1975~1979년의 크메르루주 혁명은 역사상 가장 무자비할 정도로 치밀하고 과격하며, 비인간적일 정도로 갑작스럽게 진행되었다. 캄보디아 주류 민족인 크메르족의 이름을 딴 게릴라 그룹은 마오쩌둥이 농민에 주목하고 자급자족을 신봉한 데에서 영감을 얻었고, 여기에 캄보디아와 그 국민이 가진 민족주의를 결합했다. 크메르루주는 소수 민족, 소수 종교, 도시 문화의 흔적을 모두 없애려 했다. 크메르루주 지배 아래 들어가자마자 프놈펜과 여러 도시에서 주민들은 강제로 쫓겨났고, 캄보디아에서 외국의 영향은 모두 제거되었다. 집단화된 농업을 중심으로 평등주의·민족주의에 기반한 캄보디아가 건설되었고, 사유재산·무역·종교·현대 의료 시설은 사라졌다. 캄보디아는 외부 세계와 완전히 단절되었다. 이 모든 것이 초고속으로 이루어졌다.

급진적 변화로 인한 혼란으로 기근이 만연했고, 크메르루주 정권은 도시에서 강제로 쫓겨나 새로운 사회에서 쓸모없는 존재로 낙인찍힌 수많은 사람을 고의로 굶겨 죽이거나 집단으로 처형했다. 편집증에 걸린 이 정권은 아주 사소한 비판도 고문, 투옥, 처형으로 응징했다.

그러나 다른 많은 혁명 정권들과 달리 크메르루주는 지도부를 중심으로

개인 숭배도 없었고(폴 포트 총리는 죽을 때까지 베일에 가려 있었다), 그 이념
적 토대도 공개하지 않았다. 크메르루주는 오랜 공산주의 운동에서 출발했지
만, 비밀을 중시해 이 사실을 몇 년 동안 숨겼다. 1979년, 베트남이 캄보디아
를 침공하면서 4년에 걸친 악몽 같은 혁명은 실패로 끝났지만, 크메르루주는
소멸하지 않고 그 본거지로 돌아가 태국 접경 지역을 거점으로 게릴라 투쟁을
계속했다. 결국 크메르루주 지도부 일부는 캄보디아를 재건하려는 정치 제도
에 편입되었지만, 다른 일부는 유엔의 지원으로 설치된 법원에서 반인도적 범
죄 혐의로 기소되었다.

피터 퍼타도

1975년 4월, 급진 마르크스주의자 그룹인 크메르루주(붉은 크메르)는 민
주적이고 정의로운 '새로운 캄보디아'(당시 캄보디아 공식 국명은 민주캄푸
치아였다)를 건설하고자 캄보디아의 친미 공화국 정부를 전복시켰다.
그러나 그 결과는 킬링필드였다. 크메르루주는 100만~200만 명을 죽
음으로 몰아넣은 후 자멸했다. 정확히는 1978년 말, 베트남군 10만 명
이 캄보디아를 침공하면서 권좌에서 쫓겨났다.

　크메르루주 혁명은 캄보디아 사회와 정치에 깊은 흔적을 남겼다.
1990년대 초, 유엔이 들어와 캄보디아를 평화롭고 번영하는 민주 국가
로 탈바꿈시키려 했지만, 혁명이 남긴 파벌 정치와 사회 분열은 여전
하다. 킬링필드 생존자들은 아직도 심각한 트라우마에 시달린다. 캄보
디아 국민은 대부분 강한 집단정체성을 공유하고 찬란한 고대사에 자
부심이 있지만, 민주주의와 정의를 실현하기까지는 아직 갈 길이 멀다.

크메르루주 혁명이 마르크스-레닌주의 또는 마오주의에 근거했는지, 아니면 민족주의나 인종주의에 따라 추진되었는지 학계의 논쟁 거리지만, 그 이념적 뿌리가 1950년대로 거슬러 올라갈 수 있으며, 크메르루주 정권이 피에 굶주려 대량 학살 범죄를 저질렀다는 점은 분명하다.

캄보디아는 1953년 노로돔 시아누크(1922~2012) 국왕이 독립 왕국을 선포할 때까지 프랑스령 인도차이나의 일부였다. 그보다 2년 전, 크메르루주 운동은 크메르인민혁명당(KPRP)이 창당하면서 공식 탄생했다. 이때까지만 해도 자신을 공산주의자라고 생각하는 캄보디아인은 거의 없었다. 1930년, 홍콩에서 창당한 인도차이나공산당(ICP)에 가입한 캄보디아인은 없었고, 제2차 세계대전이 끝날 때까지 당원은 극소수였다. 이 당시 주요 활동은 프랑스 식민 지배에 저항하는 것이었다. 그러나 점차 저항 세력은 상당수 급진화되었다. 점점 더 많은 사람이 베트남이 지휘하는 운동에 합류했고, 1951년 인도차이나공산당이 해산되자 독자 정당을 만들었다.

냉전 초기에는 급진적 지식인들도 의회 정치에 참여했다. 그러나 1955년 왕위에서 물러났다가 1960년 국가 원수가 되어 '크메르루주'라는 용어를 만든 시아누크 국왕이 폭력으로 이들을 탄압해서 이들의 정치적 영향력은 미미했다. 크메르루주 최고 지도자들은 프랑스에서 교육받은 후 급진화되어 시아누크 왕정에 대항하는 지하 게릴라 운동을 개시했다. 그러나 북베트남 공산주의자들이 아직 권좌에 있는 시아누크에 대한 무장 투쟁을 지지하지 않아서 지하 공산주의 운동은 제약을 받았다. 그러나 1970년 미국의 지원을 받아 론 놀 국방장관이 쿠데타를 일으켜 국왕을 실각시킨 틈을 타 크메르루주는 농민이 지지하는 시아누크를 이용해 권력 기반을 마련했다. 캄보디아에 마르크스주의 정권이 들어서는 것을 우려한 미국은 그 후 3년 동안 크메르루주 지역을 대대적으로 폭격했다. 이 폭격 때문에 크메르루주 생존자들은 론놀 정권에 더욱 분노했고, 난민이 도시로 대량 유입되었다. 그러나 폭격은 혁명군의 진격도 1975년 혁명군의 승리도 막을 수 없었다.

새롭게 들어선 크메르루주 정권은 이념적으로 반식민주의, 반아나키즘, 반지성주의, 반자본주의, 반제국주의였으며, 유토피아 사회 건설에 집착해 빠른 속도로 계획을 실행에 옮겼다. 1975년, 지도부는 폭력으로 집권했으니 더 큰 승리를 위해 더 많은 폭력을 사용해야 한다고 생각했다. 폴 포트(1925~1998)의 새 정권은 종속 이론의 영향을 받아 경제자립(경제적 자급자족)과 고립 정책을 택했다. 모든 혁명의 적을 상대로 내전을 개시했다. 시아누크 지지자로 알려진 왕당파, 전직 정부 관리, 지식인, 부유한 농민, 배신자 또는 반역자로 낙인찍은 사람과 기존 국가, 정치, 사회 제도, 계급을 전부 파괴하려고 빠르게 움직였다. 또한 화폐, 사유재산(집산화를 위해), 기존 교육 제도, 모든 종교('인민의 아편'이라는 마르크스의 말처럼 '대중의 거머리'로 비난받았다)를 없앴다. 전반적으로 폴 포트는 레닌, 스탈린, 마오쩌둥과 같은 부류였다. 폴 포트 정권은 '계급 전쟁'을 넘어 최고 지도부가 추진하는 급진적 의제에 위협을 가한다고 의심되는 당원 등 모두를 제거해 전체주의 무신론 국가를 건설하고자 했다.

그러나 4년도 채 안 되는 크메르루주 공포 통치 기간 발생한 파괴와 대량 학살 범죄는 소련의 레닌과 스탈린 혹은 중국의 마오쩌둥이 벌인 공포보다 훨씬 더 끔찍했다. 소련 통치하에서 죽은 약 2,000만 명과 마오쩌둥의 중국에서 죽은 6,500만 명(두 나라 전체 인구의 약 10%)과 비교하면, 이 기간 캄보디아는 전체 인구 1/4에 해당하는 최대 200만 명이 크메르루주 손에 죽었다. 크메르루주 최고 지도자들을 재판에 넘기려고 2006년에 설치된 캄보디아 법원 특별 재판소는 전쟁 범죄, 반인도적 범죄, 대량 학살이라는 세 가지 중범죄 혐의로 크메르루주 지도부를 기소했다. 하지만 크메르루주 정권의 전쟁 범죄와 반인도적 범죄와 달리 대량 학살 범죄 혐의에는 논란의 여지가 있다. 폴 포트와 그 집단은 인종주의나 권력욕 때문에 폭력으로 국가를 장악하려 한 것이 아니었다. 오히려 최단기간 내에 계급 없는 사회를 건설해야 한다는 이념에 눈이 멀었고, 어떤 대가를 치르더라도 혁명의 꿈을 실현하겠다는 무모한 의지에 따라 행동했다. 목적이 모든 수단을 정당화한다는 사회주의 신념에서 비롯된 범죄였다.

정권은 매우 불안하고 폭력이 난무했다. 폴 포트 운동은 시아누크 국왕을 전복시킨 1970년 쿠데타 이후에야 전투 세력으로 성장했고, 전쟁 초기 주요 전투에서 시아누크 국왕과 베트남 공산주의 전사들의 지원에 의존해야 했다. 그러나 불과 몇 년 만에 군사적 승리를 거두었다. 강력한 혁명군 6만 명은 공화국 군대 약 20만 명에 비해 규모도 작고, 행정적으로 무능한 몇몇 사상가들이 이끌었다. 이 운동은 빠르게 성장했지만, 대부분 조직 관리 경험이 없는 가난한 소작농들로 구성되었다. 많은 사람이 처음에는 시아누크 국왕을 향한 충성심이나 농민을 무시하는 도시 주민에 대한 반감 때문에 혁명에 참여했다. 크메르루주 운동에서 공산당의 역할이 1977년까지 감추어져 있었다는 점은 초기 정권이 얼마나 불안정했는지 명확하게 보여준다. 평범한 캄보디아인은 수많은 '파인애플 열매 같은 눈'으로 사방을 감시하면서 사람을 계속 공포에 떨게 한다는 이 얼굴 없는 앙카(Angka, 조직)를 들어만 봤다.

기존 국가와 사회 제도가 완전히 파괴되어서 이들은 폭력을 남용했다. 그 결과 최악의 '자연 상태'가 된 캄보디아에서 폴 포트 집단은 피해망상이 더욱 심해졌고, 적으로 낙인찍은 모두를 없앨 수 있었다. 무장 반란과 베트남군의 대대적 침공을 초래한 당내 숙청에서 알 수 있듯이 혁명의 적은 당 안에도 있었다.

크메르루주가 승리한 직후 베트남과의 국경 분쟁이 시작되었고, 1978년 베트남은 캄보디아를 침공해 1980년대 말까지 캄보디아를 점령했다. 소련의 지원을 받아 베트남은 캄푸치아인민공화국(PRK)을 세웠다. 캄푸치아인민공화국을 이끈 크메르인민혁명당(KPRP)의 공식 이념은 마르크스-레닌주의였고, 인민의 의사에 따라 사회주의를 건설하려 했다. 그런데도 캄보디아는 분열된 채 내전을 치렀다.

크메르인민혁명당 정권은 밑바닥부터 새로 만들어야 했기 때문에 소련 진영 내 사회주의 국가들의 지원에 기댈 수밖에 없었다. 1981년 새로운 헌법이 채택되었고, 인구의 0.36%에 불과한 3만 명도 안 되는 당원들의 지지를 바탕으로 국가 기구가 빠르게 세워졌다. 펜 소반, 체아 심, 헹 삼린, 훈 센 같은 전 크메르루주 관리들이 이 정권을 이끌었으며, 권력 투쟁 끝에 체아 심, 헹 삼린, 훈 센이 집권했다. 체아 심, 헹 삼린, 훈 센은 친(親)베트남 인사로 여겨졌지만, 펜 소반은 민족주의자로 간주되어 체포된 후 베트남에 수감되었다.

당내 파벌주의가 계속되어 한 그룹은 체아 심이, 다른 한 그룹은 훈 센이 이끌었다. 그런데도 극단적 폭력에 의존하지는 않았다. 크메르인민혁명당 정권은 전반적으로 제도가 취약했다. 또한 최고 지도자들이 크메르루주에서 정치를 시작했고, 사회주의를 수용하고 정권의 생존을 위해 베트남과 소련에 철저히 의존해서 그 정치적 정당성에 한계가 있었다. 따라서 크메르인민혁명당 정권은 '학살자' 폴 포트 일당으로부터 '구국' 전쟁을 벌인다는 명분으로 권력을 정당화했다. 크메르루주 잔당과 더불어 반공 동맹국들과 싸우는 데도 큰 노력을 기울였고, 폴 포트의 재집권을 막기 위해 싸울 수 있는 유일한 정당으로 스스로를 포장했다. 또, 정당의 정당성을 높이려고 사회주의 이미지도 줄이려 했다. 1989년, 캄푸치아인민공화국은 캄보디아국가로 개칭되었고, 1991년 크메르인민혁명당은 캄보디아인민당(CPP)으로 당명을 바꾸어 그 정치적 이미지를 가다듬었다.

1980년대 내전과 별개로 무장 단체의 저항 운동이 있었는데, 그 중 가장 중요한 세력으로 크메르루주 일파(정권이 전복된 후에도 살아남아 여전히 폴 포트 지휘하에 서부를 지배했다), 크메르인민민족해방전선(KPNLF)의 공화파, 독립·중립·평화·협력의캄보디아를위한민족연합전선(FUNCINPEC)의 왕당파가 있었다. 왕당파는 처음에 시아누크 국왕, 그 후 그의 아들 노로돔 라나리드 왕자가 이끌었다. 이 셋이 중국, 서방 국가, 동남아시아국가연합 회원국, 특히 캄보디아에서 베트남군을 몰아내려는 태국의 지원을 받아 1981년 민주캄푸치아연합정부(CGDK)라는 연립정부를 구성했다. 베트남을 주요 동맹국으로 생각한 크메르인민혁명당와 달리 민주캄푸치아연합정부는 베트남을 주권 국가 캄보디아를 침략하고 점령한 침략자로 보았다. 그러나 민주캄푸치아연합정부 내 파벌은 단결하지 않았다. 베트남의 지배에서 캄보디아를 해방해야 한다는 일념을 가지고 정략적으로 뭉쳤지만, 서로 신뢰하지 않았다. 1991년 10월 23일, 파리평화협정이 체결되면서 베트남과의 전쟁이 끝나고, 캄보디아의 세 분야, 즉 평화, 민주주의, 시장 친화적 경제로의 이행을 관리하는 유엔의 임시 역할이 결정된 후 이들은 각자의 길을

갔다. 그리고 3개 정당으로 나뉘어 1993년 예정된 유엔 주관 총선거에서 경쟁했다.

결과적으로 뿌리 깊은 파벌주의야말로 크메르루주 혁명의 유산이었다. 폴 포트 지도부가 기존 국가와 사회 제도를 완전히 파괴해 캄보디아는 제도적으로 매우 부실했다. 그 결과, 파벌들은 서로 불신하고, 함께 해결책을 찾지 못해서 '죽거나 죽이거나' 논리에 따라 행동하는 경향이 있었다. 냉전이 많이 완화되어 유엔 안전보장이사회 상임이사국, 소련, 미국, 특히 중국이 캄보디아 전쟁의 평화적 해결을 강력히 촉구한 후에야 이런 경향은 사라지기 시작했다. 1998년까지 이어진 크메르루주 무장 반란, 불교자유민주당(BLDP) 집회에 폭력적 공격, 1997년 연립정부 파트너 훈 센 제2총리(CPP)의 쿠데타와 노로돔 라나리드 제1총리(FUNCINPEC)의 축출에서 알 수 있듯이 정당 간 싸움은 계속되었다. 게다가 정당 내에서도 파벌주의가 깊게 자리 잡았다. 불교민주자유당을 정당으로 둔 크메르인민민족해방전선은 내분의 희생양이 되어 재기하지 못하고, 1998년 총선거 이후 의석을 하나도 얻지 못했다. 민족연합전선(FUNCINPEC) 역시 내분으로 와해되어 현재 정당 기능을 거의 상실한 상태다. 국왕을 향한 전통적 존경심은 1993년 선거 이후 다시 왕위에 올랐던 노로돔 시아누크가 2012년 죽은 후 약해졌다. 캄보디아구국당(CNRP)은 캄보디아인민당에 반대하는 두 정당으로 구성되었지만, 통합과 거리가 멀었고, 2017년 권력을 독점하려는 캄보디아인민당 정부로부터 활동이 금지되었다. 2015년, 체아 심이 죽을 때까지 캄보디아인민당 안에서 체아 심과 훈 센 진영 간 권력 투쟁은 더욱 심해졌다. 패권 정당으로 떠오른 캄보디아인민당은 권력을 강화하려는 훈 센 총리의 노력에도 여전히 당내 파벌주의에 시달린다.

비참한 사회주의 혁명이 일어난 지 40년 가까이 지났고, 캄보디아 국민 대다수가 같은 민족 정체성을 공유하지만, 아직도 깊은 연대 의식은 없다. 캄보디아 국민은 당파적 노선(친-반 캄보디아인민당)에 따라 나뉘었고, 서로를 그리고 외세를 극도로 경계한다.

크메르루주 혁명은 캄보디아인의 정치관에 영향을 미쳤다. 1970년대에 일어난 일을 참고하면, 폴 포트 정권을 겪은 사람들이 생각하는 오늘날 캄보디아 정치의 특징을 이해할 수 있다. 이들은 스스로를 크메르루주의 희생자라고 생각하며, "크메르인이 왜 크메르인을 죽였을까?"라고 묻곤 한다. 또 이런 점 때문에 캄보디아인이 서로 믿지 못한다고 생각한다. 이 경험자들과 공포 통치를 겪지 않은 사람들이 뒤섞여 당파 정치에 참여한다. 캄보디아인민당에 반대하는 사람들은 캄보디아인민당을 공산주의자, 친베트남 또는 반역자로 여기는 경향이 있고, 캄보디아인민당을 지지하는 사람들은 캄보디아인민당을 '대량 학살'을 자행한 크메르루주로부터 캄보디아를 '해방'한 정당으로 보는 편이다.

그러나 1979년 이후에 태어난 많은 사람에게 크메르루주 정권에서 일어난 일은 믿기 힘든 역사적 사건, 너무 많이 생각해서는 안 되는 주제가 되었다. 이들은 일상에 더 신경을 쓰거나 여러 이유로 정치에 무관심한 편인데, 그중 하나가 정치에 대해 말하는 것조차 너무 위험하기 때문이다. 게다가 캄보디아인 대부분을 결속시켰던 전통적 기둥 중 하나(국왕 없이 왕국은 지속될 수 없다는 오래된 신화에 기반한)가 약해졌다. 현 국왕은 정치적으로 국민을 화해시키거나 통합하는 데 도움이 되지 않는다고 생각된다. 지난 수십 년간 급격한 경제 성장으로 인해 전통에 대한 존중도 소비주의에 밀려난 것으로 보인다.

집단정체성, 찬란한 역사에 대한 기억, 태국인과 베트남인에 대한 오랜 불신이 지금도 캄보디아인을 하나로 묶어준다. 캄보디아인은 스스로 '크메르영(Khmer Yeung, 우리 크메르인)'이라고 부르며, 이들의 선조는 제국과 수많은 종교 건축물을 세웠다. 그중 가장 유명한 것은 모든 국기에 등장하는 앙코르와트 사원이다. 크메르루주가 전복된 후 부활한 불교는 캄보디아 집단정체성의 핵심이다. 크메르인은 대부분 불교도지만, 종교적 관용이 사회에 자리잡았다. 한편 여전히 많은 캄보디아인이 스스로를 캄보디아를 지배하거나 캄보디아의 약점을 악용하려 했던 태국과 베트남의 희생자라고 생각한다. 태국 그리고 베트남과의 국경 분쟁이 해결되지 않은 상태에서 최근 몇 년 동안 훈 센 정부의 친중 정책은 중국이 정권과 국가를 모두 보호할 수 있다고 생각해 안보를 강화하려는 것으로 보인다. 한편, 중국에 대한 의존도가 높아지고 중국인들이 캄보디아로 계속 유입되면서 많은 캄보디아인은 새로운 걱정, 공포, 불안을 느낀다.

크메르루주는 처음에 미약했지만 빠르게 성장해 성공을 거둔 후 자멸해 오늘날까지도 많은 캄보디아인을 괴롭히는 뼈아픈 유산을 남겼다. 파벌과 개인 중심 정치는 항상 캄보디아 역사의 일부였지만, 1970년대 내전, 기존 제도의 파괴, 대량 학살은 캄보디아를 제도적으로 부실하고 비민주적이며 폭력에 취약한 국가로 만들었다. 권력을 극대화해 안정을 얻으려는 정치적 투쟁은 파벌 간, 심지어 파벌 내에서도 만연해있다. 캄보디아인민당이 제도적 통제, 강압적 수단, 야합으로 권력을 공고히 하면서 정치적 안정은 흔들리고 있다. 집권 엘리트의 보신 정치는 끔찍하다. 이런 쓰라린 혁명의 유산에도 집단정체성, 조국의 영광스러운 과거에 뿌리를 둔 강한 자긍심, 외국의 지배와 영향

력의 희생자라는 인식은 캄보디아인을 역경에 굴하지 않도록 만들었
다. 상대방을 적 또는 악마로 간주해 범죄자 취급하고 처벌하려 한다
면, 지속 가능한 국민적 화해는 이루어질 수 없으며, 과거의 폭력, 적대
감, 높은 정당성을 가진 국가 기구의 부재가 만들어낸 상호 불신만 키
울 뿐이다.

노로돔 시아누크

노로돔 시아누크(1922~2012)는 캄보디아 국왕(재위 1941~1955, 1993~2004), 총리(1945, 1950, 1952~1953, 1954, 1955~1956, 1956, 1957, 1958~1960, 1961~1962), 국가원수/대통령(1960~1970, 1975~1976, 1993)이었다. 프랑스가 인도차이나에서 철수한 1954년부터 중립 정책을 취해 미국과 싸우는 베트콩을 암암리에 지원했다. 1970년, 미국이 주도한 쿠데타로 실각하자 망명을 떠나 새로운 정권에 맞서 크메르루주와 동맹을 맺었지만, 1975년 캄푸치아로 돌아온 후 가택 연금되었다가 1979년에야 풀려났다. 시아누크의 가족 일부는 살해당했다. 베트남 침공과 크메르루주를 모두 비난했지만, 1981년 크메르루주와 반공 단체 크메르민족해방전선(KPNLF)을 아우르는 반베트남 연합을 이끌어야 한다는 압박을 받았다. 1993년 선거 이후 초기에 아들을 총리로 다시 왕위에 올랐고, 2004년 퇴위했다. 영화 제작자이자 작곡가로도 알려졌다.

폴 포트

크메르루주 지도자이자 1976~1979년 민주캄푸치아 총리를 지낸 폴 포트(1925~1998)는 부유한 가정에서 태어났다. 파리에서 공부할 때 급진적 정치를 처음 접했고, 1953년 귀국한 후 캄보디아 공산주의 운동에 참여했다. 1963년, 크메르루주로 알려진 폴 포트의 운동은 시아누크 왕정에 대항하는 게릴라 론 반란을 개시했다. 1970년 시아누크가 전복되자 론 놀의 새 정부에 맞서 크메르루주를 이끌고 1975년 프놈펜을 점령했다. 총리가 된 후 지나치게 혁명적이고 자급자족하는 정책을 강행해 최대 200만 명의 목숨을 앗아갔다. 1978년 베트남이 침공하자 침략자와의 싸움을 계속하려고 태국으로 이동했다. 1985년 공식적으로 크메르루주 지도부에서 제거되었지만, 1990년대까지 게릴라전을 이끌었다. 1997년 크메르루주 '쿠데타'로 실각한 후 쿠데타 주동자들로부터 반역죄로 유죄 판결을 받았다.

연표

1969년	미국이 캄보디아 내 베트남군 기지에 폭격을 개시하다
1970년	
3월 18일	미국의 지원을 받은 론 놀이 노로돔 시아누크 국왕을 상대로 쿠데타에 성공하다
1975년	
4월 17일	크메르루주가 프놈펜을 점령해 캄보디아를 완전히 장악하고, 도시 주민들은 수도를 떠나도록 강요받다
1977년	베트남과 캄보디아 사이에 전쟁이 발발하다
1979년	
1월	베트남이 지원하는 캄푸치아인민공화국이 수립되다
1월 7일	베트남군이 프놈펜을 점령하자 크메르루주는 서쪽으로 이동하다
8월	프놈펜 재판소가 대량 학살 혐의로 폴 포트에게 유죄 판결을 내리다
1981년	시아누크 국왕, 크메르루주, 손 산이 연립정부를 세우다
1990년	베트남군이 캄보디아에서 철수하다
1991년	
10월 23일	파리 평화 협정이 조인되어 유엔의 캄보디아과도통치기구 감독하에 총선거가 계획되다
1993년	
5월 23~28일	노로돔 라나리드가 선거에서 승리하지만, 캄보디아인민당이 권력 분점을 노리면서 훈 센과 라나리드가 공동 총리가 되다
1994년	캄보디아 정부가 크메르루주를 불법화하다
1997년	연립정부 파트너 훈 센이 쿠데타를 일으켜 노로돔 라나리드가 실각하고, 폴 포트는 1979년 이후 저지른 범죄 때문에 크메르루주 관리들로부터 궐석 재판을 받다
1998년	폴 포트가 죽다
1999년	크메르루주 잔당이 항복하다
2003년	유엔과 캄보디아가 전 크메르루주 지도자들을 재판하는 법정 설립에 합의하다
2007년	법정 청문회가 시작되다

이란 혁명,
1979

호마 카투지안

거대한 민중 봉기로 샤(Shah, 국왕)를 극적으로 무너뜨리고 이슬람 공화국을 세우면서 이란은 수십 년 간의 친서방 정책을 뒤집고 외톨이로 전락했다. 이란 혁명은 분명 중요했다. 제국주의와 자본주의에 반대했지만, 청년 전위대가 아닌 늙은 보수 성직자가 이 혁명을 이끌었고, 대부분 비무장한 민중에게 국가를 장악하도록 지시했다. 그러나 군대는 개입하지 않았다. 그리고 이 혁명에서 20세기 많은 혁명을 설명하는 마르크스주의 분석은 뒷전으로 밀려났다.

옛 체제의 붕괴와 전복은 갑작스러워 보였지만, 혁명은 1950년대 초 민중이 지지한 모사데크 정권이 무너지고 파흘라비 왕조가 점차 전제정을 본격화할 때까지 지난 50년 간의 복잡한 역사에서 비롯되었다. 근대화·서구화를 지향한 샤의 사치와 낭비는 정치적 반대 세력에 대한 오랜 탄압과 맞물려 긴장을 고조시켰고, 1978년 말과 1979년 초에 혁명을 초래했다.

이 혁명의 강한 반미주의는 전 세계에 곧바로 영향을 미쳤다. 미국인 52명이 1년 넘게 주(駐)이란 미국 대사관에 인질로 억류되면서 부활하는 이슬람 앞에 세계 최강대국 미국은 무력함을 드러냈다. 이 사건을 계기로 정치적 이슬람은 세계 정치의 주요 쟁점이 되었다. 혁명 정부는 헤즈볼라, 하마스, 다마스쿠스의 시리아 정권 같은 대리조직을 통해 중동 전역에 혁명을 수출하려 했으며, 전 세계 비(非)무슬림 혁명 운동을 지원했다. 수년간 이란-이라크 전쟁과 이란의 핵 개발을 저지하려는 강력한 제재에도 이란은 지역 내 최고 군사 강국이 되었다.

혁명은 또한 엄격한 이슬람법 샤리아에 따라 이란의 일상과 사회를 바꾸어놓았다. 그러나 혁명을 이끈 종교 엘리트들이 수십 년에 걸쳐 통치하면서 이란인의 삶은 피폐해졌다. 처음에 여성은 베일로 머리를 가렸지만, 당국의 정책에 저항해왔다. 2009년 선거에서 포퓰리스트 마흐무드 아흐마디네자드가 명백한 부정선거로 승리하고 2017년에도 부정선거가 드러났을 때 정권은 여기에 항의하는 민중 시위를 탄압해왔다. 다른 혁명들처럼 이란 혁명도 스스로 성공의 희생양이 되어 사그라들 위험에 처했다.

피터 퍼타도

1953년 8월, 영국과 미국은 이란의 총리로 선출된 모하마드 모사데크(1882~1967)에 반대하는 보수파의 쿠데타를 기획하고 여기에 자금을 댔다. 이로써 1941년에 즉위했지만, 모사데크가 석유 산업을 국유화한 후 오랫동안 망명 생활을 한 모하마드 레자(1919~1980) 샤가 권좌에 복귀했다. 1979년 2월, 대규모 혁명이 일어나 샤의 지배를 타도하고 이란 이슬람공화국을 수립했다. 1979년 사건이 1953년 쿠데타에서 비롯되었다는 시각도 있지만, 1979년 혁명은 피할 수 있는 여러 요소가 있었다. 1953년에 등장한 정권은 1979년 혁명으로 붕괴한 정권과 본질적으로 달랐다.

이것을 설명하려면, 이란 국가와 사회의 역사를 간략히 살펴봐야 한다. 20세기 초까지 이란은 국가 행위를 법으로 제약할 수 없었고, 독재자가 마음대로 통치하는 시스템이었다. 대개 국내 또는 외국 세력이 이런 전제 국가를 무너뜨리면, 우월한 세력이 국가를 장악하고 복구할 때까지 혼란기가 이어졌다. 20세기 전까지 이란에서는 전제정이 자연스러운 정부 시스템이었고, 전제군주 샤가 공명정대하게 통치하지 않으면, 반란이 일어날 수 있었다. 그러나 19세기 중반부터 유럽을 경험한 이란 지식인들은 입헌 정부를 전제정의 진정한 대안이라 여겼다. 그 결과 상인, 시아파 성직자, 서구화 세력이 참여한 일련의 대규모 시위를 거쳐 민주적 헌법을 제정한 1906~1911년 입헌 혁명이 일어났다. 그러나 이 혁명은 민주주의가 아닌 혼란(국가가 몰락하는 친숙한 결과)을 가져왔다. 1921년, 이란 코사크 대령 레자 칸(1878~1944)이 쿠데타를 일으켜 질서를 복원하고 곧 독재자가 되었다. 그 후 허약한 카자르 왕조를 쓰러뜨리고, 1925년 샤로 즉위해 파흘라비 왕조를 세웠다.

레자 샤 독재정권은 자유, 협의, 참여를 제한한 엘리트 정부였으나, 점차 개인 중심의 근대적 절대 전제정으로 바뀌었다. 1941년, 연합군의 침공과 점령으로 나치에 밀착했던 레자 샤 정부가 전복될 때까지 이런 체제가 유지되었으나, 그는 아들 모하마드 레자 샤에게 왕위를 물려주고 강제로 퇴위해야 했다. 1946년까지 연합군이 이란에 주둔했고, 이란은 중앙과 지방 모두 또다시 혼란에 빠졌다.

한편, 영국-이란 석유 회사에 반대하는 시위가 일어났고, 1951년 모사데크가 총리로 취임해 이란 석유 산업을 국유화했다. 모사데크는 민주주의자였지만, 그가 집권한 후 이란은 점차 민주주의보다 혼돈에 가까워졌다. 그리고 1953년 쿠데타가 일어나 모하마드 레자 샤와 군부는 더 강력해졌고, 대중은 영국과 미국이 관여한 쿠데타에 크게 분노했다. 그러나 새로운 정권은 절대 전제정이라기보다 전형적 독재였고, 이란 문제에 미국을 점점 더 끌어들였다.

1960년, 대중의 불만은 말할 것도 없고, 경기 불황, 소련에 대한 강한 적대감, 존 F. 케네디 행정부와의 냉랭한 관계 때문에 3년 동안 권력 투쟁이 벌어졌고, 샤는 개혁파 알리 아미니 정부를 해산했다. 샤는 이 기회를 놓치지 않고 의회가 없는 상황에서 '백색 혁명' 6개 계획을 발표했다. 핵심은 토지 개혁과 여성 참정권이었다. 긍정적 변화였지만 선거는 자유롭지 않았다. 1963년 1월 실시된 국민 '투표'에서 대중은 압도적으로 찬성표를 던질 수밖에 없었다. 백색 혁명으로 샤의 전제정이 시작되었다. 지주뿐만 아니라 기존 정치권이 모두 힘을 잃었다. 샤는 그에게 충성하는 오랜 측근과 고문들을 무시하고 외면했으며 해임했다.

정치권과 긴밀했던 종교계는 토지 개혁과 여성 참정권에 불만을 품었지만, 샤가 전권을 가진 것에 가장 분노했다. 당시 일반 대중에게 생소했던 아야톨라 호메이니(1902~1989)는 성지 콤에서 시위를 주도했다. 군대가 호메이니를 체포하자 테헤란을 비롯한 대도시에서 대규모 폭동이 일어났으나 무자비하게 분쇄되었다. 1963년 6월 폭동에서는 토지 개혁과 무관한 전통시장 상인과 도시 군중이 지주 계급보다 더 크게 활약했다. 이 폭동으로 일반 대중 사이에서 호메이니의 권위와 명성이 올라갔다. 이란 내 미군과 그 가족에게 기소 면책특권을 주는 것에 강력하게 항의한 호메이니는 처음에는 튀르키예로, 그다음에는 이라크 나자프로 망명해야 했다. 그러나 그의 위상은 더욱 높아졌다.

이후 정치가 완전히 사라지면서 자유롭게 선출되는 의원은 1명도 없었다. 샤의 처음 10년 동안은 공산주의자들이 군사재판을 받았고, 이제는 자유주의자와 사회주의자들 차례가 되었다. 사석에서 구두로 반대 의견을 표명하는 것조차 신고되면 처벌을 받았다. 비밀경찰(SAVAK)은 급속도로 그 영향력과 존재감을 넓히면서 소득과 지위에 관계없이 대중에게 공포감을 심어주었다. 정치가 중단되자 1960년대 중반부터 마르크스-레닌주의자(파다이안)와 이슬람 마르크스주의자(모자헤딘)로 대표되는 도시 게릴라 운동이 등장했다. 경기 불황이 끝나고 수출이 증가하면서 석유 수입이 꾸준히 늘어 샤는 막대한 이익을 얻었다. 1963년부터 석유 수입 증가분이 바로 국고로 들어오면서 경제는 급성장했다. 생활 수준은 상승했지만 불균등했고, 농촌보다 도시가, 도시에서도 일반 대중보다 상인, 사업가, 군인, 고위 공무원이 더 큰 이익을 얻었다. 따라서 이미 만연해있던 불만은 더욱 커졌다. 1973년 유가는 4배 상승해 큰 축복으로 생각되었지만, 정부의 잘못된 결정으로 이 축복은 저주가 되었다.

강력한 탄압 외에도 국가 생산 능력을 훨씬 초과하는 샤의 과도한 지출 정책 때문에 물가가 상승하고 국민의 원성은 높아졌다. 항구, 저장, 운송 시설이 부족해서 수입(輸入)만으로는 상황을 진정시킬 수 없었다. 샤는 높은 물가상승률을 '부당이득' 탓으로 돌렸다. 샤는 상점 주인, 상인, 기업가를 공격해 이들뿐만 아니라 이들을 단순한 희생양으로 생각하는 대중의 분노를 확산시켰다. 1974년, 유가 급등의 여파 속에서 샤는 일당 체제를 출범시켜 모두 부활당에 의무적으로 가입하게끔 했다. 한 연설에서 샤는 국민 대다수가 국가를 지지하니 어느 쪽도 아닌 소수는 "우리에게 아무것도 기대해서는 안 되며" 극소수 반체제 인사들은 나라를 떠나야 한다고 말했다.

생활 수준이 향상되는데도 대중의 불만이 커진 것은 결코 경제적 요인 때문만은 아니었다. 제거의 정치는 변증법적 효과를 가져왔다. 샤는 보수주의자, 자유주의자, 민주주의자를 정치에서 제거했지만, 그 반대급부로 샤를 제거하려는 종교, 이념, 운동이 성장할 수 있었다. 생활 수준이 개선되면서 출현한 새로운 계층은 대개 종교적이었고, 미국화된 이란 텔레비전 방송을 보이콧할 정도로 국가를 멀리했다. 다른 선택지가 없어서 많은 젊은이가 이란과 서방 학생들 사이에 유행하는 다양한 분파의 마르크스-레닌주의에 끌렸고, 서방에 널리 퍼진 좌경화와 반란은 이들에게 큰 충격을 주었다. 친미 정책에 맞서 이란이 "서방에 중독되었다"고 표현하는 지식인들이 반발했고, 상류층과 하류층, 남성과 여성, 종교와 세속을 막론하고 사실상 모든 사회 계층이 여기에 공감했다.

따라서 절대 전제정, 정치의 실종, 유가 급등의 영향, 친미 정책이 1979년 2월 혁명의 주원인이었고, 1년이 넘는 시위 끝에 샤는 망명길에 올랐다. 인권에 강한 우려를 표명했던 지미 카터가 미국 대통령에 당선되면서 이 시위는 가속화되었다. 국가에 맞선 사회의 반란이었다. 샤는 증오의 대상이었고, 카리스마 넘치는 아야톨라 호메이니는 혁명의 영웅이 되었다. 여기에 저항하거나 반대하는 사회 계층과 정당은 없었다. 나중에 이슬람 혁명으로 묘사되었지만, 이것은 사실과 다르며, 이슬람주의와 마르크스-레닌주의를 중심으로 다양한 사상과 이념이 표출되었다.

1979년 3월, 군주제로 돌아갈 것인지 이슬람 공화국으로 나아갈 것인지 고르는 국민투표에서 많은 이란인이 이슬람 공화국을 택했지만, 상당수는 이슬람 공화국이 무엇인지 몰랐다. 몇 주 만에 다양한 주체 간에 권력 투쟁이 시작되어 제거의 정치 무대가 마련되었고, 처음에 자유주의자, 그다음 모자헤딘, 마지막에 공산당을 포함한 모든 마르크스-레닌주의 조직들이 제거되었다. 이와 동시에 벨라야트-에 파키흐(velayat-e faqih), 즉 이슬람 법학자 통치 체제에 관한 헌법이 투표에 부쳐져 아야톨라 호메이니가 국가 최고 수반이 되었다. 헌법에는 권력 분립이 명시되었지만, 시간이 지나면서 권력 대결이 나타났다. 1979년 11월, 미국 외교관 52명을 인질로 잡았고(1981년 1월까지 억류했다), 1980년 9월 사담 후세인 이라크 대통령이 이란을 공격하면서 이슬람주의자들의 통치는 더욱 확고해졌다. 많은 공무원이 추방되고 히잡(hejab) 착용이 의무화되었으며 술이 금지되었다. 점차 일부 혁명가들은 혁명을 후회하기 시작했다. 교육받은 중산층을 중심으로 점점 더 많은 사람이 서방과 기타 국가로 이주해 2018년까지 약 400만 명이 넘는 이란인이 해외로 흩어졌다.

승자도 패자도 없이 이라크와의 8년 전쟁이 끝난 직후, 1989년 아야톨라 호메이니가 죽자 알리 하메네이(1939년생)가 그의 뒤를 이었다. 하메네이는 모자헤딘 중심의 좌파 인사 2,000~3,000명을 감옥에서 학살했다. 당시 정권을 비판한 최고위급 인사이자 이인자였던 아야톨라 몬타제리는 이 학살을 강력하게 항의하다가 정부에서 쫓겨났다.

이후 헌법 개정으로 대통령직이 신설되어 악바르 하셰미 라프산자니(1934~2017)가 대통령으로 선출되었다. 온건한 실용주의자로서 라프산자니는 조금씩 상황을 정상화하고 심한 타격을 입은 경제를 재건하기 시작했다. 정권이 공고화되면서 근본주의자, 보수파, 온건파, 개혁파라는 뚜렷한 파벌 4개가 등장했다. 근본주의와 보수파는 '원칙파'

로 알려졌고, 온건파와 개혁파는 서로 밀착했지만 각기 다른 정체성을 유지했다.

1997년, 개혁파 모하마드 하타미(1943년생)가 대통령 선거에서 압승을 거두었다. 그 후 법학자, 혁명수비대, 헌법수호위원회, 국영 언론 등 비선출 권력이 대통령에 반대하면서 8년 동안 권력 투쟁이 이어졌다. 하타미는 국내 상황 그리고 이란 주변 지역과 국제관계를 개혁하려 했지만, 매번 비선출 기관이 방해했다. 그렇게 하타미는 개혁파의 지지를 잃었지만, 보수파의 행태를 보고 나서 개혁파는 생각이 바뀌었다.

2005년, 하타미의 두 차례 대통령 임기가 끝난 후, 하메네이가 총애하는 반서방 포퓰리스트 마흐무드 아흐마디네자드(1956년생)가 대통령에 당선되었다. 첫 임기 4년 동안 아흐마디네자드는 하타미가 화해하려 했던 서방 강대국뿐만 아니라 중산층과도 거리를 두었다. 부패가 증가하고 경제는 사실상 혼돈상태였다. 전쟁 당시 총리를 지낸 후 개혁파를 이끈 미르 호세인 무사비(1942년생)가 2009년 대통령 선거에 출마하자 많은 사람이 희망을 품었다. 무사비는 중산층의 지지를 받았고, 아흐마디네자드는 포퓰리스트 유권자에 의존했다. 아마디네자드가 2,400만 표, 무사비가 1,400만 표를 얻었다는 개표 결과가 나오자 부정선거를 외치는 대중이 폭동을 일으켜 진압하기까지 시간이 걸렸다. 하타미 정권 시절 인사를 포함해 많은 개혁파가 임의로 체포되었고, 무사비와 그의 아내, 또 다른 개혁파 후보였던 메흐디 카루비는 가택 연금되었다.

아흐마디네자드의 두 번째 임기(2009~2013) 동안 강경파가 국내외 활동을 주관하면서 상황은 더욱 나빠졌다. 많은 사람이 사소한 이

유로 체포되어 장기형을 선고받았고, 사회문화적 자유는 축소되었다. 경제는 점점 더 나빠지고, 부패가 만연했으며, 물가상승률은 40%까지 치솟고, 핵보유국으로 구성된 P5+1그룹(유엔 안보리 5개 상임이사국에 독일을 추가)은 이란에 포괄적 제재를 가했다. 이것은 핵을 보유하려는 이란의 야망을 둘러싼 갈등 때문이었다. 이란은 평화적 목적으로 핵을 개발한다고 주장했지만, 강대국은 이란이 핵무기를 개발하려 한다고 생각했다.

2013년 대통령 선거에서 개혁파가 강력하게 지지한 온건파 하산 로하니(1948년생)가 승리했다. 로하니는 곧 대통령의 권한이 선거 공약에서 기대했던 것보다 훨씬 더 제한적이라는 것을 깨달았다. 그러나 이란인은 대부분 그가 2015년 핵 문제에 관한 P5+1와의 합의를 성공시켰다고 생각했다. 그 결과 이란에 대한 치명적 제재가 해제되었고, 2017년 로하니는 대통령에 재선되었다. 하지만 많은 서방 기업들은 미국이 보복할까 봐 이란과의 거래를 주저해서 제재 해제는 기대했던 만큼의 성과를 거두지 못했다.

도널드 트럼프가 미국 대통령이 되자 이란 국민은 실의에 빠졌고, 그 후 트럼프가 이란과의 5+1 합의에서 탈퇴하자 이란의 상황은 악화하고 대중의 불만이 고조되었다. 2018년 1월, 일부 폭력 시위가 일어났고, 이란 화폐 리알의 가치는 급락했다. 정부가 상황에 잘못 대처한 점도 있었지만, 부유한 이란인들이 예금한 돈의 가치를 보호하고, 상황이 더 나빠지면 이란을 떠나려고 미국 달러 등 외화를 사재기했기 때문이었다. 이스라엘뿐만 아니라 사우디아라비아와 페르시아만 아랍 국가들 모두 이란의 원수로 이란은 고립되어 있었다.

이란은 혁명 후 40년 동안 사실상 제자리걸음이었다. 정확한 통계는 없지만, 혁명에 참여했던 많은 사람이 혁명이 일어나지 말았어야 했다고 생각한다. 변화를 가져다주지 못한 개혁파에 실망한 국민이 많아지면서 개혁파도 무기력해졌다. 경제는 어렵고, 빈곤이 만연하며, 물가상승률은 높고, 실업률, 특히 대졸자를 포함한 청년실업률이 높다.

따라서 득실을 따져보면, 혁명의 유산은 마이너스다. 이슬람 공화국 체제는 민주주의뿐만 아니라 전제정과 독재를 섞어 놓아서 매우 복잡하다. 비평가들은 민주적 요소보다 훨씬 더 강력한 비민주적 요소에 주목한다. 최고 지도자는 종신직으로 간접 선출되며 막강한 권력을 휘두른다. 법학자와 혁명수비대는 최고 지도자에게만 책임을 진다. 국영 TV와 라디오도 마찬가지다. 선거로 선출되지 않은 헌법수호위원회는 선거 전에 대통령 후보들과 의회 의원 후보들을 심사해 이들 중 다수인 '바람직하지 않은 후보들'을 걸러낸다. 이란 국민 대다수가 현 체제에 실망하지만, 체제를 갈아엎으려는 열망은 그렇게 높지 않다.

루홀라 호메이니

시아파 학자이자 성직자 루홀라 호메이니(1902~1989)는 이란 혁명의 최고
지도자였다. 1962년, 콤에서 샤의 개혁 계획과 미국인을 위한 치외법권 부
여에 반대하다가 체포되었고, 15년 동안 중동에서 마지막에는 파리에서 망
명 생활을 했다. 파리에서 샤 정권에 가장 강경한 반대자로서 1970년대 후
반 호메이니의 녹음 테이프는 이란에 비밀리에 유포되어 파업과 시위를 부추
겼다. 1979년 2월, 테헤란에 돌아온 후 대중의 열렬한 환영을 받으며 이슬람
공화국을 수립해 신정 체제를 구축하고 이슬람법을 시행했으며, 서양 문화
와 영향력, 특히 미국을 맹렬히 공격했다. 1989년 죽을 때까지 이란의 독보
적 최고 지도자였다.

알리 하메네이

이슬람 학자이자 성직자 알리 하메네이(1939년생)는 1989년부터 이란의
최고 지도자 자리에 있다. 1963년, 샤의 개혁에 반대해 수차례 투옥되었고
호메이니와 가까운 사이였다. 1979년 호메이니가 이란으로 돌아온 후 혁명
위원회에 합류했다. 보수파로서 이슬람공화당을 창당했고, 미국을 극도로
불신하며 서방이 본질적으로 이슬람을 혐오한다고 믿었다. 1981년, 주로 명
예직인 대통령에 선출되었고, 고위 성직자는 아니었지만 1989년 호메이니
가 죽은 후 최고 지도자로 임명되었다. 그 후 30년 동안 역대 대통령들과 복
잡한 관계를 유지했지만, 결국 2015년 서방과 체결한 핵 연구에 관한 합의를
지지했다.

연표

1953년	미국이 지원한 쿠데타가 모사데크 총리를 쓰러뜨리다
1963년	샤가 토지와 선거 개혁에 관한 '백색 혁명' 계획을 발표하자 아야톨라 호메이니가 백색 혁명에 반대하는 시위를 이끌다
1964년	
11월	아야톨라 호메이니가 강제로 망명길에 오르다
1974년	샤가 일당 독재 국가를 선언하다
1978년	
9월	몇 달간 긴장 속에서 샤가 계엄령을 선포하다
10월	이라크에서 추방된 호메이니가 파리로 가다
12월	이란 전역에서 호메이니를 지지하는 시위가 발생하자 샤가 샤푸르 바크티아르를 총리로 임명하다
1979년	
1월 16일	샤가 '휴가'차 이란을 떠나 이집트로 가다
2월 1일	호메이니가 망명에서 돌아와 며칠 후 임시 정부를 임명하다
2월 10일	호메이니가 국가 혁명을 선언하자 군대는 다음날 중립을 선언하고, 바크티아르는 이란을 떠나다
3월	국민투표에서 압도적 다수가 이슬람 공화국을 찬성하다
8월	헌법을 기초하는 '전문가 회의' 선거가 실시되지만, 좌파와 민족주의 단체는 선거를 거부하다
10월	새로운 헌법에 최고 지도자 직책이 생기다
11월	주(駐)이란 미국 대사관에 미국인 52명이 인질로 억류되다(1981년 1월까지)
12월	국민투표로 헌법이 승인되고, 호메이니가 종신 최고 지도자가 되다
1980년	
4월	인질 구출 작전이 실패하다
9월	이라크가 이란을 공격하면서 8년 전쟁이 시작되다
1989년	
2월	호메이니가 소설가 살만 루슈디에 대한 파트와(fatwa, 이슬람법에 근거한 종교적 의견)를 발표하다
6월	호메이니가 죽고 아야톨라 하메네이가 후계자로 취임하다

니카라과: 산디니스타 혁명,
1979

마테오 카예타노 하르킨

냉전 시대 라틴아메리카에서 혁명 활동은 평범한 일상이었다. 1959년 쿠바 혁명에 고무되어 라틴아메리카 거의 모든 국가의 좌파 무장단체들은 부(富)를 재분배하고 사회를 바꾸려고 게릴라전을 펼쳤지만, 대부분 실패했다. 그러나 동시대 다른 단체들과는 달리 니카라과 산디니스타민족해방전선(FSLN)은 1979년 혁명을 성공시켰다.

산디니스타는 미국이 지원하는 부패한 소모사 가문에 맞서 20세기 마지막 사회주의 프로젝트로 불리는 니카라과 혁명을 일으켰다. 당시 산디니스타는 전 세계 좌파를 열광시켰고, 이 때문에 한동안 소련 분석가들은 제3세계에서 소련이 심리전에서 이겼다고 생각했다. 더욱 놀라운 것은 산디니스타 집권 기간이었다. 미국은 자기 '뒷마당'에 산디니스타가 발을 들이는 것을 용납할 수 없는 위협으로 간주하고 니카라과를 흔들어보려 했지만, 1979년에 집권한 산디니스타민족해방전선은 11년 동안 니카라과를 지배했다. 심지어 로널드 레이건(1911~2004) 행정부가 니카라과 혁명 정부를 타도하려고 불법 수단을 동원했을 때는 잠시나마 중앙아메리카 게릴라들이 미국 대통령을 탄핵할 수 있을 것처럼 보였다. 냉전이 '뜨겁다'는 것을 증명한 남반구에서의 처참한 내전 끝에 1990년 니카라과 최초의 진정한 민주적 선거에서 니카라과 국민은 투표로 산디니스타민족해방전선을 권좌에서 몰아냈고, 그렇게 산디니스타 혁명은 막을 내렸다.

피터 퍼타도

니카라과의 산디니스타 혁명은 여러 역설로 이해할 수 있다. 첫 번째, 제3세계 대부분 민족 해방 운동과 달리 마르크스주의 산디니스타전선은 자유주의자, 교회, 니카라과 부르주아 일부 등 여러 계급과의 다원적 동맹을 바탕으로 집권했다. 궁극적으로 정통 사회주의 의제를 추진하려 했지만, 처음에 산디니스타는 마르크스주의에 자유주의 요소를 가미한 온건한 원칙에 따라 통치하겠다고 약속했다. 두 번째, 인류 역사상 가장 강한 경제력과 군사력을 가진 미국이 서반구에서 가장 못사는 나라의 정부를 무너뜨리려 했지만 실패했다. 세 번째, 혁명은 역설적 유산을 남겼다. 산디니스타는 빈곤과 불평등을 없애지 못했지만, 무력으로 집권한 후 선거로 권좌에서 쫓겨난 최초의 정치 운동 단체였다. 즉, 산디니스타는 사회 변혁에 실패했지만, 의도치 않게 최초로 니카라과를 자유민주주의로 이행시켰다.

　그러나 이 민주적 유산 역시 곧 무너졌다. 2000년대 중반, 오랫동안 산디니스타민족해방전선을 이끈 다니엘 오르테가(1945년생)는 권좌에 복귀하자마자 새롭게 가족 중심 독재 체제를 공고화했다. 산디니스타전선은 이제 1980년대 좌파 의제를 버리고, 사회적으로 보수적·기업 친화적 프로그램을 선택해 이념을 완전히 바꾸었다. 국제적으로 유명한 시인이자 산디니스타민족해방전선 간부였던 지오콘다 벨리는 "니카라과에서 절대 일어나지 말았어야 할 일이 다시 일어나고 있다. 마치 아나스타시오 소모사(1979년 축출된 니카라과의 독재자)가 마나과로 돌아온 것 같다"고 썼다.

사실 샤의 이란처럼 소모사의 니카라과도 분쟁 지역 중 그나마 평온한 곳으로 생각되어서 니카라과에서 혁명을 예상한 사람은 거의 없었다. 샤와 마찬가지로 소모사 가문도 외국의 투자를 받았다. 1930년대 초, 미 해병대는 중앙아메리카를 직접 점령한 후 쿠바, 도미니카공화국, 니카라과에서 전문적·중립적 '국가방위군'을 양성해 전략적으로 중요한 카리브해와 중앙아메리카를 안정시키려 했다.

쿠바의 풀헨시오 바티스타나 도미니카공화국의 라파엘 트루히요처럼 니카라과 초대 방위군 총사령관 아나스타시오 '타초' 소모사 가르시아(1896~1956)는 개인 중심 군사 독재 체제를 구축해 국민이 바라던 안정을 가져왔다. 미국 관리들이 소모사의 잔인한 통치방식을 한탄하면서도 결국 그의 압제를 묵인했던 것은 소모사가 니카라과를 미국의 이익에 충성하는 헌병대로 만들었기 때문이었다. 1954년, 과테말라 좌파 정부에 맞서 CIA가 지원한 쿠데타에 니카라과는 중요한 물류 지원을 했다. 그 후 소모사 가문은 쿠바에서 실패한 피그스만 침공을 지원했다. 프랭클린 D. 루스벨트 미국 대통령의 "(소모사는) 개자식일지 모르지만, 우리 개자식이다"라는 유명한 발언은 허구라고 해도 양국 관계의 본질을 보여준다.

그러나 미국에만 책임이 있는 것은 아니었다. 소모사 정권은 튼튼한 국내 기반이 있었다. 소모사 가르시아는 농촌을 진정시키고 수십 동안의 내전과 외국의 개입을 끝내서 민중의 지지를 받았다. 니카라과

의 강력한 경제 엘리트들(이 나라는 서반구에서 가장 불평등한 나라 중 하나다)
은 소모사 정권이 그들 이익에 유리한 경제근대화 정책을 시행해서 소
모사를 지지했다. 젊은 중산층 전문직 종사자와 대학생들은 소모사를
경멸했지만, 민중은 크게 반대하지 않았다. 1956년, 27세의 시인 리고
베르토 로페스 페레스가 소모사 가르시아를 암살했지만, 독재자의 아
들 루이스와 아나스타시오 주니어가 아버지의 뒤를 이어 억압적 조합
주의 모델을 강화해 정권은 쉽게 부활할 수 있었다.

　　점차 곳곳에서 저항운동이 일어났다. 1960년대 초, 카를로스 폰세
카 아마도르(1936~1976)가 이끄는 마르크스주의 혁명가들이 독재에 저
항했다. 이들은 베트남과 알제리 민족해방전선(FLN)을 본떴지만, 달러
외교(Dollar Diplomacy) 당시 미국의 점령에 반대한 20세기 초 민족주의
자 게릴라 아우구스토 세사르 산디노(Augusto César Sandino, 1895~1934)
의 이름을 따 S를 추가해 민족주의 색깔을 입힌 산디니스타민족해방전
선(FSLN)을 결성했다. 처음에 산디니스타민족해방전선은 쿠바식 게릴
라전을 따라했지만, 피델 카스트로와 체 게바라가 쿠바의 시에라마에
스트라산맥에서 했던 대로 농촌에 지지 기반을 구축하지 못했고, 도시
에서도 마찬가지였다. 산디니스타는 대학, 문학계, 사회 운동에 조용히
침투했지만, 주류 정치에는 거의 참여하지 못했다. 예외적으로 1974년
에 산디니스타민족해방전선의 소규모 부대가 호화로운 크리스마스 파
티장을 습격해 정부 고위 관리와 외국 귀빈 등 참석자들을 인질로 붙
잡았다. 그 결과 정부는 산디니스타 수감자 몇 명을 석방해야 했다. 그
러나 불과 2년 후, 역사적 지도자 에두아르도 콘트레라스와 창설자 카
를로스 폰세카가 전사하면서 산디니스타전선은 파벌이 3개로 나뉘어
내홍에 휩싸였다. 1976년, 산디니스타전선은 그야말로 붕괴하고 고립

된 채 분열되어있었다.

한편, 같은 시기 소모사 정권에도 균열이 나타났다. 첫째, 소모사 가문이 자본가 계급과 맺은 협정을 파기했다. 소모사 가문 재산이 기존 유력가문들의 이익을 침해할 정도로 커졌다. 정권의 부패는 도를 넘어 1972년 지진으로 폐허가 된 수도 마나과를 지원하려고 니카라과에 들어온 재건과 구호물자를 착복했다. 정권의 정당성을 뒷받침해온 엘리트들이 점차 그 노선을 이탈하면서 국가방위군은 점점 무자비한 무력과 탄압에 기대었다. 1978년, 정권과 연계된 암살단이 유명 언론인이자 반정부 시민운동 지도자 페드로 호아킨 차모로(1924~1978)를 암살했다. 그 결과 민중 반란이 자발적으로 일어났고, 차모로가 속한 유력가문들은 독재 정권과 결별했다.

그때까지 정치적으로 소외되었던 산디니스타는 이 상황을 교묘하게 이용했다. 산디니스타의 성공은 라틴아메리카를 비롯한 전 세계 다른 좌파 게릴라 운동과 차별화되는 독특한 특성 덕분이었다. 분명 산디니스타민족해방전선 최고 지도자들은 칠레에서 팔레스타인, 베트남에 이르기까지 전 세계 공산당과 연계된 독실한 마르크스-레닌주의자들이었다. 그러나 소모사 타도를 위해 산디니스타는 비공산주의 자유주의자, 무엇보다도 민간 부문과 부르주아 진보 인사들을 아우르는 동맹을 구축했다. 이런 이유로 니카라과 혁명은 계급으로 뚜렷하게 구분되지 않았으며, 실제로 산디니스타 지도자들은 상당수 니카라과에서 가장 부유한 집안 출신들이었다. 소모사가 변화를 위한 모든 정치적 수단을 봉쇄해서 무장 투쟁만이 유일한 출구였다. 또, 전 세계 가톨릭을 변화시키던 '해방신학' 혁명과 맞물려서 산디니스타는 교회로부터 큰 지지를 얻었다. 따라서 산디니스타는 집권 후에 쿠바 모델 대신 정치적 다원주의, 혼합 경제, 비동맹 외교라는 온건한 세 원칙에 따라 통치하겠다고 약속했다.

이렇게 사회주의에 자유민주주의 요소를 가미한 산디니스타는 좌파 혁명도 소련의 전체주의나 캄보디아 크메르루주의 공포정치로 타락하지 않을 수 있다는 희망을 주며 전 세계 좌파를 흥분시켰다. 많은 지지자에게 산디니스타 청년들(30세 이상 게릴라 지휘관은 거의 없었다)은 혁명이 약속한 정치 혁신을 상징했고, 전국이 반란으로 들끓는 가운데 활약한 재능 있는 작가와 예술가 세대인 에르네스토 카르데날(1925~2020), 클라리벨 알레그리아(1924~2018), 다이시 사모라(1950년생), 메히아 고도이 형제 등은 산디니스타를 인간적으로 그려냈다. 이런 포괄적 인민전선이 없었다면, 산디니스타민족해방전선이 정치적·군사적으로 소모사를 물리칠 수 없었다.

소모사 가문의 세 번째이자 마지막 지배자 아나스타시오 '타치토' 소모사 데바일레(1925~1980)는 반란에 총공격으로 대응했다. 그러나 국가방위군이 대중 반란을 진압하려 했지만, 불에 기름을 부은 격이 되어 산디니스타전선 무장 투쟁을 더욱 정당화시킬 뿐이었다. 1978년 8월, 대대적 혁명 공세를 앞두고 산디니스타 특공대는 의회를 습격해 의원을 전부 인질로 잡아 정권의 취약성을 입증했다. 이 엄청난 사건이 있은 후 결국 약 4만 명의 목숨을 앗아간 본격적 내전이 일어났다.

니카라과 국민은 피로 혁명의 대가를 치렀지만, 소모사의 운명은 외국에서 결정되었다. 지미 카터(1924년생) 당시 미국 대통령은 냉전 시대 굳건한 동맹국을 잃을까 봐 노심초사했지만, 소모사 정권을 지원하는 데에 주저했다. 백악관에서는 소모사 가문이 저지른 인권 문제에 대한 걱정이 중앙아메리카에서 '제2의 쿠바'가 나올 수 있다는 공포보다 컸다. 그러나 산디니스타는 온건 노선을 내세우고 여러 세력과 동맹을 맺어 이런 공포를 완화하고, 파나마, 베네수엘라, 코스타리카, 멕시코 정부로부터 지원을 받을 수 있었다. 주변국 정부와 정치 운동 네트워크는 소모사를 외교적으로 고립시켰고, 산디니스타의 첫걸음마에 힘을 보탰다. 1979년 초 카스트로의 쿠바는 결정적 지원을 했다. 몇 달간 학살 끝에 6월이 되자 반공 군사독재 정권을 포함해 대부분 라틴아메리카 국가들은 소모사를 퇴진시키기로 하고 산디니스타가 주도하는 임시 정부를 승인했다. 7월 17일, 마침내 소모사가 사임하고 48시간도 안 되어 산디니스타군이 수도 마나과로 진격하자 국가방위군은 무질서하게 해산했다. 7월 19일, 니카라과는 쿠바 이후 라틴아메리카 국가 중 유일하게 무장 혁명에 성공한 국가가 되었다.

형식적으로는 다양한 세력을 포괄하는 임시 정부가 집권했지만, 실권은 9명으로 구성된 산디니스타민족해방전선 국가위원회에 있었다. 결국 소모사의 국가방위군을 군사적으로 물리친 쪽은 사회주의와 노동자의 권리를 상징하는 빨간색과 검은색 바탕의 깃발을 든 산디니스타 전사들이었다. 승리와 민중의 지지에 고무되어 산디니스타 지도부는 정통 사회주의를 지향하는 혁명 계획을 신속하게 밀어붙였다. 1978~1979년 동맹들과 함께 만들었던 온건한 의제는 배제되었고, 산디니스타민족해방전선 전략가들은 내부 문서에서 말한 것처럼 '생산의 사회적 관계를 완전히 전환하는 도중' 잠시 '민주주의로 이행하는 단계'에 있다고 주장했다.

혁명의 초기 정책 중 일부는 민중의 요구에 따라 성공적으로 시행되었다. 정부는 의료 서비스 접근성을 대폭 확대했고, 1980년 문맹 퇴치 운동은 불과 몇 달 만에 문맹률을 획기적으로 감소시켰다. 교회와 재계 동맹들도 소모사의 광대한 사유지를 수용하는 정책을 용인했고, 이 사유지는 경제 성장으로 얻은 이익을 재분배하려는 국가 계획에 재투자되었다. 마지막으로 혁명 정부는 국제 원조를 재건 사업에 이용했고, 통제권을 다시 확립했다. 이 과정에서 산디니스타는 쿠바와 이란 혁명이 보여준 끔찍한 처형과 보여주기식 재판을 하지 않았다는 찬사를 받았다.

그러나 레닌주의 정치관을 가진 국가위원회는 결국 산디니스타 집권에 도움을 준 연합을 무너뜨렸다. 산디니스타는 공약을 어겨 선거를 거부하고 점차 정권에 대한 비판을 검열했다. 그리고 '민주집중제' 원칙에 따라 당내 수직적 의사결정을 강요하고 당과 국가를 한 몸으로 생각했다. 예를 들어, 니카라과군은 산디니스타인민군으로 명명되었다. 이런 맥락에서 회의론자들은 정치에 참여하도록 민중을 동원하려는 산디니스타민족해방전선이 국민을 통제하고 감시하려는 전체주의와 다르지 않다고 생각했다. 무엇보다도 정부는 중앙 계획경제를 지향해 민간 부문을 격분시켰다.

정부는 비동맹 운동에 가입했지만, 산디니스타전선 국제관계부는 쿠바, 소련, 불가리아, 동독 등 사회주의 진영 국가들로부터 비밀리에 도움을 받았다. 니카라과 새 지도자들은 자신을 '국경 없는 혁명'의 일부로 생각해 당시 친미·반공 군사 정권 지배 아래 있는 중앙아메리카 게릴라 단체들을 지원했다. 이웃 엘살바도르에서는 산디니스타의 성공에 고무된 마르크스주의 혁명가들이 니카라과 수도 마나과에 본부를 둔 파라분도마르티민족해방전선(FMLN)에 모여 엘살바도르 정부를 타도하려 했다.

니카라과가 엘살바도르에 개입하는 것을 못마땅하게 여긴 레이건 행정부는 산디니스타 정부를 두고 볼 수 없어서 양국은 극단적으로 대립하게 되었다. 1981년 말부터 미국은 대리군대로 반(反)혁명주의자라는 뜻의 콘트라(Contra) 반군을 금전적으로 지원하고 조직했다. 레이건은 "우리 안전을 위해 미국은 소련이 교두보를 확보할 수 없도록 막아야 합니다. … 니카라과 민주 저항 세력에게 배신당한 혁명을 되찾을 수단을 제공할 것입니까, 아니면 마나과에서 발생한 악성 종양이 신세계 전체에 치명적 위협이 될 때까지 등을 돌리고 외면할 것입니까?"라고 말했다. 일부 라틴아메리카 정부들도 비슷한 두려움을 느꼈다. 따라서 온두라스와 코스타리카 같은 이웃 국가들은 콘트라 반군과 이들을 지원하는 CIA와 손을 잡았다. 산디니스타민족해방전선 전략가들은 이렇게 여러 전선에서 전개되는 개입과 반란을 '피그스만' 시나리오의 반복이라고 생각했다. 미국은 경제 제재와 CIA 방해 공작을 결합해 산디니스타에 엄청난 타격을 주었다. 무력 충돌 때문에 산디니스타 정부의 재정은 고갈되었고, 반란 당시 사망자 수와 거의 같은 약 3만 명이 목숨을 잃었다. 국방을 우선시하면서도 나머지 혁명 의제를 수행하려는 산디니스타의 노력은 사실상 물거품이 되었다.

　가난한 사람들을 위해 분투하는 산디니스타 이상주의에 감동하고, 인구 300만 명에 불과한 나라에 무력을 사용한 레이건에 반발해 미국과 유럽에서 수만 명이 연대해 니카라과로 향했다. 냉전 기간 미국의 전통적 동맹이었던 서유럽 국가들도 상당수 레이건의 적대행위가 폭력을 키울 뿐, 산디니스타를 소련에 더욱 밀착시킬 것으로 우려해 이 문제에 대해서는 미국과 선을 그었다. 게다가 미국의 개입은 남아메리카 국가들이 친미 군사 독재 체제에서 벗어나 자유민주주의 체제로 이행하는 시기와 겹쳤다. 당연히 남아메리카 국가들은 레이건 정부의 중앙아메리카 개입에 반대하며 미국에 콘트라 반군 원조를 중단하라고 다자간 평화 구상 콘타도라 프로세스에서 그들의 의사를 전달했다. 1986년, 국제사법재판소는 니카라과에 대한 미국의 불법 전쟁 행위에 유죄 판결을 내렸다. 유럽, 라틴아메리카, 다자간 노력으로 미국의 정책은 지장을 받았지만, 니카라과에서 벌어지는 대학살은 끝나지 않았다.

현지의 특수한 상황 때문에 폭력은 지속되었다. 콘트라 반군 지도부는 대부분 CIA와 국가안전보장회의가 직접 선발하고 감독한 전직 국가방위군으로 구성되었지만, 반군 병사들은 대부분 시골 농민들이었다. 레이건이 집권하기 훨씬 전부터 니카라과 농부 수천 명이 무기를 들었다. 농업 생산을 집산화하려는 산디니스타가 농업 개혁에 실패해 소작농을 계급의 적으로 만들었기 때문이었다. 니카라과 소수 민족도 산디니스타의 도시 중심 사회주의적 민족주의에 소외감을 느꼈다. 산디니스타인민군이 미스키토족을 잔인하게 학대하자 많은 원주민과 흑인-원주민 혼혈 주민들이 콘트라 반군에 가담했다.

1980년대 중반, 산디니스타 최고 사령부는 이 전쟁에서 이길 수 없다고 판단했다. 쿠바의 고문단과 소련제 무기의 도움을 받은 산디니스타민족해방전선의 군사력 때문에 콘트라 반군도 따로 정부를 수립할 만큼 충분한 영토를 확보하지 못했지만, 그 위협은 여전했다. 경제는 엉망이었고 내전 때문에 1979년의 장밋빛 전망은 무참히 깨졌다. 이제 소련마저 니카라과 정부에 자금 지원을 끊고 싶어 했다. 니카라과 혁명의 핵심 쟁점은 산디니스타가 고수하는 마르크스-레닌주의 이상과 혁명 과정에서 전술상 약속한 자유화 사이의 갈등이었지만, 집권하고 몇 년이 지나자 맞닥뜨린 냉엄한 현실 앞에 이념적 신념은 굴복했다.

그 결과, 산디니스타 국가위원회는 협상으로 합의를 모색할 때가 되었다고 판단했다. 1986년, 레바논에서 이란을 대리하는 헤즈볼라가 미국인을 인질로 억류하자 레이건 행정부는 인질 석방을 위해 이란에 불법으로 무기를 판매했고, 그렇게 얻은 수익을 콘트라 반군 지원에 사용한 정황이 언론에 폭로되면서 평화협상의 가능성도 커졌다. 이란-콘트라 반군 사건은 레이건 행정부를 궁지로 내몰았고, 의회는 미국이 대리조직으로 니카라과에 개입하는 것을 지지하지 않았다. 그 결과 콘트라 반군은 전면전으로 군사적 승리를 거두겠다는 꿈을 접었다.

반면 중앙아메리카 지도자들은 스스로 문제를 풀어갔다.1987년 11월, 코스타리카 대통령 오스카르 아리아스(1940년생)는 미국의 콘트라 반군 원조를 중단시키고 중앙아메리카 국가들을 민주화해서 내전을 끝낸다는 계획으로 노벨 평화상을 수상했다. 1987년, 과테말라 에스키풀라스에서 체결된 중앙아메리카평화협정은 간단했다. 중앙아메리카 정부들 즉, 마르크스주의 산디니스타 정부와 온두라스, 과테말라, 엘살바도르 반공 군사 정권들은 해외에서 군사 원조를 받아 이웃 국가를 전복하려는 시도를 중단하기로 합의했다. 또한 내부 안정을 위해 각국 정부에게 무장 반군을 인정하고 자유롭고 공정한 선거를 시행하라고 요구했다.

한편으로 이 합의는 산디니스타민족해방전선의 대승이었다. 산디니스타 선전가들은 '다윗'이 '골리앗' 미국에 맞서 선전(善戰)했다고 주장할 수 있었다. 그러나 다른 한편으로 산디니스타의 정치적 정당성은 대가를 치렀다. 당시 산디니스타 정권의 대통령 다니엘 오르테가는 1990년 정부가 평화 프로세스의 하나로 실시하기로 합의한 선거에서 충격적으로 패배했다. 이렇게 혁명은 끝이 났다. 1990년 4월, 1979년 산디니스타 임시 정부 당시 동맹이자 페드로 호아킨 차모로의 아내 비올레타 바리오스 데 차모로(1929년생)가 니카라과 최초로 민주적으로 선출된 대통령이 되었다.

혁명의 유산은 역설적이었다. 산디니스타는 니카라과 국민이 기초적 사회복지에 접근할 수 있도록 분투했지만, 사회 개혁의 핵심인 부를 재분배하고 빈곤을 줄이는 데 실패했다. 따라서 전쟁으로 파괴된 국가는 방치되었고, 사회 계층은 거의 그대로였다. 반란에서 여성 지도자들이 크게 활약해 해외의 관심을 끌었지만, 소모사 정권이 전복된 후 이 여성들은 군사적 지도력과 희생이 실제 정치권력으로 이어지지 않으며, 사회주의 혁명으로 니카라과의 전통적 가부장제가 쉽게 타파되지 않는다는 점을 깨달았다. 오랜 산디니스타민족해방전선 간부로서 1979년 임시 정부의 부통령이었던 세르히오 라미레스(1942년생)는 혁명의 실익을 아래와 같이 회고했다.

> 혁명은 억압받는 사람들에게 기대했던 것만큼 정의를 가져다주지도, 풍요와 발전을 만들어내지도 못했다. 대신 1990년 선거 패배를 인정해 민주주의가 정착된 것이 혁명의 가장 큰 수확이었다. 가장 열정적으로 추구한 목표는 아니었지만, 역사의 역설처럼 이것이 가장 확실한 혁명의 유산이다.

결과적으로 산디니스타 혁명의 민주적 유산은 일시적이었다. 1990년대 시민 사회가 활성화되고 법치주의가 개선되었다. 세 차례의 선거를 거치면서 평화로운 정권 이양이 이루어졌다. 그러나 내전을 끝내려고 고안한 정치질서는 근본적 사회경제 문제를 방치했다. 선거 정치 과정에서 구조 조정 정책으로 잠재된 사회적 불만이 표출되었다. 니카라과 사회에는 철권통치로 돌아가려는 분위기가 만연했다.

2006년, 다니엘 오르테가는 고작 38% 득표율로 다시 대통령이 되었다. 그 무렵 혁명 정부 유명 인사들은 대부분 산디니스타전선을 떠난 상태였다. 오르테가는 1980년대 산디니스타전선의 특징인 권위주의를 강화했고, 산디니스타민족해방전선을 개인의 도구로 변질시켰다. 더욱이 당의 본래 좌파 이념을 없애버렸다. 이전까지 마르크스주의자였던 오르테가는 대통령 임기를 혁명의 연속으로 묘사하면서 산디니스타전선을 친기업·기독교 보수 정당으로 탈바꿈시켰다. 과거 자본가 계급은 '혁명에 반대하는' 적이었지만, 이들과 새로운 동맹을 맺으려 오르테가는 1990년대 우파 정부가 시행한 신자유주의 모델을 그대로 유지했다. 그리고 가톨릭교회와의 동맹을 공고화하려는 그의 정부는 낙태를 범죄로 규정하는 것을 지지했다. 이렇게 산디니스타전선은 라틴아메리카 역사상 가장 급진적으로 이념이 바뀐 정치 운동이 되었다.

오르테가와 그의 아내 로사리오 무리요(1951년생)는 그들이 무너뜨렸던 소모사 독재 정권처럼 정부 부서 전체와 안보 부문에 대한 통제권을 강화하려고 교묘하게 권력 분점, 선별적 억압, 기업 친화적 정책을 활용했다. 이 부부는 재선을 제한한 헌법 조항을 없애고, 부모 권력을 승계할 수 있도록 자녀들이 원하는 프로젝트에 국고를 지원하고 이들을 주요 고문직에 임명했다. 이렇게 대놓고 권력을 세습하려는 데도 니카라과 국민 대부분은 안정과 무난한 경제 성장을 이유로 이 상황을 받아들였다.

　소모사 가문과 마찬가지로 오르테가 정권은 처음에 안정을 이루었지만 결국 니카라과를 폭력과 유혈 사태로 몰아넣었다. 2018년 4월, 대학생들은 니카라과 국민을 정치적 미몽에서 깨웠고, 니카라과 역사상 최대 규모의 평화시위를 주도했다. 폭력으로 대응한 정권의 결정으로 수백 명이 죽었고, 미주인권위원회(IACHR)는 니카라과 정부를 반인도적 범죄로 고발했다.

　탄압은 민주주의로의 이행 또한 좌절시켰다. 산디니스타 지도자 다니엘 오르테가의 새로운 독재 정권을 겪으면서 민중들 사이에서는 혁명 시대의 기억과 그 유산에 관한 관심이 되살아났다. 1980년대 산디니스타 통치에 반대했던 많은 니카라과인은 새로운 독재 정권이 1979년 혁명의 당연한 결과라고 생각한다. 그러나 혁명에 참여했던 사람들의 생각은 다르다. 혁명 정부에서 문화장관을 지낸 해방 신학자이자 시인 에르네스토 카르데날은 그의 정치 회고록 제목을 레온 트로츠키의 『배신당한 혁명』을 암시하는 듯한 『잃어버린 혁명』(2005)으로 정했다. 90세가 넘은 시인은 "멋진 혁명이었지만, 일어난 일은 배신이었습니다. … 지금 남은 것은 다니엘 오르테가 가문의 독재 정권입니다. 이것은 우리가 원한 것이 아닙니다"라고 했다.

다니엘 오르테가

니카라과의 혁명가이자 대통령(1985~1990, 2007~) 다니엘 오르테가 (1945년생)는 지방 중산층 출신으로 1963년 산디니스타민족해방전선에 가입했다. 1967년 체포되어 1974년까지 옥살이를 한 뒤 쿠바로 망명해 게 릴라전 훈련을 받았다. 1970년대 말 중앙아메리카로 돌아와 1979년 산디니 스타민족해방선전을 승리로 이끈 국가위원회 일원이 되었다. 산디니스타 혁 명 임시 정부에서 일한 후 대통령이 되었다. 여기에 동생이 산디니스타인민 군을 지휘한 덕에 오르테가는 혁명의 집단 지도부에서 '동급자 중 첫 번째'로 부상했다. 1990년대 산디니스타전선을 자기 아래 두었고, 2006년 대통령 에 재선되었다. 좌파적 발언을 하고 베네수엘라 우고 차베스와 동맹을 맺었 지만, 두 번째와 세 번째 임기 동안 기업과 교회 친화적 정책을 시행했다.

비올레타 바리오스 데 차모로

1990~1997년까지 니카라과 대통령을 지낸 비올레타 바리오스 데 차모로 (1929년생)는 부유한 집안에서 태어나 1950년 소모사에 반대하는 언론인 이자 신문 발행인 페드로 호아킨 차모로 카르데날과 결혼했다. 1950년대 두 사람은 몇 년 동안 망명 생활을 했다. 1978년, 남편이 암살되자 반군 산 디니스타민족해방전선을 지원했고, 이듬해 소모사 정권이 전복된 후 집권 한 임시 정부의 일원이었다. 그러나 급진적 정책과 소련과의 관계를 놓고 정 권과 갈라섰다. 가족 소유 신문 <라프렌사>는 혁명 정부를 일관되게 비판했 고, 집권 산디니스타민족해방전선은 이 신문을 검열하고 결국 폐간시켰다 (1986~1987). 1990년, 니카라과 역사상 최초의 민주적 선거에서 다니엘 오르테가를 꺾고 아메리카대륙 역사상 최초로 민주적으로 선출된 여성 대통 령이 되었다. 차모로의 행정부는 평화와 화해 프로세스를 성공적으로 감독 하고 정치 자유화 개혁을 시행했으며, 민영화 전략으로 산디니스타 시대의 사회 프로그램들을 철회했다.

연표

1934년	아나스타시오 소모사 가르시아가 민족주의 지도자 아우구스토 세사르 산디노를 처형하면서 소모사 가문 독재 정권이 출현하다
1956년	아나스타시오 소모사 가르시아 대통령이 암살당하자 아들 루이스 소모사 데바일레가 그의 뒤를 잇다
1961년	미국이 후원하는 반군이 쿠바 침공을 위해 니카라과에서 출발했으나 피그스만에서 패배하고, 산디니스타민족해방전선이 창설되다
1972년	수도 마나과에 지진이 발생하자 아나스타시오 소모사 데바일레가 국제구호자금을 횡령하다
1978년	소모사에 반대하는 신문 <라프렌사> 발행인 페드로 호아킨 차모로가 암살당하고, 전국에서 산디니스타 게릴라들이 봉기하다
1979년	
7월 17일	소모사가 사임한 후 도주하고, 이틀 뒤 산디니스타군이 마나과에 입성하다
1980년	파라과이에서 소모사가 암살당하고, 산디니스타 주도 임시 정부가 사회복지 접근성을 확대하자 비올레타 차모로와 알폰소 로벨로가 임시 정부에서 사임하다
1981년	산디니스타가 엘살바도르에서 실패한 반군 공세를 지원하고, 니카라과 정부가 사회주의 토지개혁법을 발표하자 미국 정부는 산디니스타 정권을 흔들려는 대리군대 조직에 착수하다
1982년	콘트라 반군의 첫 공격으로 니카라과 내전이 시작되다
1983년	콘타도라 프로세스가 중앙아메리카 내전을 끝내는 합의 중재를 시도하다
1985년	산디니스타민족해방전선 후보 다니엘 오르테가가 대통령이 되고, 미국이 니카라과에 금수조치를 실시하자 니카라과는 비상사태를 선포해 시민의 기본권을 중지하다
1986년	이란-콘트라 반군 사건이 폭로되어 미국 관리들이 콘트라 반군에 불법 자금을 전달한 혐의로 기소되고, 국제사법재판소는 CIA 작전에 대해 니카라과에 유리한 판결을 내리다
1987년	중앙아메리카평화협정이 중앙아메리카 각국 정부에 민주화와 평화구축을 촉구하고 니카라과는 극심한 인플레이션을 겪다
1988년	산디니스타민족해방전선과 콘트라 반군이 일시 휴전하다
1990년	국민야당연합(UNO) 후보 비올레타 차모로가 니카라과 대통령으로 선출되다
1991년	차모로가 사회주의 정책을 철회하고 미국과의 외교관계를 개선하다
1996년	보수파 아르놀도 알레만 라카요가 대통령에 당선되다

2016년	산디니스타민족해방전선을 친기업·기독교 정당으로 바꾼 오르테가가 재선에 성공하다
2011년	헌법상 임기 제한을 무시하고 다시 당선된 오르테가가 독재 정권을 공고화하다
2018년	대학생들이 오르테가와 그의 아내 로사리오 무리요에 저항하는 시위를 벌이자 정권이 폭력으로 대응하다

폴란드: 연대,
1980

아니타 프라즈모프스카

19세기 중반 이후 혁명은 대개 사회주의 운동 및 노조와 불가분의 관계였다. 따라서 거대 노조의 저항을 받고, 노조가 주도한 혁명으로 자본주의 국가가 아니라 공산주의 국가가 무너졌다는 사실은 아이러니한 일이다. 폴란드의 노조「연대」는 먹고사는 문제와 자유에 집중했으며, 그 지도부는 국가에 정치적으로 직접 도전하지 않으려고 신경을 썼다.

　1989년, 폴란드 공산주의 국가가 붕괴하는 데 냉전 시대 소련이 패배해 동유럽 위성 국가에 내정 불간섭 선언을 한 것만큼이나 연대의 활동이 컸다. 연대는 10년 간 폴란드인의 불만에 더욱 집중했고, 국가의 마지막 정당성에 치명상을 가했다. 연대 안에서는 소수만이 혁명 정책을 채택했다. 넓은 의미에서 혁명의 목표와 지도자들은 새로운 민주주의 폴란드에서 사라졌지만, 20세기 후반 연대는 동유럽과 서유럽의 많은 사람을 고무시킨 혁명을 평화롭게 성공적으로 달성했다. 국제적으로 우파는 소련 체제 붕괴에 기여했다는 이유로, 좌파는 전체 인구 1/4이 가입한 노조가 '민중의 힘'을 구현했다는 이유로 모두 연대를 온건한 혁명으로 평가했다.

피터 퍼타도

❖❖❖

1980년 8월 14일, 폴란드 그단스크 노동자들이 조선소를 점거하는 파업이 일어났다. 그해 여름 폴란드 사업장을 강타한 수많은 파업과 달리 이 파업은 노동자들이 정치적 요구를 제시했다. 파업 위원회가 당국에 제시한 21개 요구 중 자유로운 독립 노조를 설립할 권리, 파업할 권리, 표현의 자유와 정보 유포의 자유를 보장한 헌법 조항을 정부가 존중하겠다는 약속이 가장 중요한 첫 3개 사항이었다.

노동자들이 폴란드 공산주의 정부에 분노한 것은 처음은 아니었다. 1970년 12월, 정부가 기본 식품 가격을 인상하려 하자 폴란드 노동자들은 파업으로 대응했다. 그단스크에서 무장 경찰 및 군인과 대치한 끝에 파업 참가자 41명이 죽었다. 정치 위기가 발생하자 그 후 몇 달 동안 새로운 공산당 서기 에드바르트 기에레크(1913~2001)는 노동자들을 달래려 했다. 그렇게 경제 개혁이 시행되면서 정부는 외국으로부터 차관을 얻고, 서방 기업들과 양자 무역 관계를 맺어 간신히 생활 수준을 개선했다. 그러나 안타깝게도 1970년대 중반, 경기가 침체하자 필수품 가격을 또다시 인상해야 했다. 공업 도시 라돔과 바르샤바 교외 우르수스에서 추가로 파업이 발생했다. 정권은 다시 한번 탄압으로 대응했지만, 경제 위기를 해결하지 못했다. 생필품 부족은 일상이 되었고, 폴란드는 빚을 갚지 못해 통제 불능 상태에 빠졌다. 석유수출국기구(OPEC)의 석유 금수 조치가 야기한 세계 경제 불황으로 서유럽 은행들은 대출을 회수했다. 1960년대 말부터 소련은 사회주의 진영 국가들의 경제적 부담을 떠안지 않으려 했다. 소련은 폴란드와 서방 간 무역에 대한 제한은 완화했지만, 경제문제가 생겼을 때 개입해 돕지 않으려 했다.

1970년대 후반, 자발적 파업과 함께 노동자들은 정치적으로 각성했다. 처음에는 경제난에 분노가 집중되었다. 당에 대한 불신, 낮은 임금, 상점의 물품 부족에 따른 불만이 주를 이루었다. 라돔에서는 성난 노동자들이 당 본부를 공격하고 당 서기에 린치를 가하겠다고 협박했다. 정권은 파업 참가자들을 엄중히 처벌해 본보기를 보여주었다.

이와 별도로 1960년대 중반부터 다양한 지식인 그룹이 토론 서클을 결성했다. 여기에는 레셰크 코와코프스키(1927~2009), 야체크 쿠론(1934~2004), 아담 미흐니크(1946년생) 같은 좌파 학자들과 가톨릭지식인클럽 회원들이 있었으며, 그중 가장 유명한 인물은 타데우시 마조비에츠키(1927~2013)였다. 1976년 파업 이후 지식인들은 함께 모여 노동자방어위원회(KOR)를 결성했다. 지식인들은 파업으로 재판에 넘겨진 노동자들을 돕고, 그들에게 조언을 제공한다는 명분을 내걸었고, 이렇게 지식인과 노동자 사이에 동맹이 탄생했다. 양측은 서로 다른 목표를 존중했다.

1978년 10월, 크라쿠프 대주교 카롤 보이티와(1920~2005) 추기경이 차기 교황에 선출되어 요한 바오로 2세가 되었다. 교황이 인간의 권리와 존엄성을 강조하자 반체제 인사들과 노동자 단체는 용기를 얻었다. 폴란드에서 가톨릭교회는 국가의 통제를 받지 않는 유일한 독립 조직이었다.

1980년 여름, 파업이 폴란드를 휩쓸었을 때, 정부가 경제난을 해결하지 못하면서 제2차 세계대전 이후 폴란드를 통치해온 공산당의 약점이 드러났다. 경기 침체 속에서 공산당은 민주화와 정부의 책임성 강화를 요구하는 목소리를 모두 거부하면서 통치 능력까지 의심받

았다. 1980년 여름, 파업 지도자들은 경제적 요구를 초월한 투쟁의 필
요성을 깨달았지만, 그러려면 기존 정치 구조와 차별화된 자체 조직이
있어야 했다.

1980년 8월 14일, 그단스크 조선소에서 파업이 일어났고, 파
업 참가자들은 임금 인상뿐만 아니라 1978년 불법 독립 노조를 결성
해 활동하다가 얼마 전 해고된 유명 활동가 2명, 안나 발렌티노비치
(1929~2010)와 레흐 바웬사(1943년생)를 재고용하라고 요구했다. 노동자
들이 이 파업을 조직했고, 외부 단체의 개입 없이 조선소 당국에 요구
사항을 작성했다.

처음에 당국은 지도자들을 체포하고 약간 양보하는 것으로 이 위
기를 해결할 수 있으리라 생각했다. 실제로 8월 16일까지는 이 전술이
효과가 있어 보였고, 파업 노동자들이 자리를 뜨기 시작했다. 그러나
발렌티노비치 등 4명의 여성이 이들을 막았고, 이들에게 돌아가서 협
상을 계속하라고 촉구했다. 그사이 담을 넘어 조선소로 들어간 바웬사
는 파업 위원회 위원장으로 선출되었다. 그단스크의 다른 사업장들도
연대 파업에 동참하기로 했다. 8월 18일, 폴란드의 중요한 항구, 그드니
아와 슈체친도 파업을 선언했다. 세 항구 모두 활동을 조율하고 21개
요구 사항 목록을 공동 발표했다.

주요 공업 도시에서 생산이 중단되었지만, 그중 그단스크에 이
목이 쏠렸다. 노동자들은 조선소를 점거하고 누구를 안으로 들여보
낼지 결정했다. 지역 본당의 얀코프스키(1936~2010) 신부가 고해성사
를 받고 미사를 집전하면서 파업은 민족적·종교적 성격을 띠었다. 그
후 바르샤바의 여러 지식인 반체제 운동 지도자들이 당국의 봉쇄를 뚫
고 그단스크를 방문해 지지와 조언을 제공했다. 파업 참가자들은 타

데우시 마조비에츠키와 유명한 반체제 인사 브로니스와프 게레메크(1932~2008)가 부두에 들어오는 것을 허용했다. 그단스크에는 외국 언론이 대거 몰려들어 국가가 시행한 보도관제 조치를 무색하게 만들었다. 폴란드인들은 〈라디오 프리 유럽〉이나 〈BBC 월드 서비스〉를 통해 파업 노동자들이 요구한 내용을 자세히 알 수 있었다. 정부는 어쩔 수 없이 협상 테이블에 나섰고, 미치스와프 야기엘스키(1924~1997) 부총리 대표단이 8월 21일 그단스크에 도착했다. 당국에 맞서는 파업자들의 용기, 조직력, 외신을 향한 호소력 덕분에 유럽의 노조와 진보 단체들로부터 지원이 쏟아졌다. 이로써 파업 참가자들은 도덕적 지지와 더불어 결정적으로 물질적·재정적 지원을 얻을 수 있었다. 파업 위원회와 정부 간 협상은 바웬사가 주도했다. 협상은 여러 번 교착 상태에 빠졌다. 정부는 독립 노조 설립을 허용하지 않으려 했지만, 8월 30일, 야기엘스키는 항복했다. 이렇게 해서 연대(Solidarność)라는 폴란드 독립 노조 운동이 탄생했다.

연대 운동이 출현할 때 자발성이 두드러졌다. 1970년대 이후 폴란드 노동자들은 자신감을 키웠고 집단행동의 힘을 배웠다. 정권은 오랫동안 사업장에서 노조와 노동자 위원회 활동을 허용했지만, 진정으로 노동자들의 이익을 대변할 수는 없었다. 노조는 관리자와 노동자 간 연락 활동만 했으며, 노조 임원 선출도 경영진과 당의 뜻에 따라 사전에 정해졌다. 작업장 안전, 임금, 부패, 관리 잘못은 거의 거론되지 않았다. 노동자들이 불만을 터뜨릴 때마다 보복이 있었고, 파업이나 시위가 벌어질 때마다 체포와 탄압이 반드시 뒤따랐다. 1976년 라돔 폭동과 우르수스 파업 이후, 반체제 운동단체 노동자방어위원회는 탄압받은 희생자들에게 더 나은 조직을 만들어야 한다고 설명했다. 1980년

8월, 그단스크 노동자들은 파업을 통해 구체적 성과를 얻어내야 했다. 최종 확정되어 정부 측과의 협상 테이블에 올라온 21개 요구안은 작업장에서 흔히 겪는 불만과 진정으로 노동자를 대표해야 한다는 정치적 요구가 적절히 섞여 있었다.

　　그로부터 10년도 안 되어 폴란드와 동유럽 전역에서 공산주의가 붕괴할 줄은 파업 참가자들도 예상하지 못했기 때문에 이들의 요구는 정치 체제 자체를 무너뜨리거나 약화하려는 시도로 볼 수 없었다. 이들의 요구는 노동자의 대표성을 확보하고 국가의 독단으로부터 보호받는 것이었다. 파업 참가자들과 그 조언자들도 그들이 성취한 것이 얼마나 중대한 결과를 가져올지 상상도 하지 못했다. 즉, 본의 아니게 그러나 불가피하게 국가에 도전하는 조직으로서 대안 권력을 가진 운동이 탄생했다. 그 후 연대를 법인으로 등록할 때, 지도자들은 중앙집권적 구조 대신 연합 운동 방식을 택했다. 이렇게 연대는 다양한 생각을 수용했고, 시간이 지나면서 폴란드 인구 1/4에 해당하는 1,000만 명 이상을 대표하는 조직으로 발돋움했다.

　　바웬사는 여러모로 이 운동의 기원과 성격을 상징했다. 그는 노동자들의 불만을 명확하게 표현하고 군중을 통솔하는 능력이 있었고, 자연스럽게 새로운 운동의 지도자가 되었다. 바웬사는 노동자 시위의 본질, 즉 직장의 잘못된 관리, 부패, 제대로 된 보상의 부재에 대한 울분을 대변했다. 8월, 그가 그단스크 파업 위원회 위원장에 임명되었지만, 요구 사항 목록을 작성할 때는 다른 사람들도 중요했다. 노동자 측에서는 안제이 그비아즈다(1935년생), 그의 아내 요안나 그비아즈다(1939년생), 보그단 리즈(1952년생)가 두각을 나타냈다. 부두를 찾은 조언자들은 배후에서 협상 과정을 성공적으로 이끌었다. 마조비에츠키와 게레메크 외에도 보단 치빈스키, 타데우시 코발리크, 발데마르 쿠친스키, 안제이 비엘로비에스키가 있었다. 이들은 노동자들이 피해야 할 함정을 노동자들보다 더 잘 알았고, 노동자들에게 진정으로 민주적이고 대표성 있는 운동을 만들어야 한다고 조언했다.

폴란드에서 진정한 독립 노동자 운동의 탄생은 과소평가 될 수 없었다. 그단스크 합의 이후, 해안 지역의 다른 직장 파업 위원회들도 연대 지부를 설립해 법원에 등록했고, 연합 형태로 뭉쳐 권력을 독점한 공산주의에 강력하게 도전했다. 이런 도전은 정부가 경제문제에 대처하려고 몇 달간 고군분투하고 있을 때 더욱 분명해졌다. 연대는 국가 문제에 휘말리지 않으려고 노력했지만, 사실상 야당이 되었다. 이로 인해 운동 내부에도 갈등이 생겼다. 바웬사는 온건파를 대표했고, 생활 조건과 직장 내 불만을 정부와 협상하기로 했지만, 연대를 정당으로 만들려는 움직임에 반대했다. 이 과정에서 가톨릭교회는 그를 강력히 지지했다. 동시에 1980년 8월에 합의한 내용 이상을 요구하는 급진 그룹이 등장했다. 1981년 3월, 경찰에 무자비하게 구타당했던 비드고슈치 연대 노조 지도자 얀 룰레프스키(1944년생)는 바웬사에 반대하며 연대에 정권 타도를 호소했다.

국제적으로 연대는 많은 영감을 주었다. 서방 노동조합은 국제 협약에 따라 공산주의 국가가 노동자들에게 진정한 권리를 부여하도록 오랫동안 운동을 벌여왔다. 연대가 결성되고 1981년 12월 정권이 계엄령을 선포한 후에는 외국의 지원이 매우 중요해졌다. 서유럽 노조와 진보 단체들이 자금, 물질적·조직적 지원, 탄압받은 희생자 가족에 원조 등 가능한 방법을 총동원해 폴란드 노조원들을 도왔다. 마거릿 대처(1925~2013) 영국 총리와 로널드 레이건(1911~2004) 미국 대통령은 소련에 폴란드 문제에 간섭하지 말라고 경고하고 연대 회원들에게 격려의 말을 전했다.

1981년 9월 연대는 동유럽 사람들에게 자유 대표 조직 설립을 위해 공동 투쟁을 촉구하는 선언문을 발표했다. 당시 동유럽에서는 반체제 운동과 시위가 일어났다. 그러나 이런 운동과 시위는 각 나라가 처한 특수한 상황에서 비롯된 것으로 폴란드에서 일어난 일을 사회주의권 다른 나라의 상황과 직접 연계시키는 것은 무리였다. 공통된 위협은 1986년에 미하일 고르바초프(1931~2022) 소련 공산당 서기장이 동유럽 국가 내정에 간섭하지 않기로 한 결정이 가져온 충격이었다. 소련의 지배력이 약해지면서 동유럽 각국 공산당이 영향을 받았고, 반체제 운동은 더욱 대담해졌다. 각국의 반체제 운동은 과거 경험과 정책에 따라 다르게 전개되었다.

폴란드의 공산주의 체제가 자유민주주의 정치 체제와 자유시장 경제 모델로 가는 길은 순탄치 않았다. 연대 활동가들은 이런 전환을 목표로 삼지 않았고, 그렇게까지 기대하지도 않았다. 계엄 중이던 1981년 12월, 권력을 잡은 구국군사위원회의 국가방위평의회는 연대를 불법화했다. 연대 운동 회원들은 구금되었고(바웬사도 거의 1년 동안 구금되었다), 도피한 사람들은 숨어 지내야 했다. 즈비그니에프 부야크, 보그단 리즈, 브와디스와프 프라시니우크, 브와디스와프 하르데크는 지하에 연대 조직을 결성했다. 1986년이 되어서야 국제사회의 비난, 고르바초프가 주도한 소련의 정책 변화, 내부 분열로 폴란드 정부는 연대 지도부와 협상할 수밖에 없다고 판단했다. 그 결과 1989년 2월, 원탁회의가 열렸고, 두 달 뒤 폴란드에서 공산주의 시대와 공산당 지배를 끝내고 대통령직을 신설하는 최종 합의에 이르렀다. 1988년 12월, 바웬사

는 사실상 정당으로서 연대시민위원회를 발족시켰고, 1989년 6월 의
회 선거에서 이 연대는 의석을 휩쓸었다.

계엄령 동안 바웬사는 다른 활동가들과 분리된 채 구금되어서 지
하 연대 지도부가 그 자리를 이어받았다. 가톨릭 주교회의가 강력히
지원하는 바웬사는 계엄령을 끝내는 협상에서 활약했고, 1983년 노벨
평화상을 수상했다. 그러나 공산주의 이후 대통령 재임 기간 그는 새
로운 역할에 적응하지 못했던 것으로 기억된다. 바웬사는 많은 이슈에
관해 의견을 계속 피력했지만, 연대의 젊고 새로운 회원들이 폴란드
정치를 지배했다.

그 후 일부 동료들을 포함해 바웬사를 비방하는 사람들은 바웬사
가 1970년대에 비밀경찰의 돈을 받고 일한 첩자였다고 주장했다. 바웬
사는 그런 적 없다고 줄곧 부인했지만, 2016년에 반박하기 어려운 증
거가 언론에 유출되었다. 1970년, 그단스크에서 파업이 일어난 후 그
를 잠시 고용한 적이 있다는 비밀경찰의 문서였다. 이 문서들을 보면,
바웬사는 압박을 받고 조선소 노동자들의 동향을 제보하는 데 동의했
다. 그러나 그는 이 결정을 금방 후회했고, 비밀경찰에 어떤 정보도 제
공하지 않았다. 공산주의 시절 많은 사람이 똑같은 일을 하도록 강요
당하고 협박받은 것과 별 차이가 없었다. 공산주의 이후 급격한 변화
로 인해 유권자들은 크게 실망했고, 바웬사를 비방하는 사람들은 그의
명성을 깎아내리는 데 인정사정이 없었다.

1980년 8월, 세간의 이목을 집중시킨 노조 운동에서 탄생한 연대
는 그 후 수차례 변신, 세분화, 분열, 재결성 과정을 겪었다. 현재 폴란
드에서는 몇몇 정당이 연대를 계승했다고 주장한다. 2010년대 집권당
법과정의(PiS)는 민족주의와 보수주의를 표방하면서 연대 출신 인사들

의 업적을 축소하고 폴란드 대통령 재임 중 스몰렌스크 항공기 추락 사고로 죽은 레흐(1949~2010)와 폴란드에서 지대한 영향력을 가진 법 과정의 의장 야로스와프 카친스키 쌍둥이의 공로를 치켜세우려고 역사를 다시 쓰기 시작했다. 이것은 매우 효과적이어서 2010년대 후반 독립 노조 결성을 위해 협상하고 공산주의 정권에 도전했던 사람들의 이름은 물론 업적을 기억하는 사람은 거의 없었다.

타데우시 마조비에츠키

언론인이자 정치인으로 폴란드 총리(1989~1991)를 지낸 타데우시 마조비에츠키(1927~2013)는 1950년대 자유주의 가톨릭 언론인이었고, 1970년대 반공 노동운동가들을 옹호했으며, 1980년에는 그단스크 파업 노동자들을 도우며 폭넓은 지지를 얻어냈다. 1981년, 연대 신문 편집장이 되어 바웬사와 긴밀히 협력했다. 1989년, 원탁회의에 적극적으로 참여했고, 6월 선거에서 연대가 승리한 후 총리로 임명되었다. 자유시장 개혁을 도입했지만, 그로 인한 실업률 때문에 1990년 대통령 선거에서 낙선했다.

레흐 바웬사

연대 지도자(1980~1990)이자 폴란드 대통령(1990~1995)을 지낸 레흐 바웬사(1943년생)는 그단스크 조선소에서 전기공으로 일했다. 1980년 8월 조선소 파업 직전에 실직했지만, 파업에 합류하려고 담을 넘어와 파업 위원회를 이끌었다. 자유노조 연대가 설립되자 위원장이자 수석대변인이 되었다. 그리고 계엄령하에서 1년간 구금되었다가 1983년 노벨 평화상을 수상했다. 1989년, 상원의 선거 협상을 주도했지만, 연립정부 총리직을 거부했다. 1990년 대통령에 당선되어 시장 경제 도입을 감독했지만, 1995년과 2000년 재선에 실패했다. 2000년대 1970~1976년 비밀경찰의 정보원으로 일했다는 의혹이 제기되면서 바웬사의 명성은 크게 훼손되었다.

연표

1947년	폴란드가 공산주의 인민공화국이 되다
1955년	폴란드가 소련 주도 바르샤바조약기구에 가입하다
1970년	그단스크에서 식품 가격 인상에 항의하는 폭동이 분쇄되어 41명이 죽고, 에드바르트 기에레크가 공산당 제1서기가 되다
1978년	크라쿠프 추기경 카롤 보이티와가 교황 요한 바오로 2세로 선출되다
1979년	교황 요한 바오로 2세기 폴란드를 방문하다
1980년	
8월 14일	그단스크 조선소에서 소요가 발생하다
8월 18일	그드니아와 슈체친이 파업에 가담하다
8월 30일	정부가 연대를 독립 노조로 인정하다
1981년	계엄령이 선포되어 10,000명이 체포되고, 바웬사를 비롯한 연대 지도자들이 구금되다
1983년	계엄령이 해제되다
1989년	
2월	연대, 공산당, 교회 사이에 원탁회의가 시작되다
6월	선거에서 연대가 압승을 거두고 연립정부를 구성하는 데 일조하다
8월	타데우시 마조비에츠키가 총리에 취임하다
1990년	바웬사가 폴란드 대통령에 당선되고, 대규모 민영화를 포함한 시장개혁이 단행되다
1993년	개혁파 공산주의자들이 연립정부에 들어오다
1995년	대통령 선거에서 공산주의자였던 알렉산데르 크바시니에브스키가 레흐 바웬사를 꺾다

동유럽,
1989

블라디미르 티스마네아누·안드레스 가르시아

1989년은 1848년, 1968년과 마찬가지로 여러 나라에서 큰 시위가 일어나면서 자유주의적 변화가 급격하고 혼란스럽게 진행된 시기였고, 소련 진영의 중·동유럽 국가들이 바로 그 변화의 중심에 있었다. 미하일 고르바초프 서기장의 페레스트로이카(perestroika, 개혁)와 글라스노스트(glasnost, 개방) 정책으로 소련이 위성국 내정에 간섭할 능력은 급속도로 약해졌다. 1956년 부다페스트나 1968년 프라하에서 바르샤바조약기구가 반대 세력을 분쇄하려는 의지를 보여줬던 것과 달리, 국경에 소련 탱크가 배치되지 않자 동유럽 국가들은 1940년대 이후 처음으로 스스로 문제를 해결할 수 있게 되었다.

1989년, 폴란드, 동독, 헝가리, 체코슬로바키아, 루마니아에서 혁명이 일어났고, 대부분 최소한의 계획이나 지도부만 있는 상태에서 예기치 않은 최소한의 폭력으로 공산주의 정권을 몰아냈다. 또한 불가리아와 알바니아에서도 혁명이 발발했고, 유고슬라비아가 해체되기 시작했으며(1945년 이후 유럽 최대의 전쟁이 곧 일어났다), 그 후 2년 동안 소련이 무너지면서 14개 국가가 독립하고 러시아연방이 다당제 민주주의와 시장 체제로 전환했다.

정치와 무관한, 체코슬로바키아의 극작가 바츨라프 하벨이 스스로를 조국을 새로운 길로 이끄는 운동의 명목상 지도자라고 생각했던 것처럼 옛 체제에서 고초를 겪었지만 스스로를 정치적 행위자로 여기지 않았던 많은 지식인이 지도자가 되었다.

피터 퍼타도

2019년은 교황 요한 바오로 2세(재위 1978~2005)가 '기적의 해'라고 칭한, 동유럽에서 이념 중심의 공산주의 실험을 끝낸 정치적 사건이 일어난 지 30주년이 되는 해였다.

　　레닌주의가 꽤 견고해 보였던 이 지역에서 레닌주의가 붕괴한 것은 단 하나의 요인으로 이해할 수 없으며, 1989년 혁명은 굉장히 복잡하게 얽혀 있었다. 그러나 우리는 다음 세 가지 주제에 주목할 수 있다. 중·동유럽 사회주의 체제 몰락이 갖는 심오한 의미, 20세기 말 혁명의 본질, 시민 사회와 대중 지식인의 정치적 역할이다. 또한 공산주의가 붕괴한 후 초반기 자유주의 엘리트들의 소외, 이전 공산주의자들의 전향과 정부 요직으로의 복귀, 30년이 지난 지금까지도 이 지역 전체를 뒤덮고 있는 냉소주의 같은 당황스러운 현상에도 주목해야 한다.

　　중·동유럽의 공산주의 체제는 단순한 독재정권이 아니었다. 미국 사회학자 다니엘 치로가 말한 '확신에 따른 폭정'이었다. 즉, 노동자 계급의 전위로서 인류 보편적 해방의 임무를 유일하게 수행한다는 이념적·목적론적 주장에서 그 정당성을 얻었다. 이 레닌주의 체제는 역사가 자기편이라는 확고한 믿음과 함께 마르크스-레닌주의의 '성서'에서 그 정당성을 찾았지만, 이념적 신비가 더 이상 작동하지 않자 전체 구조가 흔들리기 시작했다. 어떤 의미에서 1989년 혁명은 아이러니하게도 상층부가 기존 방식대로 통치할 수 없게 되고, 기층부는 더 이상 이 통치방식을 받아들이려 하지 않으면서 혁명이 일어난다는 레닌의 유명한 말을 증명했다. 기존 체제의 근간을 공격하고 사회를 완전히 재편하려 했기 때문에 단순한 반란 그 이상이었다.

이념이 동기부여를 못하고 집권 사회주의 정당 유력 인사들이 마르크스주의에 확신을 잃자 레닌주의가 공약한 토대는 허물어졌다. 여기에는 고르바초프 효과가 작용했다. 1985년 3월, 미하일 고르바초프(1931~2022)가 소련 공산당중앙위원회 서기장으로 선출된 후 시작한 개방과 개혁 정책의 충격파는 국제 정세는 뒤집어놓았다. 이 정책을 계기로 중·동유럽에서 엄청나게 많은 공개적 저항과 정치 운동이 생겨날 수 있었다. 1987년까지 고르바초프의 동유럽 전략은 공산당이 특권을 잃지 않는 범위 내에서 체제 내부의 온건한 변화였지만, 1988년 이후 상황이 크게 바뀌었다. 고르바초프가 국제 정치에서 이념적 시각을 비난하고(탈이데올로기화), '계급 투쟁' 관점을 포기하면서 동유럽 국가들에 대한 소련의 원칙이 바뀌었다.

고르바초프라는 요인 그 자체는 공산주의 엘리트들이 자신감을 잃은 결과였다. 그러나 고르바초프는 동유럽의 해방자가 아니었고, 고의로 소비에트주의를 파괴하려 한 사람은 더더욱 아니었다. 처음에 그는 시스템을 파괴하기보다 복구하기 위해 권력을 사용했다. 그러나 개혁의 결과 일어난 많은 사건은 돌발적이고 예측 불가능했다. 소련 지도자가 품은 신레닌주의의 환상과 동유럽 국가들이 처한 현실 사이에는 거대한 골이 있었다. 1988년, 고르바초프는 무력을 사용하지 않고서는 바르샤바조약기구 국가들에서 레닌주의 체제가 유지될 수 없다는 사실을 인정했다. 그러나 전임자들과는 달리 그는 마지막 정치적 수단으로 탱크와 힘이 옳다는 레닌주의를 거부했다. 고르바초프는 게임 규칙을 근본적으로 바꾸었다. 그렇게 고르바초프와 그의 측근인 수석 이론가 알렉산드르 야코블레프(1923~2005), 외무장관 에두아르드 셰바르드나제(1928~2014)는 '신(新)사고 외교정책'을 주창했고, 덕분에 중·동유럽에서 정치적 실험의 선택지는 획기적으로 늘어났다.

　1989년 혁명은 6월 의회 선거에서 연대가 압승한 폴란드에서 시작되었다. 폴란드와 헝가리는 원탁회의를 통해 다당제 입헌 민주주의로 나아갈 수 있었다. 이어서 11월 9일 베를린 장벽이 무너지고 체코슬로바키아에서 벨벳 혁명이 일어났으며(11~12월), 12월 25일 루마니아 독재자 니콜라에 차우셰스쿠(1918~1989)와 그의 아내 엘레나(1916~1989)가 처형되면서 혁명은 절정에 달했다. 시민의 존엄성과 정치적 도덕성이 획일적 이념, 관료적 냉소주의, 경찰 독재에 맞서 승리를 거둔 놀라운 사건이었다. 개인의 자유에 근거해 사회 공학을 둘러싼 모든 이념적 방법에 회의적이었던 이 혁명은 시민이 중심이었고, 자유주의적이었으며, 비(非)유토피아적이었다. 전통적 혁명과 달리 이 혁명은 대부분 비폭력적이었고, 완벽한 사회를 구현하려는 이상주의에서 출발하지 않았으며, 전위를 자처하는 그룹의 역할도 거부했다. 어떤 정당도 대중의 자발적 활동을 지휘하지 않았다. 혁명의 초기 단계에서 정치 영역을 규정했던 전통적이고 경직된 이념 정당과 구분되는 새로운 정치 형태를 만들어야 한다는 주장이 있었다. 확실히 1989~1991년의 과정은 현재 시민 사회라고 부르는 그룹들, 예를 들어 폴란드의 연대 노조, 체코슬로바키아의 77헌장(1977년 체코슬로바키아 반체제 지식인들의 인권 선언문) 청원, 동독의 비공식 평화, 환경, 인권 단체,

헝가리의 민주야당 운동은 눈에 잘 띄지 않는 주변부에서 중요한 활동을 준비했다. 무엇보다도 이런 반대 운동은 정권과의 정면 대결을 피했다. 오히려 이들의 전략은 비폭력적이었고, 이념 정당이 지배하는 전체주의 국가에 대안으로서 점차 시민의 영역을 회복하는 데 중점을 두었다. 이런 방식 때문에 진정성, 투명성, 정중함, 선의에 바탕을 둔 '반(反)정치'는 권모술수의 관점과 반대되는 것으로 인식되었다.

지금은 소련 체제의 종말을 당연시하지만, 운명을 가른 그 몇 년 동안은 그렇게 될 가능성이 희박하거나 아예 없었다. 페렌츠 페헤르, 아그네스 헬러, 바츨라프 하벨, 아담 미흐니크, 바츨라프 벤다, 야체크 쿠론 같은 일부 반체제 사상가들은 소련 체제가 서서히 썩어가고 있으며 그 미래가 없다고는 생각했지만, 이들조차도 소련 체제가 갑자기 붕괴하리라고는 생각하지 않았다. 그런데 동유럽, 주로 중부 유럽 핵심 국가에서 일어난 격변은 기존 질서를 돌이킬 수 없게 만든 연이은 정치 혁명이 되었다. 일당 독재 체제 대신 다원주의 사회가 등장하면서 레닌주의 압제를 겪은 시민들은 인간과 시민의 중요한 권리를 회복하고 열린 사회 건설에 참여할 수 있었다. 이들은 중앙이 통제하는 계획 경제 대신 시장 경제를 만들기 시작했다. 정치적 다원주의, 시장 경제, 활기찬 시민 사회라는 세 가지 과제를 해결하려고 노력한 결과 일부 국가는 여느 국가보다 더 큰 성과를 거두었다. 이들 국가가 모두 제대로 된 자유민주주의 사회가 되지는 않았지만, 이념적 획일성, 정치적 강압, 인간의 욕구를 누르는 독재, 시민권 탄압에 기반한 레닌주의 체제는 모두 해체되었다.

공산주의가 몰락한 구조적 원인은 비슷했지만, 혁명의 역동성, 리듬, 방향성은 각국이 처한 상황에 따라 크게 달랐다. 1989년 이전 각국

공산당 내부 개혁주의 추세의 강도와 반체제 활동의 전통에 따라 나라
별 혁명은 차이를 보였다. 폴란드와 헝가리에서 혁명은 점진적이고 평
화롭게 진행되었고, 급진적 변화는 깨어있는 집권 엘리트들과 온건한
야당 대표들 간 협상을 통해 이루어졌다. 반면 체코슬로바키아와 동
독에서는 소련의 보호막이 사라지자 최고위층이 완전히 혼란에 빠졌
고, 당 조직은 무너졌다. 체코슬로바키아의 극작가이자 반체제 운동 지
도자 바츨라프 하벨(1936~2011)과 그의 동료 77헌장 활동가들이 보여
준 비공식 시민운동과 그 전략을 보면, 프라하와 브라티슬라바에서 일
어난 11월 벨벳 혁명이 왜 '벨벳같이 부드러운' 혁명이었는지 알 수 있
다. 이와 대조적으로 루마니아의 독재자 니콜라에 차우셰스쿠는 군대
와 비밀경찰을 동원해 티미쇼아라와 부쿠레슈티에서 반공 시위를 진
압했다. 오랫동안 세쿠리타테(Securitate, 비밀경찰)는 차우셰스쿠 개인 독
재에 반대하는 집단투쟁을 분쇄해왔다. 당 관료 조직으로부터 소외되
고 국제적으로 동서 양 진영으로부터 고립된 상태에서 고르바초프의
개혁(차우셰스쿠는 사회주의에 대한 반역이라고 공개적으로 비난했다)에 격노한
차우셰스쿠는 점점 더 변덕스러운 독재자가 되었고, 그의 아내 엘레나
는 정권의 이인자가 되었다. 그 결과 1989년 12월 22일, 부쿠레슈티와
여러 대도시에서 대규모 소요 사태가 일어나면서 차우셰스쿠는 제거
되었다. 그러나 그의 후계자들은 반공·시민 민주주의자나 친서방 자유
주의자가 아니라 차우셰스쿠 시절 당과 정부의 관료들이었다. 이들은
곧바로 구국전선을 결성해 새 정치지도부를 만들고, 혁명의 기대감을
키우며 자유주의 이상을 실현하고자 하는 시민 자유주의 정치 운동과
정당이 부상하는 것을 막으려고 전력을 다했다. 루마니아가 공산주의
과거와 결별하기를 바라는 이들과 권위주의 복고 정책을 원하는 차우

셰스쿠 후계자들 간 갈등이 점점 더 심해지면서 루마니아 정치에서 분쟁, 의심, 대립은 계속되었다.

이 사건들의 의미, 시민 사회의 부활에서 반체제 인사들의 역할, 공산당 패권의 쇠퇴를 다룬 방대한 문헌이 나왔다. 처음에는 대개 공산주의 정권의 붕괴와 아래로부터의 시민운동에서 반체제 인사들의 역할을 높이 평가했다. 혁명의 물결에 환호하는 글들이 넘쳐났고, 이 사건을 1848년 '민족의 봄'과 비교하기도 했다. 영국 학자 티모시 가튼 애쉬는 〈뉴욕 리뷰 오브 북스〉에 기고한 글에서 이 사건을 흥미진진하게 설명했고, 『환등기』(1990)라는 한 권의 책으로 엮었다. 혁명은 인간의 운명을 통제하려는 급진적 집단주의에 맞서 자유민주주의 가치가 결국 승리했음을 확인시켜준 사건으로 세계적 민주화 물결의 일부로 보는 견해가 우세했다. 그러나 혁명의 흥분에 사로잡혀 관찰자들은 대부분 이 반공 운동의 다양성을 간과했다. 결정적으로 동유럽 반공 혁명에 내재해있던 비자유주의와 신(新)권위주의에 주목한 분석가는 거의 없었다. 레닌주의를 거부했다고 해서 모두 자유주의 가치 위에 세워진 열린 사회를 꿈꾸지는 않았다. 포퓰리스트 근본주의자, 종교 광신자, 비민주적 공산주의 성향의 정권으로 돌아가기를 바라는 혁명가도 있었다. 1990년대 초, 공산주의 이후 시대는 온갖 위협이 가득했다. 1989년 혁명의 결과 만연한 신구 포퓰리즘과 민족주의는 유고슬라비아를 비롯한 많은 지역에서 피비린내 나는 민족 분쟁과 사회 불안을 야기했다. 이런 정치는 좌파도 우파도 아니기에 이념과는 거리가 멀었다. 오히려 권력자의 욕구와 변덕에 따라 정책이 선택되었다. 엘리트들은 장기적으로 어떤 결과를 가져올지 전혀 고려하지 않은 채 민족주의적이고 여론을 조작하는 정치 구호를 내걸었다. 공산주의 이후 첫 10

년 동안 이런 유형의 정부(정도의 차이가 있지만, 크로아티아, 에스토니아, 헝가리, 루마니아, 슬로바키아에서 볼 수 있는)가 인기를 얻고 출현하면서 정치학자 랄프 다렌도르프가 표현한 두려움을 확증하는 듯했다.

> 가장 큰 위험은 어쩌면 다른 종류의 위험일 것입니다. 파시즘이라는 단어를 쓰기 망설여지지만, 머릿속에서 지우기 힘듭니다. 즉, 우리 편에 속한 사람과 그렇지 않은 사람 사이에 냉혹한 경계를 긋는, 향수를 자극하는 공동체 이념과 한 사람 또는 운동이 새롭게 독점하는 정치, 그리고 선택의 자유보다 조직과 동원을 우선시하는 풍조가 결합한 것입니다.『유럽 혁명에 관한 고찰』(1990)

공산주의 이후 정치 역학 관계에서 또 다른 중요한 요소는 혁명이 시민과 도덕을 강조하는 단계가 끝났다는 인식과 함께 약탈형 정치, 즉 권위주의 관료제가 권력을 공고화하려 한 점이었다. 비판적 지식인들은 도덕적 권위를 상당 부분 상실한 듯 보였고, 쓸모없는 사람 혹은 구제 불능의 몽상가라고 공격받기도 했다. 루마니아에서 이것은 어느 정도 사실이었다. 공산주의 정권이나 다원주의에 반대하는 공산주의 정권의 후계자들과 유착한 과두재벌이 지배하는 언론은 친서방·자유주의·반전체주의 성향의 지식인들을 맹비난했다. 신권위주의 정치가 억누르려는 다원주의를 상징하는 지식인들의 지위는 매우 위태로웠다. 정치적 무관심이 만연한 상황에서 신뢰받는 지식인들이 절실했고, 사회적·정치적 중용을 지키는 데 이들의 목소리는 중요했다. 이들은 시민들에게 집단 히스테리를 지양하고, 헌법적 합의의 필요성을 알리며, 예측 가능한 정치 절차를 따르는 문화를 만들자고 당부할 수 있는 몇 안 되는 사람들이었다.

이 지역 국가들은 대부분 파시즘과 공산주의라는 두 종류의 전체주의를 모두 경험해서 민주주의 전통의 부재뿐만 아니라 20세기 끔찍한 사건에 대한 기억도 극복해야 했다. 공산주의 체제가 저지른 범죄를 강조하고 상세히 기록한 시민 운동과 학술 논문이 있었지만, 레닌주의 통치 아래서 자행된 학대와 잔학 행위가 국내외에서 완전히 인정받기까지는 아직 갈 길이 멀다. 1989년 이후 기이한 기억상실증 때문에 전체주의 시대의 교훈이 묻혀버렸다고 볼 수 있다. 극복하지 못한 20세기 과거 때문에 중·동유럽 국가들은 폭력적 전체주의, 기억, 민주주의 사이의 논리적 연관성을 인정하지 못한다. 슈타지(Stasi, 동독 비밀경찰) 기록보관소 연방 담당관이었고, 그 후 독일 대통령이 된 요아힘 가우크(1940년생)는 "충격적 과거와 화해하는 것은 … 단순히 슬퍼하는 것만이 아니라 토론과 대화를 통해서도 이루어질 수 있다"고 주장한 바 있다. 이 관점은 진정한 화해의 중요성을 강조하며, 과거를 심판하거나 '과거를 하나씩 처리하는' 과정으로 이해된다. 이 과정이 없으면, 기억의 영역은 역사적 사건에 대해 위험하고 이념에 치우친 왜곡된 해석에 노출될 수 있다.

이런 상황을 고려할 때 과거 전체주의와 현재 반민주주의 세력을 부정적으로 대조해 새로운 정체성을 확립할 수 있다. 따라서 새로운 정권이 과거를 기억할 때는 역사적 진실을 파악하고 그 역사를 공식적으로 인정하는 윤리적 틀을 기준으로 삼아야 한다. 이런 윤리적 틀은 침묵과 죄책감이 가진 파괴력을 없앨 수 있다. 지난 몇 년 동안 중·동유럽에서 벌어진 일련의 사건들을 보면, 공유된 과거에 대해 도덕적으로 합의가 되어야만 진정한 민주주의가 실현될 수 있다. 실제로 공산주의 이후 정치의 기반이 된 과거가 모호할수록 신낭만주의 포퓰리즘 신화를 지지하는 사람들은 더욱더 공격적이고 열광적이며 편협해졌다.

민주주의에 도전하고 다원주의 헌법 모델을 불편해하는 것은 레닌주의 과거뿐만 아니라 공동선과 집단 정체성에 대해 여러 비전과 상징이 충돌하는 것을 극복하고, 새로운 국가를 정당화해야 하는 더 큰 문제와도 관련이 있다. 동시에 공산주의 이후 중·동유럽 국가들은 제2차 세계대전 후 충격적 과거를 극복해 지속 가능한 민주주의 사회를 만들고 초국가적 유대를 형성한 서유럽의 사례에서 교훈을 얻었다. 고난의 역사는 부정적 유산을 남기기도 하지만, 민주적 통치를 세우고 지키는 동기가 될 수도 있다. 따라서 중·동유럽이 아우슈비츠와 소련의 강제노동수용소 굴라크에 대한 기억을 인정하고 가르친다면, 20세기 전체주의 체제에서 잃어버린 사회적 가치와 정치 문화를 정착시키는 데 도움이 될 수 있다. 2000년대 초반, 중·동유럽에서 혁명을 겪은 대부분 국가들이 유럽연합에 가입한 일은 자유주의 정당과 단체에 중요한 원동력과 동기가 되었다. 정치선동가들은 인권을 존중하고 보호하려는 유럽연합에 책임을 지게 되었다. 하벨이 한때 군사적·정치적 동맹뿐만 아니라 문명적 동맹이라고 부른 나토가 동유럽으로의 확장하는 것도 마찬가지라고 할 수 있다.

마지막으로 1989년 혁명은 세계의 정치·경제·문화 지도를 근본적으로 바꾸어놓았다. 레닌주의의 이념적 지배에 대한 대중의 불만에서 촉발된 혁명으로 민주적 참여와 시민운동이 재발견될 수 있었다. 수십 년 동안 국가가 대중의 영역을 침범했지만, 이 혁명으로 정부와 개인의 영역이 다시 분명하게 구분되었다. 그리고 정치적·시민적 권리의 중요성이 강조되면서 자유민주주의 가치를 행사할 수 있는 공간이 생겼다. 일부 국가에서 이 가치는 열린 사회의 제도가 안전하게 확립될 수 있는 헌법의 토대가 되었다. 그 외 국가에서 다원주의에 대한 언급은 다소 피상적 수준에 머물러 있다. 그러나 발칸반도처럼 민주주의로의 이행에 실패한 곳에서도 의심, 공포, 대중의 절망 위에 자리 잡았던 옛 질서는 완전히 사라졌다. 즉, 이런 이행의 최종 결과를 아직 알 수 없지만, 혁명은 레닌주의 체제를 해체하고 동유럽 국민이 자신의 운명을 결정할 때 자유롭게 참여할 수 있는 가장 중요한 임무를 달성했다.

바츨라프 하벨

세계적으로 유명한 체코의 극작가이자 체코슬로바키아(1989~1992)와 체코공화국(1993~2003)의 대통령을 지낸 바츨라프 하벨(1936~2011)은 오랫동안 공산주의 정권에 반대했다. 1968년 프라하의 봄에서 활약했고 ― 그 후 하벨의 희곡은 상연이 금지되었다― 77헌장 운동과 함께 활동했다. 그로 인해 4년간(1979~1983) 투옥되었다. 1989년 정권을 타도하려는 반체제 인사들의 연합인 시민포럼의 설립을 돕고, 그 후 지도자가 되었다. 11월, 10일간 시위 끝에 체제가 붕괴하자, 내키지 않았지만 자연스럽게 대통령으로 선출되었고, 1990년 체코슬로바키아를 선거로 이끌었다. 최우선적으로 이전 체제가 투옥한 수감자들을 대거 사면했다. 1992년, 슬로바키아가 독립('벨벳 이혼')을 추진하자 사임했지만, 형식적 역할을 하는 대통령으로 재선되었다. 또한 바르샤바조약기구 해체에 적극적이었고, 조국을 나토에 가입시켰다.

요제프 언털

헝가리 총리(1990~1993)를 지낸 요제프 언털(1932~1993)은 역사 교사이자 박물관 관장이었다. 1980년대 중반 헝가리민주포럼(MDF)에 참여했고, 민주주의로 이행하기 위한 회의에서 대표단을 이끌었다. 1990년, 첫 자유 의회 선거에서 헝가리민주포럼을 이끌고 총리가 된 후 정치 안정과 문화의 연속성을 중시하는 중도 보수우파 노선을 취했지만, 국영기업을 외국인 투자자에게 매각했다. 재임 시절 반유대주의를 대하는 태도에 의문이 제기되었고, 임기 중에 죽었다.

연표

1988년

12월 7일	고르바초프가 동유럽에서 소련군 철수를 발표하다

1989년

2월 3일	체코슬로바키아에서 소련군이 철수를 개시하다
2월 6일	연대와 폴란드 정부가 원탁회의를 시작하다
4월 25일	소련군이 헝가리를 떠나기 시작하다
5월 2일	헝가리가 오스트리아와의 국경 펜스 '철의 장막'을 철거하다
6월 4일	폴란드 선거에서 연대가 압승하고, 같은 날 베이징 톈안먼 광장에서 민주화를 요구하는 시위대 1,000명 이상이 학살당하다
7월 7일	고르바초프가 바르샤바조약기구 지도자들이 사회주의를 스스로 선택할 수 있게 하다
8월 23일	에스토니아, 라트비아, 리투아니아에서 200만 명이 '인간 사슬'을 만들다
8월 24일	1948년 이후 동유럽 최초로 폴란드에서 비공산주의 정부가 집권하다
9월	동독인 약 2만 명이 체코슬로바키아와 폴란드를 거쳐 오스트리아로 탈출하다
9월 10일	헝가리가 오스트리아와의 국경을 개방해 동독인의 탈출을 돕다
10월 7일	헝가리공산당이 사회당으로 이름을 바꾸다
11월 4일	동베를린에서 큰 시위가 발생하다
11월 9일	베를린 장벽이 열리다
11월 10일	불가리아에서 토도르 지프코프가 사임하다
11월 17일	프라하에서 평화적 시위가 강제 진압되고, 벨벳 혁명이 시작되다
11월 19일	체코슬로바키아에서 바츨라프 하벨이 시민포럼을 결성하다
11월 24일	체코슬로바키아 정치국이 물러나다
11월 25일	체코슬로바키아에서 열린 시민포럼에 80만 명이 참가하다
12월 3일	동독 정부가 물러나다
12월 10일	체코슬로바키아에 비공산주의 정부가 들어서다
12월 17일	군과 경찰의 단속에 이어 폭력 사태가 루마니아를 휩쓸다
12월 25일	루마니아에서 니콜라에 차우셰스쿠와 그의 아내 엘레나가 처형되다
12월 29일	바츨라프 하벨이 체코슬로바키아 최초로 민주적 대통령이 되다

1990년

10월 3일	독일이 다시 통일되다
12월 9일	레흐 바웬사가 폴란드 대통령에 당선되다

1991년

6월	크로아티아와 슬로베니아가 유고슬라비아로부터 독립을 선언하고 내전이 발발하다
12월	소련이 해체되다

남아프리카공화국: 아파르트헤이트의 종식,

1990~1994

툴라 심슨

1980년대 말과 1990년대 초, 남아프리카공화국에서 일어난 혁명은 40년 이상 계속된 인종차별적이고 불공정한 아파르트헤이트 체제를 해체하고, 여러 인종을 포용하는 '무지개 국가', 민주적 남아프리카공화국을 탄생시켰다. 이 과정은 1955년 자유헌장에 그 목표가 명시된 민족민주 혁명으로 알려졌다. 폭력이 만연할 것이라는 예언과 달리 양대 정당이 합의한 협상과 대화가 신중하게 진행되어 혁명은 비교적 평화롭게 마무리되었다.

2004년, 아프리카민족회의(ANC)는 스스로를 사회민주주의 정당으로 선언했지만, 전부터 무장 조직 ―1961년에 설립된 움콘토웨시즈웨(Umkhonto we Sizwe)는 직전까지 폭력을 포기하지 않았다― 이 있었다는 점에서 혁명을 지향했다. 아프리카민족회의는 생산 수단을 공공이 소유하고 자본주의를 뛰어넘어 궁극적으로 공산주의를 실현하려는 공산당과 밀착했고, 이 공산당 비전은 민족민주 혁명 프로그램의 핵심이었다.

1990년 출소 후 넬슨 만델라가 당면한 과제는 아프리카민족회의 여러 파벌의 기대를 충족시키면서 국제 정세에 대처하는 것이었다. 남아프리카공화국의 아파르트헤이트는 제2차 세계대전 후 아프리카에서 팽창하는 소련 세

력에 맞서 서방의 이익을 지키는 요새로 생각되었기에 냉전이 끝나고 소련이
붕괴하자 더는 쓸모가 없어졌다. F. W. 데클레르크가 분명히 이해했듯이 남아
프리카공화국은 언제까지고 다수결 원칙을 거부할 수 없었다. 그러나 협상을
성공시켜 혁명을 달성하기까지는 위태롭고 복잡하며 세심한 연출이 필요했
고, 그 때문에 이 사건은 '혁명'으로 불린다.

피터 퍼타도

1948년 남아프리카공화국 선거에서 '아파르트헤이트'를 내세운 국민
당(NP)이 승리하면서 남아프리카공화국의 정치적 갈등은 더욱 격화될
조짐을 보였다. 그 후 몇 년 동안 관습으로 유지되던 다양한 형태의 인
종 격리가 법에 따라 엄격하게 시행되었고, 더욱 엄중한 보안 법규가
마련되었다. 1912년에 결성된 아프리카민족회의를 중심으로 한 다인
종 동맹은 아파르트헤이트에 맞서 저항을 이끌었다. 1952년, 이 동맹
이 '부당한 법에 맞선 저항 운동'을 펼치자 다음 해 계엄령이 선포되고,
시민 불복종에 가담한 활동가들을 기소하는 법안이 제정되었다. 이런
금지 조치 때문에 아프리카민족회의는 대중 시위를 철회하고 아파르
트헤이트 이후 남아프리카공화국의 미래를 제시하는 선언문에 민의를
수렴하려고 전국 운동에 착수했다. 1955년 6월, 인민회의에서 합의된
자유헌장에는 10개의 큰 표제 아래 정치적·사회적·경제적·문화적 평
등을 요구하는 내용이 명시되었다. 이에 맞서 1956년 12월 남아프리카
공화국 정부는 자유헌장을 정부를 전복시키고 공산주의 사회를 수립
하려는 음모로 간주해 활동가 141명을 체포했다.

1961년 3월, '반역 재판'에서 마지막 피고인들에 대한 기소가 기각되었을 때(혐의에 대한 증거가 너무 허술한 것으로 판명되었다) 아이러니하게도 동맹 안의 많은 활동가는 무장 투쟁을 계획하기 시작했다. 1960년 3월 21일 샤프빌 학살이 전환점이었다. 그 후 비상사태가 선포되고 아프리카민족회의와 범아프리카회의(PAC, 1959년 결성되어 샤프빌 학살을 초래한 통행법에 반대하는 행진을 조직했다)의 활동이 금지되었다. 비상사태는 1960년 8월에 종료되었지만, 이 과정에서 동맹 안에 무장 조직을 결성하는 것이 처음으로 진지하게 논의되었다. 논의 결과 1961년 12월 넬슨 만델라(1918~2013)를 초대 총사령관으로 하는 움콘토웨시즈웨가 탄생했다.

1994년 6월 인터뷰에서 남아프리카공화국방위군(SADF) 사령관을 지낸 콘스탄드 빌욘(1933~2020)은 1970~1980년대 케냐의 마우마우(Mau Mau)부터 로디지아와 포르투갈제국의 백인 정착민과 식민 지배에 반대하는 반란까지 '아프리카에서 일어난 거의 모든 혁명전쟁 사례'를 연구했다고 회고했다. 이 연구를 통해 그는 남아프리카 분쟁이 "결코 군사적 전쟁만으로 끝나지 않을 것"이며, 결국 비군사적 요인으로 결판이 날 것이라고 결론을 내렸다. 따라서 그는 상관들에게 "군사적 측면에서 장기전은 해볼 만하지만, 남아프리카공화국의 심리적 측면을 고려했을 때 장기전은 불가능합니다"라고 직언했다.

1989년 9월, F. W. 데클레르크(1936~2021)가 남아프리카공화국 대통령에 선출되었다. 1990년 2월 2일, 그는 남아프리카공화국 의회 개원 연설에서 "수십 년 동안 갈등과 긴장, 폭력 투쟁에 휘말려" 희생된 남아프리카공화국 국민 숫자를 언급하면서 전쟁의 심리적 측면에 주목했다. 그리고 "침묵하는 다수"가 "폭력의 악순환에서 벗어나 평화와 화해로 나아가기"를 바란다고 주장했다. 취임식에서 그는 "협상 과정에서 가장 심각한 장애물에 주의를 기울이겠다"는 공약을 상기하며, 협상에 필요한 여러 조치를 발표할 수 있으며, 그중에서도 "아프리카민족회의, 범아프리카회의, 남아프리카공산당(SACP) 및 여러 하부조직에 대한 활동 금지를 철회한다"고 밝혔다. 이로써 "공공질서를 위협하지 않으면서 남아프리카공화국의 정치과정을 정상화"할 수 있다고 생각했다. 그는 1989년 동유럽에서 공산주의가 붕괴해 남아프리카공화국 경찰이 전면 금지하지 않고 억제할 수 있을 정도로 공산주의 관련 조직들이 약해졌다고 지적했다. 그리고 개헌 협상을 위한 "의제가 열려 있다"고 선언하면서 "넬슨 만델라가 중요한 역할을 할 수 있다"고 덧붙였고, "정부는 만델라를 무조건 석방하는 결단을 내렸다"고도 강조했다.

데클레르크는 개혁 패키지 덕분에 해금된 운동들이 "더 이상 폭력을 계속할 합당한 이유가 없다"고 했지만, 27년간 감옥에 있다가 2월 11일 석방된 만델라는 그날 저녁 케이프타운 그랜드퍼레이드 광장에서 열린 첫 공개 연설에서 개혁이 충분하지 않다고 말했다. 그는 1961년 움콘토웨시즈웨를 만들어야 했던 상황은 "지금도 그대로"라고 주장했다. 특히 1989년 아프리카민족회의가 협상에 강경한 태도를 밝힌 '하라레 선언'을 언급하며, 정부에 "비상사태를 즉각 종료하고 모든 정치범을 석방하라"고 촉구했다.

과거부터 이어진 다양한 갈등이 계속되는 가운데 여러 세력의 이해관계를 조정해야 해서 개헌 협상은 좌절될 수 있었다. 1990년, 남아프리카공화국에서 발생한 정치적 폭력은 크게 세 가지였는데, 국가와 아프리카민족회의를 지지하는 지역사회 간 갈등, 아프리카민족회의의 무장 투쟁, 아프리카민족회의와 인카타자유당(IFP) 간 폭력이었다. 이런 갈등이 계속되면서 평화 회담과 개헌 협상이 분리되었고, 개헌 협상은 그 시작이 2년 가까이 지연되었다.

5월 케이프타운 흐로터스휘르 저택에서 아프리카민족회의와 정부 간 첫 회의가 열렸다. 그 결과 '흐로터스휘르 의사록'에서는 양측이 "어느 쪽이든 폭력과 협박이 난무하는 현 상황"에 대처하고, "안정과 평화로운 협상을 위해 최선을 다한다"는 내용이 담겼다.

정부가 보기에 아프리카민족회의의 무장 투쟁은 협상 분위기 조성에 큰 걸림돌이었다. 7월, 더반에서 아프리카민족회의 지하 조직원 2명이 체포되면서 문제가 불거졌고, 아프리카민족회의가 남아프리카공화국 지하에 정치-군사 지휘 체계를 구축하려고 1986년 개시한 '불라 작전'이 폭로되었다. 1990년, 로니 카스릴스, 맥 마하라즈, 시피웨 냔다는 불라 작전 내부 지휘관으로 남아프리카공화국에서 활동했다.

아프리카민족회의가 여전히 흐로터스휘르 의사록을 준수한다는 만델라의 선언이 있어야만 8월 6~7일 회의가 진행될 수 있었다. 회의가 끝날 때 발표된 '프리토리아 의사록'에서는 정부가 나탈에서 비상사태 해제를 '고려'하고(6월에 다른 3개 주에서는 비상사태가 해제되었다), 9월부터 정치범을 '추가 석방'하기로 약속하는 대가로 아프리카민족회의는 '무장 행동과 그와 관련된 문제'를 전부 중단하기로 하면서 하라레 선언을 벗어나 통 큰 양보를 했다.

나탈에서 비상사태가 계속된 까닭은 1980년대 중반부터 1990년까지 이미 5,000명 이상의 사망자를 낸 아프리카민족회의와 인카타자유당 간 갈등 때문이었다. 프리토리아 회의가 열리기 며칠 전인 7월 22일 세보켕에서 열린 인카타자유당 집회에서 아프리카민족회의를 지지하는 마을 주민들과 폭력 사태가 발생해 분쟁 지역이 급속도로 확대되었다. 아프리카국민회의-인카타자유당 충돌은 트란스발로 옮겨갔다. 그리고 프리토리아 회의 며칠 후, 토코자에서 충돌이 발생하면서 트란스발 폭력 사태는 발트라이앵글에서 란드로 번졌다.

　　프리토리아 의사록에 따라 설립된 실무 그룹은 9월까지 무장 투쟁 중단이 무엇을 의미하는지 설명해야 했다. 그러나 트랜스발 폭력 사태로 보복이 이어지는 가운데 1991년 2월이 되어서야 D. F. 말란 협정에서 무장 투쟁 중단이 남아프리카공화국 내 모든 공격과 침투, 새로운 지하 기지 건설과 군사 훈련의 중단을 의미한다고 밝혔다. 데클레르크 대통령은 이 협정이 개헌 협상의 시작을 공식적으로 알리는 신호탄이 될 것이라고 선언했다. 그러나 정치적 폭력은 이런 희망을 다시 한번 꺾어버렸다.

　　1991년 5월, 아프리카민족회의는 폭력 문제에 대처하는 정부와의 회담에서 물러난 뒤 계속되는 갈등을 해결하려고 교회에 중재를 요청했다. 그 결과 9월에 교회와 재계가 중재해 국가평화협정이 체결되었고, 정치 단체 27개가 정치적 폭력을 제한하는 행동 강령에 합의했다. 협정이 체결된 후에도 폭력은 다시 급증했지만, 협정을 계기로 12월 20~21일 민주남아프리카회의(CODESA) 첫 회의와 함께 개헌 협상이 시작될 수 있었다.

　　정치적 폭력 문제가 해결되지 않았는데도 개헌 협상을 추진하기로 한 것은 협상의 두 주역(즉, 아프리카민족회의와 국민당은 국민 대다수의 지지를 받고 있다고 주장할 수 있었다)이 각자 나름대로 1990년 데클레르크가 시작한 프로세스를 성공시켜야 했기 때문이었다. 1994년, 데클레르크는 대통령 임기 5년이 끝나가자 새로운 남아프리카공화국을 위한 협상을 시작해야만 했다.

데클레르크가 취임한 후 1992년 초까지 치러진 10번의 보궐선거에서 지지율 7%가 정부의 협상 정책을 거부한 야당 보수당(CP)으로 이동했다. 1992년 2월 포체프스트룸(트랜스발) 보궐선거에서 보수당이 승리하자 데클레르크는 그해 3월 17일 "1990년 2월 2일, 국가의 대통령이 시작해 협상으로 새 헌법을 제정하는 개혁을 계속하는 것에 찬성합니까?"라는 질문으로 백인만의 국민투표를 시행했다. 결과는 68.6%의 '예'였다.

1991년 12월, 민주남아프리카회의는 1992년 중반 협상이 재개될 때 협상을 저해할 만한 사안을 보고하는 실무 그룹 5개를 만들었다. 모두 5월 15일로 예정된 협상에 앞서 관련 보고를 마쳤지만, 개헌안 통과에 필요한 의결정족수 문제 때문에 제2실무 그룹은 난항을 겪었다. 의결정족수로 아프리카민족회의는 2/3를, 국민당은 3/4을 요구했다.

이 문제 때문에 제2차 민주남아프리카회의가 결렬되었다. 아프리카민족회의와 그 동맹들은 국민당이 해방 운동의 요구를 따르도록 대규모 행동 계획인 '출구 작전'을 채택했다.

하지만 이튿날 저녁, 발트라이앵글 보이파통 마을에서 인카타자유당을 지지하는 숙소 직원들이 마을 주민 40여 명을 살해하는 사건이 발생하면서 출구 작전은 순식간에 묻혀버렸다. 보이파통 사건으로 개헌 회담으로 전환하는 와중에도 폭력 문제가 해결되지 않았다는 점이 드러났다. 며칠 후 만델라는 아프리카민족회의가 협상에서 탈퇴한다고 발표했다. 이 과정에서 그는 유엔의 개입을 촉구했다. 며칠 후 정부는 부트로스 부트로스-갈리(1922~2016) 유엔 사무총장을 남아프리카공화국에 초청했다. 이것은 전환점이 되었다. 7월 16일, 유엔 안보리 결의안 765호가 통과되었고, 이 결의안은 '폭력을 효과적으로 끝내고 협상 여건을 조성하는 데 필요한 조치'를 권고하기에 앞서 남아프리카공화국을 방문할 특사를 임명하도록 유엔 사무총장에게 촉구했다.

부트로스-갈리가 선택한 특사는 사이러스 밴스(1917~2002)였다. 7월 21일, 남아프리카공화국에 도착한 밴스는 마지막 정치범들(가장 민감했던 이 범주에는 비무장 민간인을 살해한 사건에 연루된 자들이 있었다)을 석방하려고 아프리카민족회의와 정부 간 회담을 주선했다. 이로써 제2차 민주남아프리카회의 이후 처음으로 양측이 다시 만났고, 공식 개헌 회담 재개를 가로막는 장애물을 없애려고 아프리카민족회의의 사무총장 시릴 라마포사(1952년생)와 정부의 헌법개발부 장관 로엘프 메이어(1947년생) 사이에 직접적 논의가 시작되었다.

이 회담을 계기로 9월 26일 데클레르크와 만델라가 임시 정부와 의회의 필요성을 재확인하는 '양해각서'에 서명하는 한편, 남아프리카공화국 정부는 아프리카민족회의의 나머지 수감자들을 석방하고, 폭력에 연루된 이주노동자 숙소를 폐쇄하며, 행진 시 위험한 무기 휴대를 전면 금지하겠다고 약속했다.

개헌 회담 재개에 필요한 이 양해각서에도 1992년 초부터 회담이 중단된 상태라서 회담이 재개되려면 거물이 움직여야 했다. 1992년 10월, 남아프리카공산당 지도자 조 슬로보(1926~1995)는 안정적 이행을 보장하기 위해 선거 이후 아프리카민족회의가 권력 분점, 공무원과 보안군의 고용 안정, 정치 범죄에 대한 사면 등을 보장하라고 제안했다. 이전까지 아프리카민족회의는 민주적 선거 후에도 아파르트헤이트 인사와 조직을 그대로 두는 것을 극렬히 반대했기 때문에 이 문제는 중요했다. 슬로보의 제안은 결국 11월 25일 아프리카민족회의 전국집행위원회가 승인한 문서에 반영되었다.

　1992년 12월, 다자간 협상 재개를 위해 아프리카민족회의와 국민당 간 양자 회담이 시작되었다. 1993년 2월 12일, 회담은 1994년 4월에 선거를 하고, 그 후 5년간 국민 통합 차원에서 권력 분점 정부를 수립하기로 하면서 절정에 달했다. 이로써 협상에서 가장 중요한 두 정당 간 합의가 이루어졌다.

　이 합의 후 1993년 4월 1일 다자간 협상이 재개되었다. 백인 우익 민병대는 이 협상을 필사적으로 방해하려 했다. 4월 10일, 아프리카민족회의와 남아프리카공산당의 주요 인물인 크리스 하니(1942~1993)가 복스부르크 자택 밖에서 보수당과 아프리카너저항운동(AWB) 소속 야누슈 발루쉬에게 살해당했다. 그러나 회담은 계속되었다. 협상단이 선거일을 정하기로 한 6월 25일, 아프리카너저항운동 민병대가 협상이 진행 중인 세계무역센터를 습격했다. 협상은 다시 진행되었고, 결국 1994년 4월 27일이 선거일로 결정되었다. 9월에는 선거일까지 남아프리카공화국을 이끌 과도집행위원회(TEC)에 대한 합의가 이루어졌다. 이어 11월에는 선거 이후 남아프리카공화국의 과도 헌법과 최종 헌법에 합의했다. 1993년 12월 7일, 처음으로 과도집행위원회가 열리면서 협상 자체는 종료되었고, 남아프리카공화국은 다수결 원칙으로 이행하기 시작했다.

　따라서 1992년 9월 26일 양해각서 체결은 중요한 전환점이었다. 당시에는 그렇게 보였다. 며칠 후, 명목상의 흑인 자치국 3곳, 보푸타츠와나, 시스케이, 콰줄루의 지도자 루카스 망고페(1923~2018), 우파 고조(1952년생), 망고수투 부텔레지(1928년생)가 모여 남아프리카우려그룹(COSAG)을 만들었다. 백인 우익 보수당과 아프리카너인민전선도 여기에 합류했다. 남아프리카우려그룹은 흑인 자치국 지속과 백인 자치국 건설을 허용하는 '연방주의'를 지지했다. 1993년 10월, 남아프리카우려그룹 회원들은 헌법 합의에 반대해 '자유동맹'을 재결성했다.

1994년 초, 자유동맹 회원들은 도미노처럼 무너졌다. 가장 먼저 무너진 쪽은 보푸타츠와나였다. 보푸타츠와나 내각이 선거 불참을 발표하자 주요 도시 음마바토와 마피켕에서 공무원들이 시위를 일으켰다. 3월 10일, 루카스 망고페는 콘스탄드 빌룬 전 남아프리카공화국방위군 최고 사령관이 이끄는 아프리카너인민전선에 병력 보강을 요청했다. 그러나 규율이 엉망인 아프리카너저항운동도 출동해 다음 날 새벽 음마바토에서 약탈자들은 물론 보행자들에게도 총격을 가했다. 이들을 몰아내려고 보푸타츠와나 군대와 경찰이 집결했다. 아프리카너저항운동의 낙오자 3명을 처형하는 텔레비전 영상은 백인 우익 세력의 군사적 패배를 상징적으로 보여주었다. 빌룬은 12일 선거 참여를 발표하면서 그를 곤경에 빠뜨린 아프리카너저항운동을 맹렬히 비난했다.

그다음 주 시스케이의 우파 고조는 연금 보장을 걱정하는 공무원과 군인들이 시위가 일으키자 사임했다. 이제 콰줄루와 인카타가 남았다. 4월 14일 아프리카민족회의와 인카타자유당이 합의에 실패하고 헨리 키신저와 영국 캐링턴 경 등 외교관들이 대부분 떠나면서 국제적 중재는 실패한 것처럼 보였다. 그러나 케냐 외교관 워싱턴 오쿠무 (1936~2016)가 남아있었고, 15일, 망고수투 부텔레지를 만났다. 오쿠무는 부텔레지에게 선거 후 남아프리카공화국 국가가 전폭적으로 지지하는 아프리카민족회의가 투쟁에 다시 합류할 테니 시간이 지날수록 부텔레지에게 불리하다고 솔직히 말했다. 그렇게 논쟁은 일단락되었다. 부텔레지는 콰줄루의 수도 울룬디로 돌아와 다른 인카타자유당 당원들과 상의했다. 4월 19일, 부텔레지, 만델라, 데클레르크는 연방주의와 줄루족 왕의 헌법적 지위 문제를 선거 후 국제적 중재에 맡기는 조건으로 인카타의 선거 참여를 규정하는 합의서에 서명했다.

사상 최초로 모든 남아프리카공화국 국민에게 투표권을 부여한 선거는 4월 27일 본 투표와 하루 전 특별 투표로 진행되었다. 아프리카민족회의는 62.65%, 국민당은 20.3%, 인카타는 10.5%를 득표했고, 2.5%를 넘긴 다른 정당은 없었다. 5월 9일, 새로운 의원들이 선서를 하고 다음 날 넬슨 만델라가 45개국 정상과 공식 대표단 140여 명 앞에서 남아프리카공화국 대통령으로 취임했다.

1993년 협상이 타결되면서 서로 얽힌 정치적 폭력 문제가 최종 해결되었다. 무엇보다도 협상으로 선거일을 확정했고, 1994년 4월 27일 선거일이 다가오자 합의에 마지막까지 반대한 세력의 저항을 제압할 수 있었다. 선거에서 배제된다는 생각에 보푸타츠와나에서는 민중 혁명이 일어났고, 망고페를 지지하려는 시도가 실패하자 백인 우익 세력은 투표 참여 문제를 놓고 갈라졌다. 연금에 대한 불확실성 때문에 시스케이의 공무원들도 행동에 나섰다. 마지막으로, 자유동맹의 가장 강력한 구성원이었던 인카타자유당은 점차 고립되었고, 곧 남아프리카공화국 국가의 모든 권력을 차지할 아프리카민족회의를 상대해야 한다는 사실에 전의를 상실했다.

남아프리카공화국의 권력 이동은 해방 투쟁 과정에서 아프리카민족회의가 정의했던 혁명은 아니었다. 1992년, 슬로보는 어느 쪽도 권력 투쟁에서 승리하지 못했으므로 협상 테이블에서 상대방의 항복을 기대할 수 없었고, 따라서 타협은 불가피했다고 강조했다. 1992~1993년에 타결한 합의 내용을 실천하려고 아프리카민족회의가

한 양보는 '역사적 타협'으로 알려졌다.

　　1994년 이후 처음 몇 년 동안 혁명 투쟁으로 집권하지 못했다고 아쉬워하는 사람들이 있었지만, 이들은 인종을 막론하고 많은 시민이 인종과 부족 간 내전을 간신히 피했다는 사실에 안도한다는 점을 분명히 알아야 했다. 그러나 남아프리카공화국 민주화의 '기적'에 환호하는 분위기는 오래가지 않았고, 타협의 장점이 무엇이었는지 의문이 제기되었다. 그러나 이런 비판에는 중요한 것이 빠져 있었다. 협상 타결에 반대한 주된 근거는 '연방주의'였다. 그러나 민주주의로 이행하면서 연방주의 주장은 점차 약해졌다. 다수가 지배하면서 농촌 지역에서 백인 우익 세력의 정치적 지배는 완전히 끝났고, 전국 투표에서 인카타자유당의 점유율도 점차 낮아졌다. 민주화 이후 10년도 안 된 시점에서 남아프리카공화국이 인종차별 없는 단일 국가라는 개념에 반대하는 세력은 더 이상 존재하지 않았다. 따라서 민주화된 남아프리카공화국은 아파르트헤이트 체제가 결코 가질 수 없었던 정치적 정당성을 대다수 국민으로부터 신속하게 얻을 수 있었다.

　　그러나 사회경제적 문제, 특히 빈곤층의 계속된 어려움 그리고 합의와 화해를 중시한 나머지 자유헌장이 구상했던 급진적 변화의 가능성을 차단한 타협의 방식에 비판이 집중되었다. 이런 비판은 정치적 우파보다 좌파에서 나왔다.

　　민주화 이후 민주주의 국가는 점점 쇠약해지는 조짐을 보였다. 2004년 선거 이후 주민들이 수도, 전기, 주택 등의 공급을 요구하는 '서비스 제공' 시위가 등장했다. 이 시위는 경찰과의 폭력 충돌로 이어져 아파르트헤이트 말기와 비슷한 장면을 연출했다. 2009년, 제이콥 주마(1942년생)가 대통령으로 당선되면서 남아프리카공화국 정치 어휘

집에는 '국가 포획'이라는 또 다른 용어가 추가되었다. 그러나 그 와중에도 아프리카민족회의는 선거 때마다 과반을 차지했다.

이런 민주화를 비판하는 좌파는 아파르트헤이트 이후 남아프리카공화국이 '시한폭탄' 위에 앉아있다고 표현한다. 빈곤, 불평등, 분배, 부패에 대해 누적된 불만으로 헌법상 문제가 다시 제기되고, 그로 인해 민주 국가가 정당성을 잃게 될지 민주화 이후 남아프리카공화국이 당면한 핵심 과제다.

넬슨 만델라

다인종 민주 남아프리카공화국의 초대 대통령(1994~1999) 넬슨 만델라 (1918~2013)는 템부족 마디바 족장의 아들이었다. 법학을 공부한 후 1944년 아프리카민족회의에 가입했다. 1952년, 올리버 탐보와 함께 남아프리카공화국 최초의 흑인 법률사무소를 열고 통행법 반대 운동을 벌였다. 1955년에 민주주의를 요구하는 자유헌장 초안 작성에 참여했다. 1956년, 반역죄로 기소되었으나 결국 무죄를 선고받았다. 1960년, 샤프빌 학살 이후 비폭력을 포기하면서 사보타주 행위를 옹호하고 아프리카민족회의의 무장 조직 움콘토웨시즈웨를 창설했다. 1963년, 재판을 받고 종신형을 선고받았다. 국제적으로 반(反)아파르트헤이트 운동의 중심이었고, 1980년대 말 정부와의 예비협상에 참여했다. 1990년 2월 석방되어 1991년 아프리카민족회의 의장이 된 후 데클레르크 대통령을 만나 남아프리카공화국을 다인종 민주주의로 이행시키기 위한 협상을 주도했다. 두 사람은 1993년 노벨 평화상을 공동으로 수상했다. 1994년 선거 이후 대통령이 되어 아파르트헤이트 폐지를 주도했다.

조 슬로보

리투아니아 태생 변호사이자 남아프리카공화국공산당 총서기를 지낸 조 슬로보(1926~1995)는 아프리카민족회의 전국집행위원회의 첫 백인 위원(1985)이었다. 넬슨 만델라의 대학 시절 친구로서 1950년대 활동이 금지된 공산당과 함께 일하며 자유헌장 초안 작성과 움콘토웨시즈웨 설립을 도왔다. 1963~1990년 망명 생활을 하다가 만델라가 석방된 후 귀국했다. 그 뒤 협상에 이바지했고, 최초의 다인종 정부에서 근무했다.

연표

1948년	아프리카너 국민당이 총선거에서 승리해 아파르트헤이트 법을 도입하다 (1949~1953)
1949년	올리버 탐보, 월터 시술루, 넬슨 만델라가 아프리카민족회의 지도자가 되다
1955년	아프리카민족회의, 남아프리카인도인회의(SAIC) 등 단체가 인민회의를 결성하고 자유헌장을 채택하다
1960년	범아프리카회의가 통행법 반대 운동을 개시해 군중은 체포되어 시스템을 무력화시키려고 통행허가증을 불태우다
3월 21일	요하네스버그 인근 샤프빌 경찰서에서 경찰이 군중에게 발포해 69명이 죽고, 범아프리카회의와 아프리카민족회의의 활동이 금지되어 만델라를 비롯한 지도자들이 체포되다
1961~1963년	아프리카민족회의와 범아프리카회의가 폭탄 공격과 사보타주 등 폭력 저항을 승인하다
1964년	만델라와 시술루가 반역죄로 종신형을 선고받고 로벤섬에 수감되다
1973년	유엔 총회에서 아파르트헤이트가 반인도적 범죄로 선언되다
1983년	모든 인종을 포괄하는 600개 단체가 아파르트헤이트에 대한 저항 운동을 내부에서 조율하고자 통일민주전선을 결성하고, 1955년 자유헌장을 지지하다
1986년	남아프리카공화국이 짐바브웨, 잠비아, 보츠와나를 침공해 아프리카민족회의 기지를 공격하고, 미 의회는 경제제재를 가하다
1989년	F.W. 데클레르크가 대통령이 되고 시술루를 석방하다
1990년	
2월 11일	만델라가 석방되다
1991년	새 헌법 제정을 위한 논의가 시작되다(민주남아프리카회의)
1992년	아프리카민족회의가 일방적으로 무장 투쟁을 중단하고, 국민투표에서 백인 유권자 2/3는 개혁을 선택하다
1993년	만델라와 데클레르크가 노벨 평화상을 공동 수상하다
1994년	
4월 26~29일	남아프리카공화국 최초의 다인종 선거에서 만델라가 대통령이 되다
1995년	의회가 '진실과 화해 위원회'를 설립하다
1996년	새 헌법이 승인되다

우크라이나: 오렌지 혁명,
2004~2014

야로슬라우 흐리차크

20세기 후반과 21세기 초반에는 색깔 혁명으로 불린 새로운 형태의 혁명이 등장했다. 이들은 보통 평화적 시위대를 상징하는 색상이나 식물 이름을 따왔다. 조지아의 장미 혁명(2003), 키르기스스탄의 튤립 혁명(2005), 가장 중요한 우크라이나의 오렌지 혁명까지 모두 구(舊)소련 공화국에서 일어났다. 각각 민중이 기존 정권을 타도했지만, 이 사건이 진정한 혁명이었는지 또는 중대한 사회 변화를 가져왔는지 의문을 제기되기도 한다.

민중의 직접 행동으로 민주주의를 강화하려 했던 이 사건들과 러시아, 쿠바, 중국 등지에서 구조적 불평등을 해소하려 했던 마르크스주의 혁명 사이에는 공통점이 거의 없어서 일부 평론가들은 혁명을 새로 설명하려 한다. 한 분석에 따르면, 과거 후진국에서 급격한 근대화의 결과로 부(富)가 확산하고 자유주의 가치가 대두되면서 젊고 교육받은 중산층이 근대화에 실패했다고 생각하는 부패한 기존 엘리트들과 충돌해 이런 혁명이 일어난다. 이런 사건의 효시는 1968년 미수로 끝난 학생 혁명으로 알려졌지만, 1989년 이후 동유럽에서 일어난 변화를 계기로 이런 사건들은 일상이 되었다.

우크라이나는 오랜 민족정체성을 가진 문화권으로서 20세기 내내 러시아와 소련의 지배자들에게 골칫거리였고, 민족과 민족주의적 열정, 여러 지역의 문화적·정치적 분열, 유럽연합과 푸틴의 러시아 간 지정학적·이념적 긴장의 최전선에 놓인 위치 때문에 그 역사가 더 복잡해졌지만, 위에서 말한 혁명의 대표적 본보기가 될 수 있다.

피터 퍼타도

2004년 말, 우크라이나 대통령 선거에서 퇴임하는 레오니드 쿠치마(1938년생) 대통령이 지지한 빅토르 야누코비치(1950년생) 총리가 친서방 성향의 빅토르 유셴코(1954년생) 후보를 근소한 차이로 누르고 당선되었다. 그러나 만연한 부패와 부정선거 의혹을 제기하는 시위와 파업으로 수도 키이우는 몇 주간 마비되었다. 결국 우크라이나 대법원은 선거를 무효로 판결했고, 2004년 12월 재선거에서 유셴코가 손쉽게 승리했다. 이 평화로운 혁명은 유셴코 지지자들이 주황색 옷을 입어서 '오렌지 혁명'으로 명명되었다.

2010년, 야누코비치가 대통령에 당선되었고, 러시아와 더 가까워지려고 유럽연합과의 협력 협정을 보류하자 2013년 11월, 대통령의 사임 및 정부의 부패와 인권 유린 중단을 요구하는 새로운 시위가 발생했다. 2014년 2월, 경찰이 시위를 진압하려고 폭력을 사용해 시위대 100명 이상이 죽었다. 평화 협정이 체결된 후 야누코비치는 러시아로 도주했다. 차기 정부는 강력한 친유럽연합 노선을 취했지만, 많은 사람, 특히 동부 우크라이나는 이 혁명을 쿠데타로 규정했다. 2014년 3월, 러시아가 개입해 크림반도를 합병하면서 우크라이나는 전쟁에 휩싸였다.

2004년 사건과 유로마이단으로 알려진 2013~2014년 시위는 놀라울 정도로 비슷했다. 두 시위 모두 11월 말에 시작되어 키이우 '독립광장'(속칭 마이단)에서 열렸고, 악당은 똑같이 빅토르 야누코비치였다. 또, 두 시위 모두 핵심은 청년과 중산층이었고, 이들은 대부분 키이우와 우크라이나 서부 출신이었다.

오렌지 혁명은 전체적으로 평화로웠지만, 2014년 2월 18~20일, 유로마이단 시위에서는 시위대 100명이 죽었다. 그래도 두 시위 모두 유혈 사태는 적은 편이었다. 폭력을 촉발한 것은 2014년 1월 16일 의회에서 통과된 시위 금지법 때문이었다. 이 법으로 시민들의 시위는 불법화되었고, 보안군이 발포하는 사태가 벌어졌다.

이런 시위와 비슷한 사건이 과거에도 있었다. 1990년, 우크라이나 소비에트사회주의공화국 각료회의 의장의 사임을 요구하며 학생들이 단식 투쟁에 들어갔다. 당시 키이우와 르비우(우크라이나 서부 주요 도시)의 청년들이 이 시위를 조직했으며, 마찬가지로 마이단(당시 10월 혁명광장)이 시위 장소였다. 이 단식 투쟁은 '화강암 위의 혁명'으로 불렸다. 소련 역사상 최초로 고위 관료가 대중 시위의 압력을 못 이기고 사임해서 어떤 의미에서 이 파업은 혁명이었다. 그리고 1990년에 파업을 조직한 사람 대부분이 이후의 오렌지 혁명과 유로마이단에도 참여했다.

그러나 이 사건들 모두 체계적 정치 변화를 끌어내지는 못했고, 과연 이 사건들을 혁명이라고 부를 수 있는지 의구심도 제기되었다. 예를 들어, 미국의 분석가 폴 퀸-저지는 다음과 같이 평가한다.

유로마이단은 안타깝게도 혁명이 아니었다. 유로마이단은 무자비하고 잘 무장된 정부군에 맞서 저항한 영웅적이고 결연한 집단행동이었다. 우크라이나, 러시아, 폴란드의 표준 사전에서 정의하는 혁명은 근본적 변화와 새로운 체제의 창출을 강조하기 때문에 확실히 유로마이단은 혁명이 아니었다. 우크라이나에서 시위대는 정권의 최상층을 도려냈지만, 구조는 대부분 그대로 남겨두었다.

나는 오히려 유로마이단이 오렌지 혁명과 매우 비슷한 혁명이었다고 생각한다. 1917년 혁명과는 그 성격이 달랐지만, 20세기 후반 새로운 기준에 부합하는 혁명이었고, 21세기 초 이와 유사한 사례들이 많았다.

오렌지 혁명이 시작되기 3년 전 2001년 9월 12일, 오랫동안 우크라이나 여론을 조사해온 우크라이나 사회학자 예브헨 홀로바하와 그의 연구팀이 1990년대 후반에 발견한 우크라이나 최신 경향을 발표하는 자리에서 나는 오렌지 혁명에 대해 처음 들었다. 우크라이나인들에게 경제 상황이 전년도에 비해 어떻게 변했는지 물었을 때, 대부분 더 나빠졌다고 대답했다. 그러나 전년도에 컴퓨터나 자동차를 샀는지, 휴가를 다녀왔는지, 아파트를 샀는지 물었을 때, 더 많은 사람이 '예'라고 대답했다. 두 응답 모두 사실이었지만, 컴퓨터, 자동차, 휴가를 더 이상 특별한 것이 아니라 당연한 것으로 생각했다. 이런 대답에서 기본 욕구가 이미 충족된 새로운 중산층이 출현했고, 이들에게는 더 높은 목표가 있다는 것을 알 수 있었다. 홀로바하는 일단 이런 계층이 등장하면, 급진적 정치 변화, 어쩌면 혁명까지도 각오해야 한다고 결론을 내렸다.

당시 나는 혁명에 회의적이었다. 몇 달 전 우크라이나에서는 권위주의적이고 부패한 레오니드 쿠치마 대통령 정권에 반대하는 대규모 시위가 벌어졌지만, 아무 성과도 거두지 못하는 바람에 패배감이 팽배했다. 혁명은커녕 새로운 시위가 일어날 가능성도 희박해 보였다. 그러나 1년 만에 '우크라이나여, 일어나라!'라는 새로운 대규모 시위가 일어났고, 3년 후에 오렌지 혁명이 시작되었다.

홀로바하의 주장은 1968년 5월 프랑스를 마비시킨 학생 시위와 파업을 연구하려고 그해 파리를 방문한 미국의 사회학자 로널드 잉글하트(1934~2021)의 주장과 비슷했다. 파업 참가자들이 마르크스주의 구호를 사용해서 잉글하트는 시위가 계급 갈등의 표출이라고 생각했다. 그러나 한 달 후 치러진 선거에서 노동자 계급은 대부분 드골의 여당에 투표했다. 시위대를 지지한 측은 주로 중산층 유권자들이었다. 잉글하트는 두 그룹을 모두 인터뷰했다. 노동자 계급 응답자들은 물질적 관심사, 특히 급여를 압도적으로 많이 언급했다. 중산층 응답자들은 더 자유롭고 인간다운 사회를 원한다고 답했다. 잉글하트는 이 인터뷰를 바탕으로 1968년 파리 사태가 가치관 갈등이라는 가설을 세웠다. 기본 욕구가 충족되면 사람들, 특히 젊은이들은 자기표현을 위해 노력한다. 이들은 일반적으로 기성세대로 대표되는, 기득권층이 부과하는 제한에 저항한다.

잉글하트는 그의 가설을 검증하려고 처음에는 서유럽 국가를 대상으로, 나중에는 전 세계를 대상으로 대규모 설문조사를 실시했다. 공산주의가 붕괴하자 그는 러시아와 우크라이나 등 구공산권 국가로 조사를 확대했다. 그의 〈세계 가치관 조사〉에 따르면, 전 세계적으로 젊은이들은 물질주의(생존)에서 탈물질주의(자기표현)로 가치관이 변한 것으로 나타났다. 1960년대 서방에서 괄목할 만한 경제 성장의 결과 이런 변화가 시작되었다. 이것은 공업 경제에서 탈공업(서비스) 경제로의 전환과도 관련이 있었다. 잉글하트는 이 변화를 '조용한 혁명'이라고 불렀다. 일단 조용한 혁명이 시작되면 민주주의가 존재하지 않는 곳에서는 민주주의에 대한 요구가 점점 더 강해지고, 민주주의가 존재하는 곳에서는 민의에 신속하게 응답하는 민주주의에 대한 요구가 더 거세진다고 예상할 수 있다.

오렌지 혁명과 더 나아가 유로마이단은 이런 경향을 반영했다. 경제 상황이 호전될 때 청년과 중산층이 참여해 오렌지 혁명과 유로마이단이 시작되었다. 실제로 2004년 야누코비치는 오렌지 혁명에 대해 "이게 무슨 혁명이야?"라고 화를 내며 물었다. 경제 상황이 눈에 띄게 개선되었기에 왜 혁명 같은 시위가 일어났는지 이해할 수 없었다.

잉글하트는 또한 탈물질주의 가치관으로 옮겨가는 데 최소한의 민주주의가 필요하다고 결론을 내렸다. 이것은 다시 우크라이나의 상황을 반영한다. 1990년대 초부터 우크라이나에서는 민주적 선거로 주기적으로 권력이 교체되었다. 불완전한 민주주의였지만 작동했고, 다음 선거에서 전세가 역전될 수 있다는 암묵적 합의가 있어서 선거의 승자는 패자를 탄압하지 않았다.

이 원칙을 깨려는 시도가 두 번 있었다. 첫 번째 시도는 2004년 임기가 끝날 무렵 레오니드 쿠치마 대통령이 빅토르 야누코비치 총리를 후계자로 지명하려 했을 때였다. 쿠치마는 1999년 옐친이 푸틴을 차기 러시아 지도자로 지명한 것을 따라 하려 했다. 민주주의를 훼손하려는 두 번째 시도는 야누코비치가 2010년 대통령 선거에서 승리한 후 최대 정적 율리아 티모셴코를 투옥했을 때였다. 그러나 우크라이나 권력 엘리트들이 이런 권위주의 시나리오를 시도할 때마다 그들은 2004년과 2013~2014년 혁명으로 '응징'을 받았다.

우크라이나 서부는 제2차 세계대전이 시작될 때까지 소련이 아니었기 때문에 다른 구소련 공화국들처럼 소비에트화되지 않았다. 고도로 공업화되고 러시아어를 사용하는 동부 우크라이나와 달리, 대부분 농업에 종사하는 서부 우크라이나는 우크라이나어는 물론 러시아와 소련 이전에 오스트리아, 헝가리, 폴란드, 체코슬로바키아의 지배를 받았던 기억이 선명했다. 1944~1949년에는 반소(反蘇)민족주의 게릴라 저항 운동도 있었다.

동서 분열은 우크라이나 정치의 고질적 요소로서 다양한 문제를 일으키지만, 이 지역주의 덕분에 우크라이나는 권위주의에 굴복하지 않을 수 있었다. 2010년까지 우크라이나에서는 서부의 크라우추크와 유셴코, 동부의 쿠치마와 야누코비치가 대통령에 당선되었다. 그러나 어느 쪽도 다른 쪽의 강한 저항을 무릅쓰고 독단적으로 국가를 운영할 수 없었다.

2000년대 제3의 중부 우크라이나가 등장했다. 이곳은 서부 우크라이나처럼 민족주의적이지도 않고, 동부처럼 친러시아적이지도 않다. 또한 농업도 공업도 아닌 서비스 부문이 중심이고, 2000년대 이후 우크라이나 국내총생산을 견인하고 새로운 중산층이 등장하는 데 크게 기여했다. 또, 이 새로운 우크라이나는 이중 언어를 구사한다. 수도 키이우가 대표적이다. 제3의 우크라이나가 등장하면서 정치 지형은 복잡해졌고, 권위주의 정권이 들어설 가능성은 점점 더 희박해졌다.

그 밖에 역사도 중요했다. 우크라이나 역사가들은 러시아와 우크라이나의 근본적 차이가 경제, 언어, 문화에 있지 않고, 정치적으로 서로 달랐던 국가와 사회 관계에 있다고 주장한다. 즉, 18세기 러시아의 지배가 확립되기 전까지 우크라이나는 그 영토가 대부분 가톨릭 유럽과 연결되어있었고, 유럽의 사회적·문화적 흐름과 함께했다.

우크라이나 역사에는 혁명이 많다. 1648~1656년, 우크라이나 코사크가 큰 혁명을 일으켜 동유럽의 정치 지형을 재편했다. 그리고 오스트리아 갈리시아(이후 서부 우크라이나)는 1848년 혁명의 영향을 직접 받았으며, '민족의 봄'이 도달한 가장 먼 동쪽 지역이었다. 1917~1920년, 우크라이나 땅에서 볼셰비키를 불안하게 했던 민족 혁명과 농민 혁명이 일어났다. 그리고 1930년, 소비에트 우크라이나에서는 스탈린의 집단농장화에 반대하는 대규모 농민 봉기가 있었으니 이것은 지난 1917~1920년 혁명의 영향이었다. 1945년 이후 소비에트 우크라이나는 고분고분해진 것 같았다. 그러나 겉만 그러했다. 우크라이나는 여전히 소련의 약점이었다. 1944~1949년, 우크라이나 서부의 민족주의 게릴라전은 1956년 부다페스트 봉기 전까지 동유럽에서 가장 큰 반공 저항 운동이었다. 1968년, 체코슬로바키아에서 프라하의 봄이 일어났을 때, 소련 지도자들은 이 혁명을 진압하지 못하면, 우크라이나마저 잃을 수 있다고 두려워했다.

이렇게 우크라이나 혁명들은 모두 유럽이 거대한 위기를 맞이했을 때 일어났으며, 서쪽 국경에 가까울수록 저항은 더 강렬했다. 이것은 1848년과 1968년 혁명, 1930~1940년대 봉기에서도 마찬가지였다. 공산주의가 붕괴할 때도 1990년 서부 우크라이나는 비교적 자유로워진 첫 번째 선거에서 반공 야당을 뽑았다. 혁명의 오랜 역사에서 1989~1991년은 최초의 비이념적·비폭력 혁명이었다. 이웃 폴란드와 달리 우크라이나의 반공 야당은 많은 대중을 동원하지도 집권하지도 못했다.

그런데도 1989~1991년 사건은 1968년 사건과 몇 가지 공통점이 있었다. 당시 소련 당국이 특히 우려했던 지역은 서부 우크라이나와 동부 우크라이나 공업 지대 돈바스였다. 20년 후, 이 두 지역은 다시 반소 세력의 중심지가 되었다. 또, 이 두 사건에는 전국 단위 소규모 젊은 지식인 그룹이 공통으로 등장한다. 서방 청년들처럼 이들은 '60년대 세대'로 불리며 소련의 이념과 문화의 한계를 넘어 자아실현을 위해 노력했다. 20년 후, 이 지식인들은 1989~1991년 소비에트 우크라이나에서 가장 큰 반체제 조직 우크라이나인민운동(Rukh)을 이끌었다. 1968년에 60년대 세대, 서부 우크라이나, 돈바스는 서로 협력할 수 없었지만, 20년 후에는 할 수 있었다. 하지만 이 연합은 공산주의 엘리트들을 권좌에서 끌어내릴 만큼 강력하지 못했고, 1991년 우크라이나가 독립을 선언한 후 과거 동맹이었던 서부 우크라이나와 돈바스가 서로 적대 관계로 돌아서면서 분열되었다. 그러나 1991년 이들이 연합했을 때 우크라이나의 독립은 순조롭게 진행되었다.

1989~1991년 사건에서는 우크라이나의 미래에 혁명이 어떤 역할을 할 것인지 토론이 있었다. 이 토론은 북아메리카와 서유럽(소련의 숨 막히는 이념적 상황 때문에 우크라이나 안에서는 이런 토론이 이루어질 수 없었다)에 거주하는 우크라이나인들 사이에서 벌어졌다. 여기에는 두 그룹이 있었다. 한 그룹은 소련 중심부 권력에 대항하는 대규모 민족 봉기가 일어나면 독립이 이루어진다고 생각한 우크라이나 민족주의자들이었다. 이들은 특히 1917~1920년 대중 혁명과 전후 우크라이나 서부의 민족주의 게릴라 봉기에 영감을 받았고, 기회가 주어진다면 이런 경험을 재현할 수 있다고 믿었다. 1940년대 민족주의 지도자 스테판 반데

라(1909~1959)는 이를 '반체제 저항이 아닌 민족 혁명'이라고 간결하게 표현했고, 나머지 수단은 고려하지도 않았다. 다른 한 그룹은 자유주의 지식인들이었다. 그 수는 적었지만, 분석은 훨씬 더 정교했다. 자유주의 지식인들은 우크라이나의 독립이 민족 혁명이 아니라 붕괴할 운명에 처한 소련 체제 전체가 바뀌면서 달성될 수 있다고 생각했다.

1989~1991년 사건을 보면, 자유주의자들이 옳았다. 그러나 독립된 우크라이나에서 민족주의자들은 투쟁에서 승리하거나 피를 흘리지는 않았으므로 진정한 독립이 아니라고 생각했다. 이들은 첫 번째 마이단(2004년)이 2010년 야누코비치의 복귀와 함께 실패했다는 사례를 들어 무혈 혁명은 가치가 없다고 주장했다.

이런 의미에서 유로마이단은 달랐다. 폭력으로 얼룩진 사건이었기 때문에 우크라이나 민족주의자들은 유로마이단을 진정한 민족 혁명으로 생각했다. 아이러니하게도 서방의 많은 좌파 및 좌파 자유주의자들도 같은 의견이었다. 이들은 반데라 같은 우크라이나 민족주의자들이 유로마이단을 이끌었으므로 이 사건을 민족주의 혁명으로 생각했다. 러시아는 이런 시각을 극단적으로 과장해 유로마이단을 파시스트 같은 민족주의자들이 서방의 지원을 받아 수행한 쿠데타라고 선전했다.

유로마이단의 민족적 성격이나 민족주의 그룹의 역할을 부정할수는 없다. 그러나 이것만 강조한다면 반쪽짜리 진실일 뿐이다. 유로마이단이 성공하는 데 민족주의자들이 필요했지만, 민족주의자들만으로 유로마이단이 성공할 수는 없었다. 몇 달 후 의회 선거에서 민족주의자들은 겨우 1%의 지지율을 얻었다. 2014년까지만 해도 시 의회 의석의 과반수를 차지했던 르비우에서도 그다음부터는 대패했다.

민족주의는 여론을 결집하는 강력한 힘이며, 민족적 성격을 가진 혁명은 그렇지 않은 혁명보다 성공할 가능성이 더 커 보인다. 유로마이단 시위대는 야누코비치를 크렘린의 꼭두각시로 생각해서 푸틴의 러시아 정권에 맞서 싸웠다. 그러나 유로마이단은 새로운 중산층 혁명이기도 했다. 이런 점에서 월스트리트 점령(2011), 아랍의 봄(2011), 모스크바 볼로트나야 광장(2011~2013), 이스탄불 탁심 광장(2013) 시위와도 비슷하다. 유로마이단은 성공했지만, 다른 운동은 실패했다는 점이 달랐다.

2014년 2월 말과 3월 초, 중대한 시기에 소셜 네트워크에서 유로마이단 지지자와 반대자가 지도상으로 구분되었다. 크림반도와 돈바스를 제외한 우크라이나어와 러시아어 사용 지역에서는 모두 유로마이단 지지자가 우세했다. 당시 소셜 네트워크 사용자들은 대부분 대학 교육을 받은 청년들이었으므로 젊은 세대가 유로마이단을 지지했다고 볼 수 있다.

첫 번째 마이단은 유셴코를 정점으로 엄격한 위계질서가 있었다. 그의 카리스마 넘치는 지도력이 없었다면 오렌지 혁명은 일어나기 힘들었을지도 모른다. 반면 유로마이단은 강력한 위계질서가 없었고, 지도자들은 조연에 머물렀다. 이런 차이는 산업화 이후 사회의 많은 계층, 특히 청년들 사이에 평등주의 사고가 자리 잡았음을 보여준다.

2019년, 우크라이나는 또 한 번의 정치적 격랑을 겪었다. 대통령 선거와 의회 선거 결과 우크라이나의 옛 정치 엘리트와 쿠치마 치하에서 자란 중년 세대가 물갈이되었다. 오렌지 혁명의 영웅이자 반역자였던 유셴코와 야누코비치는 사라진 지 오래였다. 율리아 티모셴코는 2010년과 2014년 대통령 선거에서 패배했고, 그의 정당은 의회에서 소수로 전락했다. 유로마이단 이후 대통령이 되었고, 2014년에도 압승했던 페트로 포로셴코(1965년생)는 2019년에 굴욕스럽게 패배했다.

승자는 새로운 대통령 41세의 볼로디미르 젤렌스키(1978년생)와 그의 정당 '인민의 종'이었다. 2014년 포로셴코처럼 젤렌스키도 압승을 거뒀지만, 그 결과는 훨씬 더 인상적이었다. 새로 당선된 의원 절반 이상이 45세 미만이었고, 언론인, 스포츠맨, 유명인이 대거 포함되었다. 이 결과는 새로운 중산층과 제3의 우크라이나에 관한 가설의 타당성을 입증하는 듯했다.

2019년 선거 결과는 '선거의 마이단'이라고 불렸고, 경제 상황이 나아지는 가운데 이런 결과가 나왔다. 물론 이런 변화의 혁명적 성격을 부정하는 견해도 있지만, 이런 견해는 새삼스럽지 않다. 우크라이나 혁명에 대한 의구심은 모든 혁명을 의심하는 역사 서술의 한 유형이다. 우리는 지금 '혁명 속의 혁명'을 마주하고 있다. 즉, 진정한 혁명이 무엇인지 우리의 생각 안에서 혁명이 일어나고 있는 것이다.

빅토르 유셴코

우크라이나 대통령(2005~2010)을 지낸 빅토르 유셴코(1954년생)는 1993년부터 우크라이나 중앙은행 총재를 맡아 통화발행을 감독했다. 1999년, 총리로 임명되어 금융 개혁에 착수했지만, 인기가 올라가자 2001년 쿠치마 대통령에 의해 해임되었다. 그리고 주황색을 상징으로 택한 야당 연합 '우리 우크라이나'를 창당했다. 2004년, 처음 출마한 대통령 선거에서 패배했으나, 부정선거 의혹을 둘러싼 대규모 시위가 일어나 선거 무효가 된 후 2004년 12월에 열린 재선거에서 승리했다. 대통령 재임 기간은 가시밭길이었고, 2006년 야누코비치가 총리가 된 후에는 총리에게 권한을 상당 부분 넘겨야 했다.

율리아 티모셴코

우크라이나 사업가이자 총리(2005, 2007~2010)를 지낸 율리아 티모셴코(1960년생)는 1990년대 초 가스 회사에서 큰돈을 벌었다. 1999년 유셴코 총리의 장관이 되었고, 그 후 유셴코의 '우리 우크라이나'에 합류해 오렌지 혁명에서 두각을 나타냈다. 2005년 총리로 임명되었지만, 부패 스캔들 때문에 사임해야 했다. 2007년, 다시 총리로 임명되자 유셴코 대통령의 권위에 직접 도전하며 더욱 친러 노선을 취했다. 2010년 대통령 선거에서 야누코비치에게 패한 후 곧바로 야누코비치 대통령에 의해 총리직에서 해임되었다. 2011년 직권남용 혐의로 기소되어 징역 7년을 선고받았지만, 2014년 유로마이단 혁명으로 석방되었다.

연표

1921년	러시아 적군(赤軍)이 우크라이나의 2/3를 정복하면서 우크라이나 소비에트사회주의공화국이 수립되고, 서부 1/3은 독립한 폴란드 일부가 되다
1932~1933년	스탈린이 몰고 온 공포와 기근이 우크라이나를 덮쳐 수백만 명이 아사하다
1941년	독일군이 우크라이나에 들어오다
1942년	우크라이나반란군(UPA)이 창설되어 소련과 나치 양측 군대와 전투를 벌이다
1943년	소련군이 키이우를 다시 점령하다
1945년	소련이 우크라이나 서부를 합병하다
1954년	소련 지도자 니키타 흐루쇼프가 크림반도를 우크라이나에 양도하다
1988년	유명한 작가와 지식인들이 우크라이나 인민운동을 설립하다
1990년	학생 시위와 단식 투쟁으로 비탈리 마솔 정부가 무너지다
1991년	우크라이나가 소련으로부터 독립을 선언하다
1996년	
6월 28일	레오니드 쿠치마 대통령이 의회에서 새 헌법을 통과시키다
1999년	빅토르 유셴코가 총리가 되어 추락하는 우크라이나 경제를 반등시키다
2000년	유셴코가 국가 관료 조직을 축소하고, 기업 규제를 완화하며, 민영화를 촉진하고, 사유지 시장을 만들며, 감세 및 세금 징수 개선 계획을 승인받다
2001년	시위대 50만 명이 쿠치마의 사임을 요구하다
2002년	쿠치마가 빅토르 야누코비치를 총리에 임명하다
2004년	
11월	공식집계에서 야누코비치가 대통령 선거에서 승리하지만, 참관인들이 널리 행해진 부정투표를 보고해 패배한 유셴코 후보가 거리 시위와 시민 불복종 운동을 개시하다
12월	유셴코가 재선거에서 1위를 차지하고, 의회는 정치 위기를 타개하고자 선거법과 헌법 개정안을 채택하다
2005년	나토가 우크라이나의 군사 개혁 추진을 지원하기로 약속하다
2006년	오렌지 혁명을 이끈 정당들이 연립정부를 구성하고, 야누코비치는 총리로 지명되어 나토 가입 신청을 보류하다
2010년	야누코비치가 대통령 선거에서 승리하다
2013년	키이우와 여러 도시에서 유럽연합과의 협력 협정을 중단하는 정부 결정에 항의하는 대규모 시위가 발생하다

2014년

1월   야누코비치가 반정부 시위를 규제하는 법안을 의회에서 통과시키자 야당이 반발하다

2월   친서방 성향의 우크라이나인 7만 명이 키이우에 모여 러시아에 협력하는 야누코비치 축출을 결의하다

             야누코비치가 권력을 찬탈하려 한다고 야당 지도자들을 비난하자 시위대가 키이우 중앙우체국을 점거하고, 대통령 반대파는 서부 주요 도시 르비우의 자치를 선언하다

             키이우에서 보안군이 시위대 100여 명을 죽이고 야누코비치는 러시아로 도주해 야당이 집권하지만, 러시아는 정권교체를 승인하지 않다

3월   러시아군이 분리주의 세력의 크림반도 점령을 도운 후 러시아가 크림반도를 병합하자 미국과 유럽 동맹국들이 러시아를 제재하다

7월 17일   말레이시아항공 여객기 17편이 친러 반군 점령 지역에 추락해 탑승객 298명 전원이 죽다

8월   친러 반군이 점령한 도시가 포위되자 러시아가 허가 없이 구호 호송대를 파견하고, 우크라이나는 이를 침략으로 선언하다

10월   친러 반군이 도네츠크 공항을 습격하고, 우크라이나 대통령은 야누코비치와 연루된 정부 관리 숙청 법안을 승인하다

아랍의 봄: 이집트,
2011

야세르 타베트

2011년, 아랍의 봄 당시 중동 여러 곳의 혁명은 실패로 끝이 났다. 오랫동안 정부가 국민을 탄압하고 학대하자 민중의 분노가 자연스럽게 폭발했고, 매일 대규모 시위에 당국은 깜짝 놀랐다. 당시 이 시위는 대체로 검열(일부 국가에서 소셜 미디어 접근성은 다른 국가보다 수월했지만)로부터 자유로웠던 소셜 미디어를 통해 전 세계적으로 조직되고 공론화되었다. 튀니지에서 과일을 팔던 한 남성이 공권력의 횡포에 절망해 분신자살한 후 일어난 시위로 촉발된 이 혁명은 실제로 몇 군데에서는 성공하기도 했다. 튀니지에서는 장기 집권한 대통령이 쫓겨나고 새 헌법이 도입되었고, 리비아에서는 서방의 폭격 작전으로 무아마르 카다피가 반군 연합에 의해 축출되었다. 예멘과 이집트에서는 정권이 교체되었고, 바레인과 시리아에서는 심각한 소요나 반란이 일어났으며, 다른 많은 국가에서도 시위가 벌어졌다.

　가장 많은 관심을 끈 것은 카이로 타흐리르 광장의 대규모 시위였고, 이 시위로 인해 무바라크 대통령의 장기 집권 체제가 붕괴했다. 그러나 혁명이 자연발생적이었기 때문에 시위대는 오합지졸이었고, 미래에 대한 목표도 모순적이었다. 그 결과, 오랫동안 이집트 정국의 중재자였던 군부가 다시 한번 개입했다.

　정권교체를 바라는 눈앞의 목표뿐만 아니라 많은 민주화 운동가들의 더 큰 목표는 기존 정치 엘리트 권력을 타도하는 것이었지만, 어디에서도 실현되지 못했다. 오히려 시리아와 예멘에서 참혹한 내전이 일어나고, 이슬람주의와 종파주의가 부상했으며, 억압적 체제로 돌아가면서 2011년에 품었던 낙관론은 사라졌다.

피터 퍼타도

2011년 1월 25일, 카이로 타흐리르 광장을 비롯한 여러 곳에서 대규모 시위가 시작되었다. 처음에는 빈곤, 만연한 실업, 정부의 부패와 독재 때문에 사람들이 시위에 참여했지만, 이슬람주의자들이 안와르 사다트를 암살한 1981년부터 이집트를 통치해온 호스니 무바라크(1928~2020) 대통령 정권 타도로 시위의 목표가 바뀌었다.

　무바라크 정권에 대한 분노는 지난 10년 동안 누적되었다. 1987년, 두 번째 임기를 시작했을 때도 무바라크는 헌법 개정을 거부하고, 비상사태를 연장했으며, 지방의회에서 야당을 배제하는 법을 공포해 여당 국민민주당(NDP)이 의회를 장악하도록 만들었다. 그리고 그의 정책을 비판하는 반대 세력을 비난하고 협박했다. 1990년부터 무바라크는 점점 더 반민주적 행보를 보였고, 사다트가 암살된 후 선포된 비상사태를 연장하려고 이슬람 극단주의에 반대하는 운동을 이용했다. 야당은 탄압받고, 신문은 검열되었으며, 표현의 자유와 인권이 침해되었다. 헌법이 개정되어 2005년과 2007년 대통령 선거에서 복수 후보가 허용되었지만, 이것은 어디까지나 무바라크가 권력을 유지하려는 시늉에 불과했다.

무바라크 정권은 장관, 주지사, 시장, 부시장, 대학 총장 임명 등 모든 것을 보안 보고서가 통제하는 보안 국가를 만들었다. 또한 보안 군은 '공식' 담론에 이의를 제기하거나 반대하는 개인, 활동가, 노조 간 부들을 체포하고 학대했다. 2006년, 무바라크 정권은 사법부 독립을 요구했다는 이유로 판사들에 대한 폭행을 허용했고, 대학교수들을 향 한 비슷한 공격도 눈감아주었다. 정부에 반대하는 많은 사람이 군사 법원으로 보내져 항소할 권리도 없이 가혹한 판결을 받았다. 2010년, 인권 단체 국제앰네스티는 고문이 "경찰서, 교도소, 국가안보조사국 구 치소에서 조직적으로 행해지며, 대부분 면책특권을 악용해 자행된다. … (보안군과 사복 경찰은) 무슨 일이 일어나도 상관없다는 듯이 공개석상 에서 사람들을 폭행한다"고 결론을 지었다.

무바라크 정권은 국가 결정을 정당이 논의하거나 반대하는 것을 허용하지 않았다. 대통령은 총리와 각료를 임명·해임하고 의회를 해산 하고 법안을 거부할 수 있었다. 시민의 시민적·정치적 권리와 자유는 박탈되었고, 권위주의적 결정이 일상이었으며, 보안 기관의 개입과 폭 력이 빈번했고, 행정부에 권력이 집중되었다. 당국은 제한적 다당제와 선거 절차를 일부 허용하는 형식적 변화를 주었지만, 민주주의와 법치 를 무시했고, 지배 엘리트의 인적 쇄신은 거의 이루어지지 않았다.

야당은 국가를 운영하거나, 국가 행위를 감시·통제하거나, 대통령 에게 공개적으로 책임을 물을 수 없었고, 사실상 유명무실했다. 1995 년과 2010년 선거에서 각각 94%와 97%의 의석을 차지한 것을 제외하 면, 여당 국민민주당은 인민의회에서 의석을 3/4 이상 얻었고, 지방 선거에서도 우세해서 지방 정부 공무원들의 부패가 만연했다.

2010년, 국민민주당은 총선거를 석권하려고 야당 후보의 출마와 당선을 막는 계획을 세웠다. 한편으로 언론과 대학을 조직적으로 단속했다. 정부는 TV 채널 19곳을 폐쇄하고 비평가와 토크쇼 진행자들의 신랄한 비판을 막으려고 압력을 가했다. 「사상과 표현의 자유 협회」는 "대중매체통신부가 특히 지난 의회 선거 기간과 그 이후 표현의 자유를 위한 공간을 대폭 줄이려고 모든 미디어 채널에 대한 통제를 강화했다"고 결론을 내렸다. 이런 통제에도 언론인과 변호사 단체와 '권리 없는 의사들', '변화를 위한 청년' 등 임금 인상과 정치적 권리를 요구하는 새로운 운동이 등장하면서 반발은 더욱 거세졌다. 「이집트 변혁 운동(Kefaya, 이제 그만)」, 「3월 9일 운동」, 「4월 6일 청년운동」이 반정부 단체들을 이끌었다. 인구의 대략 60%가 30세 미만인 이집트에서 젊은 이들이 운동을 주도했다.

2010년 6월 6일, 알렉산드리아에서 블로거 할레드 사이드가 구타로 사망한 후 여론은 들끓었다. 이 사건은 시민을 무자비하게 때려도 처벌받지 않는 경찰 권력을 상징했다. 2011년 1월 25일, 시위 조직에 도움을 준 소셜 미디어 사이트는 '우리는 모두 할레드 사이드다'라는 페이스북 페이지였다. 이 밖에도 낮은 성장률, 실업률 상승, 빈곤, 욕구 불만족, 사회적 책임 부재, 빈민가 확산 등 모든 요소가 불안을 초래했다.

국가 기관에서 일자리와 지위가 부모로부터 자녀와 손주에게 대물림되는 '세습'은 중산층의 조직적 부패를 보여주는 가장 두드러진 예다. 따라서 이런 상황에서 이익을 얻는 이해관계자 네트워크는 이미 보유한 중요한 사회적 특권에 영향을 줄까 봐 변화를 거부했다. 무바라크의 둘째 아들 가말(1963년생)은 아버지의 뒤를 이어 차기 이집트 대통령으로 점쳐졌다. 대통령직을 이을 다른 후계자가 없어서 그는 언론의 주목을 받았고, 국민민주당 사무차장 겸 정책위원회 의장으로서 점점 더 막강한 권력을 휘둘렀다. 분석가들은 무바라크가 집권한 마지막 10년을 '가말 무바라크의 시대'라고 표현했다.

　2005년, 무바라크가 재선된 후, 여러 정치 단체(주로 비공식적)가 권력 세습에 반대하며 개혁과 복수 후보가 출마하는 대통령 선거를 요구했다. 2006년, 반대 여론이 거세지자 일간지 〈데일리 뉴스 이집트〉는 가말의 권력을 축소하라는 온라인 운동(권력 세습 반대 국민운동)이 시작되었다고 보도했다. 이 운동은 "무바라크 대통령과 그의 아들이 끊임없이 (세습) 가능성을 부인했지만, 실제로는 가말이 유일무이한 후보가 될 수 있도록 헌법을 개정하는 등 정반대로 행동했다"고 주장했다.

　2011년 1월 25일, 이집트 국민은 두려움을 떨치고 일어났다. 연초 튀니지에서 성공한 혁명에 고무되어 다양한 경제적·종교적·문화적 배경을 가진 시위대가 정권에 저항하고 경찰의 폭력과 불의, 권력 세습에 항의하려고 거리로 쏟아져 나왔다.

　이렇게 수십만 명이 거리로 나와 정권에 맞서 시위를 벌인 것은 30년 만에 처음이었다. 소셜 미디어를 통해 조직된 행진은 카이로, 알렉산드리아, 수에즈에서 시작되었고, 전국 주요 도시에서 많은 사람이 동참했다. 자유주의자, 이슬람주의자, 반자본주의자, 기타 활동가 등 이집트인 수백만 명이 모였다. 보안군과 시위대가 충돌해 최소 846명이 죽고 6,000명 이상이 다치자 시위대는 전국의 경찰서 90여 곳에 불을 지르며 보복했다. 노조가 파업하면서 정부 관리들은 더욱 압박을 받았다. 시위대의 요구는 곧 무바라크 퇴진과 비상사태법 철폐로 확대되었다.

무바라크는 시위 진압을 위해 총정보국 국장을 지낸 오마르 술레이만을 부통령으로 임명하고 정부를 해산했다. 무바라크는 이집트 공군 참모총장을 지낸 아흐메드 샤피크(1941년생)에게 새 정부를 구성해 달라고 요청했다. 반정부 세력이 모두 지지하는 인사는 무함마드 엘바라데이였고, 엘바라데이는 과도 통일 정부 구성을 위한 협상가로 나섰다. 압박이 점점 거세지자 무바라크는 9월 대통령 선거 불출마를 발표했다. 하지만 군최고위원회(SCAF)는 무바라크를 끝까지 몰아붙였다. 장군들은 새로 임명된 오마르 술레이만 부통령에게 무바라크가 대통령직에서 물러나지 않으면 반역죄로 기소될 것이니 이를 무바라크에게 통보하라고 강요했다.

2월 11일 금요일, 화가 난 국민 수백만 명이 시위하는 가운데 무바라크는 갑자기 종적을 감추었다. 부통령은 무바라크가 대통령직에서 물러나 군최고위원회에 권력을 넘길 것이라고 발표했다. 그리고 무함마드 후세인 탄타위(1935~2021)가 이끄는 군최고위원회는 2월 13일 헌법을 정지하고 양원을 해산한다고 발표했다. 선거가 치러질 때까지 군부가 6개월 동안 통치하고, 새로운 내각이 구성될 때까지 기존 내각이 과도 정부 역할을 맡았다.

대중에게 무바라크의 사람으로 불린 샤피크 총리는 그의 퇴진을 요구하는 시위가 예정된 하루 전날 사임했다. 무바라크는 평화적 시위대를 계획적으로 살해한 혐의로 재판을 받으라는 명령을 받았고, 유죄 판결을 받으면 사형을 당할 수도 있었다. 2012년 6월 2일, 무바라크는 시위대 살해 공모 혐의로 유죄 판결을 받아 종신형을 선고받았으나 항소심에서 형이 뒤집히며 재심 명령이 내려졌다. 무바라크와 함께 재판

받은 사람들(무바라크의 두 아들 포함)이 무죄 판결을 받자 분개한 수많은 시위대가 거리로 나섰다. 그러나 결국 무바라크는 모든 혐의에서 무죄를 선고받았다.

판결에 대한 국제사회의 반응은 다양했으며, 서방 국가들은 대부분 평화적 시위를 용인하면서도 이집트와 주변 지역 안정에 우려를 표했다. 이집트와 튀니지에서 동시에 일어난 혁명은 예멘, 바레인, 요르단, 시리아, 리비아 등 다른 아랍 국가들의 시위에도 영향을 미쳐 이른바 '아랍의 봄'으로 이어졌다.

무바라크가 물러난 후 이집트는 군사 정권에서 이슬람주의 정권으로 넘어갔다. 이슬람주의 무슬림형제단(MB)은 연이은 선거에서 승리해 이집트의 권력을 장악했고, 2012년 6월 이집트 국민은 무함마드 무르시(1951~2019)를 대통령으로 뽑았다. 그러나 국민의 기대치가 유난히도 높았던 이 중요한 시기에 무슬림형제단이 국가 운영에 실패하면서 대중의 불만과 또 다른 변화를 요구하는 목소리가 커졌다. 무슬림형제단은 통치 경험도, 중요한 정치적·경제적 개혁을 실행할 능력도 없었으며, 이집트의 권력 기구를 통제하거나 권력을 유지하는 데 도움이 될 국제사회의 확고한 지지도 얻지 못했다.

무르시 정부는 이슬람에 편향된 헌법을 통과시키려다 격렬한 반대에 부딪혔다. 헌법을 통과시키려고 사법 심사보다 대통령의 결정을 우선시한 대통령령에 세속주의자와 군부는 분노했고, 2013년 6월 28일에는 무르시 정권에 반대하는 대규모 시위가 벌어졌다. 2013년 7월 3일, 수백만 명이 조기 선거를 요구하며 다시 가두시위를 벌이자 국방장관이었던 압델 파타 엘시시(1954년생) 장군이 주도한 쿠데타로 무르시는 축출되었다. 그 후 6개월 동안 추정컨대 2,500명 이상이 죽고,

17,000명이 다쳤으며, 18,000명이 체포되었다. 언론은 이를 불가피한 '테러와의 전쟁'이라고 표현했다.

엘시시는 2014년 대통령 선거로 이집트 대통령이 되었다(2018년 재선). 유력한 후보들이 잇따라 압력을 받고 사퇴하거나 체포되어서 이렇다 할 경쟁자가 없었다.

무바라크가 물러난 후 군부가 보인 행보에 따라 향후 이집트의 발전 방향이 결정되었다. 처음에 군최고위원회는 혁명의 수호자처럼 여겨졌지만, 2011년 봉기 이후 1년 동안 모든 권력을 장악하고 행정부, 입법부, 사법부를 철저히 통제해 민주주의로 나아가는 이집트의 경로를 변경했기 때문에 반혁명의 주체로 보는 시각이 많아졌다. 결국 지배 체제는 크게 바뀌지 않아서 호스니 무바라크를 상징했던 정권의 특징과 국가 기관은 그대로였다.

이처럼 2011년 1월에 시작한 이집트 혁명은 이집트의 정치 구조를 근본적으로 바꾸지 못하고 결국 군부의 지배로 귀결되었다. 여기에는 혁명이 성공하고 민주주의로 이행하는 데 필요한 몇 가지 조건이 충족되지 않았다. 이집트 엘리트층이 교체되거나 국가 기관이 개혁되지 않았고, 혁명을 원한 대중은 포괄적·지속적 연합을 구축하지 못했다. 또한 군부가 막강했고, 혁명 주동자들이 처음 거두었던 성공을 진전시키지 못했으며, 국제 네트워크가 기존 엘리트들을 끊임없이 지원하는 등 이집트의 특수한 요인까지 작용하면서 혁명은 실패로 끝났다.

이집트는 안정을 되찾고 민주적 사회로 가기 위한 힘든 이행기를 겪었다. 한편 걸프 국가들은 역내 이슬람주의자들이 계속 늘어나자 또 다른 불안이 닥쳐올까 봐 두려워했다.

2013년, 정권 통제하의 언론은 1월 25일 사건을 비난하기 시작했고, 엘시시 대통령은 그런 유사한 민중 시위를 다시는 허용하지 않겠다고 수차례 경고했다. 2018년, 그는 1월 25일 사건을 '잘못된 진단으로 인한 잘못된 치료'라고 말했다.

　　이집트인들이 격렬한 시위로 무바라크를 몰아낸 지 몇 년이 지나자 낙관주의가 사라지고 조용한 냉소주의가 그 자리를 채웠다. 민주주의와 반무바라크라는 공통 기반이 급속히 무너지면서 이념이 양극화된 정치가 부활해 이슬람주의자든 군부든 공약을 지키기보다 공포를 조장하는 데 몰두했다.

　　무르시 시대 이후 관료, 정치인, 활동가들은 이집트가 전쟁 상태에 있다고 주장한다. 이 지역의 실패한 국가들과 테러 단체들의 부상이 이런 주장을 뒷받침한다. 마찬가지로 혼란에 대한 두려움도 팽배하다. 학자 제라르도 파드로 이 미켈은 "다른 쪽 편을 드는, 똑같이 무능하고 악랄한 통치자에게 권력이 넘어갈지도 모른다는 두려움에 지지자들은 쉽게 움직이지 않는다"고 말한다.

　　그러나 젊은 세대는 민주주의 그리고 진정한 민선 정부와 민간인 지도자를 갈망한다. 이집트에서 반정부 세력과 젊은이들이 대거 체포되었지만, 일부는 완전히 끝난 것이 아니며, 조만간 2011년 1월과 비슷한 사건이 또 일어나리라 생각한다. 보안군과 군부가 철저히 단속하는 상황에서 소셜 미디어, 특히 페이스북은 기존에 할 수 없었던 방법으로 엘시시 정권에 항의하고 비판도 하는 플랫폼과 기회를 제공하는 중추 역할을 하고 있다.

무함마드 무르시

엔지니어이자 학자 무함마드 무르시(1951~2019)는 무슬림형제단 소속 정
치인으로서 이집트 대통령(2012~2013)을 지냈다. 2000년, 처음으로 인
민의회에 선출되어 정치 개혁과 사회 보수주의를 촉구했다. 2006~2007년
에는 사법부 개혁 운동으로, 다시 2011년에는 아랍의 봄 민주화 시위로 투
옥되었다. 2012년 4월, 무슬림형제단 대통령 후보로 선출되어 그해 6월에
당선되었다. 그러나 곧바로 과도 군사 정권의 반발을 샀고, 독재자라고 비난
을 받았다. 무르시의 이슬람 헌법 초안은 기독교도, 자유주의자 등이 대규모
시위를 벌이며 반대했지만, 국민투표로 가결되었다. 점점 더 경제가 나빠져
시위가 계속되자 무르시가 국방장관으로 임명했던 군의 우두머리 엘시시는
2013년 7월 무르시를 권좌에서 쫓아냈고, 2015년 4월, 무르시는 사형선고
를 받았다. 이 판결은 나중에 뒤집혔지만, 계속 수감된 상태에서 2019년 법
정 심리 도중에 죽었다.

연표

2010년

6월 6일	알렉산드리아에서 블로거 할레드 사이드가 구타로 사망하다
11~12월	이집트 여당 국민민주당이 총선거에서 의석 97%를 얻다
12월 17일	튀니지에서 모하메드 부아지지가 시청 밖에서 분신하자 거리 시위가 전국적으로 시작되다

2011년

1월 14일	지네 엘아비디네 벤 알리 튀니지 대통령이 사임하고 사우디아라비아로 도주하다
1월 25일	카이로 타흐리르 광장에서 최초로 조직적 대규모 시위가 열리다
2월 11일	호스니 무바라크 이집트 대통령이 사임하다
3월 15일	시리아에서 민주화 시위가 시작되다
5월 22일	모로코에서 경찰이 민주화 시위대 수천 명을 구타하다
8월 20일	리비아 반군이 트리폴리 장악을 위한 전투를 개시하다
9월 23일	예멘인들이 민주화 시위 '100만 명 행진'을 벌이다
10월 23일	튀니지가 처음으로 민주적 의회 선거를 치르다
11월 28일	이집트가 민주적 선거를 치르다
2012년	무함마드 무르시가 대통령에 선출되고, 무바라크가 종신형을 선고받다
2013년	무르시 정권 반대 시위가 있은 후 무르시가 쿠데타로 쫓겨나다
2014년	압델 파타 엘시시 장군이 대통령이 되다
2017년	무바라크가 모든 혐의에 대해 무죄를 선고받다

참고문헌

혁명 전반

• Armitage, D. and S. Subrahmanyan. 2010. *The Age of Revolution in Global Context.* Basingstoke

• Davidson, N. 2012. *How Revolutionary Were the Bourgeois Revolutions?* Chicago

• Goldstone, J. 2011. *Revolutions and Rebellion in the Early Modern World: Population Change and State Breakdown.* Abingdon

• Halliday, F. 1999. *Revolution and World Politics.* London

• Hobsbawm, E. 1962. *The Age of Revolution.* Ilford

• Katz, M. 1997. *Revolutions and Revolutionary Waves.* New York

• Lawson, G. 2004. *Negotiated Revolutions.* London

--. 2019. *Anatomies of Revolution.* Cambridge

• Lenin, V. I. 1918. *The State and Revolution.* St Petersburg

• Losurdo, D. 2015. *War and Revolution.* London

• Malia, M. 2006. *History's Locomotives: Revolutions and the Making of the Modern World.* New Haven

• Mishra, P. 2012. *From the Ruins of Empire: The Revolt against the West and the Remaking of Asia.* London

• Mitchell, L. 2012. *The Color Revolutions.* Philadelphia

• Nepstad, S. 2011. *Nonviolent Revolution.* Oxford

• Polasky, J. 2015. *Revolutions Without Borders: The Call to Liberty in the Atlantic World.* New Haven

• Sanderson, S. 2005. *Revolutions: A Worldwide Introduction to Political and Social Change.* Abingdon

• Skocpol, T. 1979. *States and Social Revolutions.* Cambridge

1848년

• Evans, R. J. W. and P. von Strandmann (eds.) 2002. *The Revolutions in Europe 1848-1849.* Oxford

• Körner, A. 2003. *1848 - A European Revolution? International Ideas and National Memories of 1848.* London

• Moggach, D. and G. Stedman Jones (eds.) 2018. *The 1848 Revolutions and European Political Thought.* Cambridge

• Rapport, M. 2008. *1848: Year of Revolution.* London

1968년

• Elbaum, M. 2018. *Revolution in the Air: Sixties Radicals turn to Lenin, Mao and Che.* London

• Gassert, P. and M. Klimke. 2018. *1968: On the Edge of World Revolution.* Montreal

• Gildea, R., J. Mark and A. Warring. 2013. *Europe's 1968: Voices of Revolt.* Oxford

• Vinen, R. 2016. *The Long '68: Radical Protest and its Enemies.* London

1989년

• Garton Ash, T. 1990. *The Magic Lantern: The*

Revolution of 1989. London

- Katsiaficas, G. (ed.) 2001. After the Fall: 1989 and the Future of Freedom. Abingdon

- Kotkin, S. and J. Gross. 2009. Uncivil Society: 1989 and the Implosion of the Communist Establishment. New York

- Tismaneanu, V. and M. Stan. 2018. Romania Confronts its Communist Past: Democracy, Memory, and Moral Justice. Cambridge

미국

- Klooster, W. 2018. Revolutions in the Atlantic World: A Comparative History. New York

- Middlekauf, R. 2007. The Glorious Cause: The American Revolution 1763-1789. Oxford

- Raphael, R. 2014. Founding Myths: Stories that Hide our Patriotic Past. New York

- Taylor, A. 2017. American Revolutions: A Continental History 1750-1804. New York

캄보디아

- Brinkley, J. 2012. Cambodia's Curse: The Hidden History of a Troubled Land. New York

- Kiernan, B. 2008. The Pol Pot Regime: Race, Power and Genocide in Cambodia under the Khmer Rouge 1972-79. New Haven

- Peou, S. 2000. Cambodia: Change and Continuity in Contemporary Politics. Abingdon

- Strangio, S. 2014. Hen Sen's Cambodia. New Haven

중국

- Gao, M. 2018. Constructing China: Clashing Views of the People's Republic. London

- Dikotter, F. 2016. The Cultural Revolution: A People's History, 1962-1976. London

- Lovell, J. 2019. Maoism: A Global History. London

쿠바

- Anderson, J. 1997. Che Guevara: A Revolutionary Life. London

- Brown, J. 2017. Cuba's Revolutionary World. Cambridge, MA

- Gott, R. 2004. Cuba: A New History. New Haven

- Perez-Stable, M. 2012. The Cuban Revolution: Origin, Causes, and Legacy. Oxford

잉글랜드

- Israel, J. 1991. The Anglo-Dutch Moment: Essays on the Glorious Revolution and its World Impact. Cambridge

- Harris, T. 2006. Revolution: The Great Crisis of the British Monarchy, 1685-1720. London

- Hill, C. 1975. The World Turned Upside Down: Radical Ideas During the English Revolution. London

- Pincus, S. 2011. 1688: The First Modern Revolution. New Haven

이집트

- Bayat, A. 2017. Revolution without Revolutionaries: Making Sense of the Arab Spring. Redwood City

- Brownlee, J., T. Masoud and A. Reynolds. 2013. The Arab Spring: the Politics of Transformation in North Africa and the Middle East. Oxford

- Danahar, P. 2013. The New Middle East: The

World after the Arab Spring. London

- Ketchley, N. 2017. *Egypt in a Time of Revolution.* Cambridge

프랑스

- Furet, F. 1981. *Interpreting the French Revolution.* Cambridge
- Palmer, R. R. 2017. *Twelve Who Ruled: The Year of Terror in the French Revolution.* Princeton
- Stone, B. 2002. *Reinterpreting the French Revolution: A Global Historical Perspective.* Cambridge
- Wahnich, S. 2016. *In Defence of the Terror: Liberty or Death in the French Revolution.* London

아이티

- Bello, B. 2019. *Sheroes of the Haitian Revolution.* Washington, D.C.
- Dubois, L. 2005. *Avengers of the New World: The Story of the Haitian Revolution.* Cambridge, MA
- Geggus, D. 2001. *The Impact of the Haitian Revolution on the Atlantic World.* Columbia, SC
- James, C.L.R. 1938. *The Black Jacobins.* London

인도

- Bose, M. 2017. *From Midnight to Glorious Morning: India since Independence.* London
- French, P. 2011. *Liberty or Death: India's Journey to Independence and Division.* London
- Guha, R. 2018. *Gandhi: The Years that*

Changed the World 1914-1947. London

- Khan, Y. 2017. *The Great Partition: The Making of India and Pakistan.* New Haven

이란

- Axworthy, M. 2013. *Revolutionary Iran: A History of the Islamic Republic.* London
- Katouzian, H. 2018. *Khalil Maleki: The Human Face of Iranian Socialism.* London
- Keddie, N. 2003. *Modern Iran: Roots and Results of Revolution.* New Haven
- Kurzman, C. 2005. *The Unthinkable Revolution in Iran.* Cambridge, MA

아일랜드

- Fanning, R. 2013. *Fatal Path: British Government and Irish Revolution 1910-19.* London
- Ferriter, D. 2015. *A Nation and Not a Rabble: The Irish Revolution 1913-1923.* New York
- Townshend, C. 2014. *The Republic: The Fight for Irish Independence.* London
- Walsh, M. 2016. *Bitter Freedom: Ireland in a Revolutionary World.* London

일본

- Hellyer, R. and H. Fuess (eds.) 2020. *The Meiji Restoration: Japan as a Global Nation.* Cambridge
- Jansen, M. 2000. *The Making of Modern Japan.* Cambridge, MA
- Ravina, M. 2017. *To Stand with the Nations of the World: Japan's Meiji Restoration in World History.* Oxford

멕시코

- Benjamin, T. 2000. *La Revolución: Mexico's Great Revolution as Memory, Myth, and History.* Austin
- Buchenau, J. 2011. *The Last Caudillo: Alvaro Obregón and the Mexican Revolution.* Oxford
- Escalante-Gonzalbo, F., J. Garciadiego et al. 2013. *A New Compact History of Mexico.* Mexico City
- Gonzales, M. 2002. *The Mexican Revolution 1910-1940.* Albuquerque

니카라과

- Belli, G. 2003. *The Country Under My Skin: A Memoir of Love and War.* New York
- Kinzer, S. 2007. *Blood of Brothers: Life and War in Nicaragua.* Cambridge, MA
- Ramírez, S. 2011. *Adiós Muchachos: A Memoir of the Sandinista Revolution.* Durham, NC
- Zimmerman, M. 2001. *Sandinista: Carlos Fonseca and the Nicaraguan Revolution.* Durham, NC

폴란드

- Garton Ash, T. 1999. *The Polish Revolution: Solidarity.* London
- Kowanik, T. and E. Lewandowska. 2011. *From Solidarity to Sellout: The Restoration of Capitalism in Poland.* New York
- Ost, D. 2011. *The Defeat of Solidarity: Anger and Politics in Postcommunist Europe.* Ithaca, NY
- Paczkowski, A. 2015. *Revolution and Counterrevolution in Poland 1980-1989.* Rochester, NY

포르투갈

- Maxwell, K. 1995. *The Making of Portuguese Democracy.* Cambridge
- de Meneses, F. R. and R. McNamara. 2018. *The White Redoubt, the Great Powers and the Struggle for Southern Africa, 1960-1980.* London
- Pinto, P. R. 2013. *Lisbon Rising: Urban Social Movements in the Portuguese Revolution, 1974-75.* Manchester
- McQueen, N. 1997. *The Decolonization of Portuguese Africa: Metropolitan Revolution and the Dissolution of Empire.* London

러시아

- Engelstein, L. 2017. *Russia in Flames: War, Revolution, Civil War 1914-1921.* Oxford.
- Figes, O. 1997. *A People's Tragedy: The Russian Revolution 1891-1924.* New York
- McMeekin, S. 2018. *The Russian Revolution: A New History.* London
- Smith, S. A. 2017. *Russia in Revolution: An Empire in Crisis 1870-1928.* Oxford

남아프리카공화국

- Davis, S. 2018. *The ANC's War against Apartheid: Umkhonto we Sizwe and the Liberation of South Africa.* Bloomington
- Gleijeses, P. 2013. *Visions of Freedom: Havana, Washington, Pretoria and the Struggle for Southern Africa 1976-1991.* Durham, NC
- Simpson, T. 2016. *Umkhonto we Sizwe: The ANC's Armed Struggle.* London
- Van Vuren, H. 2017. *Apartheid, Guns and Money.* London

튀르키예

- Hanioğlu, M. 2001. *Preparation for a Revolution: The Young Turks, 1902-1908.* Oxford
- Levy-Aksu, N. and F. Georgeon. *The Young Turk Revolution and the Ottoman Empire: The Aftermath of 1908.* London
- Sohrabi, N. 2011. *Revolution and Constitutionalism in the Ottoman Empire and Iran.* Cambridge
- McMeekin, S. 2015. *The Ottoman Endgame: War, Revolution and the Making of the Modern Middle East 1908-1925.* London

우크라이나

- Hrytsak, Y. 2009. *New Ukraine, New Interpretations.* Lviv
- Krushelnyky, A. 2006. *An Orange Revolution.* London
- Kadygrob, V., K. Taylor, et al. 2014. *Euromaidan: History in the Making.* Kyiv
- Sakwa, R. 2016. *Frontline Ukraine: Crisis in the Borderlands.* London

베트남

- Brocheux, P. 2011. *Ho Chi Minh: A Biography.* Cambridge
- Goscha, C. 2016. *The Penguin History of Modern Vietnam.* London
- Marr, D. 2013. *Vietnam: State, War, and Revolution 1945-1946.* Berkeley
- Morris, V. and C. Hills. 2018. *Ho Chi Minh's Blueprint for Revolution: In the Words of Vietnamese Strategists and Operatives.* Jefferson, NC

집필진

스티븐 반스(Stephen Barnes)는 1968년 혁명과 그 문화적 영향을 평생 연구하고 있다. 현재 시장의 숨겨진 메커니즘에 관한 글을 쓰고 있다.

바이나 벨로(Bayyinah Bello)는 아이티국립대학 역사학과 교수로서 아이티 국민을 돕기 위한 인도주의, 사회, 교육 활동을 펼치는 마리클레르외뢰즈펠리시테보너르데살린 재단을 설립했다.

미히르 보세(Mihir Bose)는 인도 태생 영국 언론인이자 역사가로서 〈데일리 텔레그래프〉의 스포츠 기자와 〈BBC〉의 스포츠 편집자로 활동했다. 찬드라 보세와는 아무 관계가 없다.

디어메이드 페리터(Diarmaid Ferriter)는 유니버시티칼리지 더블린의 아일랜드 근대사학과 교수로서 저서로 『The Border: The Legacy of a Century of Anglo-Irish Politics』(2019)가 있다.

가오 모보(高默波)는 중국 태생 역사가로서 관심 연구 분야는 중국 농촌, 현대 중국 정치와 문화, 중국인의 오스트레일리아 이주다.

안드레스 가르시아(Andres Garcia)는 메릴랜드대학 박사 과정생으로서 칠레와 루마니아의 진실화해위원회를 연구하고 있다.

하비에르 가르시아디에고(Javier Garciadiego)는 멕시코 역사가로서 엘콜레히오데메히코 총장과 멕시코혁명국립역사연구소 소장을 지냈다.

메흐메드 쉬크뤼 하니오을루(Mehmed Şükrü Hanioğlu)는 프린스턴대학 근동학과 교수로서 통일진보위원회 창설부터 청년튀르크 혁명까지 광범위한 역사 연구를 하고 있다.

야로슬라우 흐리차크(Yaroslav Hrytsak)는 르비우국립대학 역사연구소 소장이자 우크라이나 역사학과 교수다.

마테오 하르킨(Mateo Jarquin)은 캘리포니아 채프먼대학 역사학과 조교수로서 20세기 '제3세계' 혁명이 발전, 민주화, 국제 관계 논쟁을 만든 방식을 연구하고 있다.

사이먼 젠킨스(Simon Jenkins)는 영국 역사가이자 〈가디언〉의 칼럼니스트로서 저서로 『A Short History of England』(2011), 『A Short History of Europe』(2018) 등이 있다.

호마 카투지안(Homa Katouzian)은 옥스퍼드대학 세인트앤서니칼리지 이란헤리티지 재단 연구원으로서 이란 정치에 관한 여러 저서가 있다.

가와시마 신(川島真)은 도쿄대학 국제관계학과 교수이자 국제정책연구소 선임 연구원이다.

디나 하파에파(Dina Khapaeva)는 조지아공과대학 러시아어과 교수로서 관심 분야는 문화교차연구, 소련 이후의 기억, 신중세주의, 죽음 연구다.

악셀 쾨르너(Axel Körner)는 유니버시티칼리지 런던의 역사학과 교수이자 같은 대학 초국가 역사센터 소장으로서 주요 연구 분야는 18~20세기 유럽 지성사와 문화사다.

루이스 마르티네스-페르난데스(Luis Martinez-Fernandez)는 센트럴플로리다대학 역사학과 교수로서 저서로 『Key to the New World: A History of Early Colonial Cuba』(2019)가 있다.

소르퐁 페오우(Sorpong Peou)는 캐나다 라이어슨대학 정치행정학과 교수로서 전문 분야는 아시아·태평양 지역의 글로벌 평화와 안보다.

아니타 프라즈모프스카(Anita Prażmowska)는 런던정경대학 국제사학과 교수로서 연구 분야는 냉전, 공산주의, 파시즘, 폴란드이며 저서로 『Władysław Gomułka: A Biography』(2015) 등이 있다.

레이 라파엘(Ray Raphael)은 미국 역사가로서 저서로 『Mr. President: How and Why the Founders Created a Chief Executive』(2012) 등이 있다.

필리프 히베이루 드메네즈스(Filipe Ribeiro de Meneses)는 포르투갈 역사가로서 아일랜드 메이누스대학에 재직 중이며 저서로 『Salazar: A Political Biography』(2009)가 있다.

툴라 심슨(Thula Simpson)은 프리토리아대학 역사학과 교수로서 연구 분야는 아프리카민족회의의 무장 투쟁, 남아프리카공화국에서 민중 시위 운동과 아프리카민족회의와의 관계다.

야세르 타벳(Yasser Thabet)은 이집트 언론인이자 일간지 〈알도스투르〉 공동 창립자로서 이집트 정치와 문화에 관한 많은 저서가 있다.

블라디미르 티스마네아누(Vladimir Tismaneanu)는 메릴랜드대학 정치학과 교수로서 저서로 『The Devil in History: Communism, Fascism, and Some Lessons of the Twentieth Century』(2012) 등이 있다.

스테인 퇴네손(Stein Tønnesson)은 노르웨이 역사가이자 전 오슬로평화연구소 소장으로서 연구 분야는 동아시아의 혁명, 분쟁, 평화다.

소피 바니쉬(Sophie Wahnich)는 프랑스 역사가이자 파리에 있는 국립과학연구센터(CNRS) 소장으로서 관심 분야는 사회적 유대 형성에서 감정의 역할이다.

우리가 몰랐던 혁명의 세계사

초판 1쇄 발행 2024년 03월 15일

엮은이 피터 퍼타도
옮긴이 김덕일
펴낸이 류태연

펴낸곳 렛츠북
주소 서울시 마포구 양화로11길 42, 3층(서교동)
등록 2015년 05월 15일 제2018-000065호
전화 070-4786-4823 | **팩스** 070-7610-2823
홈페이지 http://www.letsbook21.co.kr | **이메일** letsbook2@naver.com
블로그 https://blog.naver.com/letsbook2 | **인스타그램** @letsbook2

ISBN 979-11-6054-688-0 (03300)